流着の思想

「沖縄問題」の系譜学

インパクト出版会

目次

補章

序章　違和の経験

踏みにじられた　その苦しみの
うちがわに反響するうめきを聞くのは
けれど　いつもぼくらだ
けっして　あのものたちではない(1)（新城兵一）

I　亀裂——誰の経験なのか

宿命的に沖縄と名付けられた経験をある特定の人々に背負わせ、当事者として据え置いたうえで、饒舌に、また正しさを競い合いながら解説される「沖縄問題」がある。本書で考えたいのは、こうした饒舌な解説が何を回避し続け、いかなる事態を恐れてきたのかという点にある。そこで問われているのは、たんに当事者こそが経験を語るべきだということでは、ない。経験を所有物のように配置することが、経験と言葉の関係を決定づける訳ではないのだ。

藤田省三が、「私の責任で文章を発表するのは、これを以って終わりとする」という但し書きをつけて『全体主義の時代経験』を刊行したのは、バブル経済がすでに破綻し始めていた一九九五年である。そして同書には、文字通り、金融資本に牽引された投機的な価値増殖が世界的に拡大した一九八〇年代後半からの文章が、所収されている。そこでは、日常生活全般が金融資本の価値増殖に巻き込まれていく事態が、不快なものを問答無用に排撃し続ける全体主義への警句とともに、繰り返し述べられている。

かつての軍国主義は異なった文化社会の人々を一掃殲滅することに何の躊躇も示さなかった。そして高度成長を遂げ終えた今日の私的「安楽」主義は不快をもたらす物全てに対して無差別な一掃殲滅の行われること期待して止まない。その両者に共通して流れているものは、恐らく、不愉快な社会や事柄と対面することを恐れ、それと相互的交渉を行うことを恐れ、その恐れを自ら認めることを忌避して、高慢な風貌の奥へ恐怖を押し込もうとする心性である(2)。

今、私にまとわりついている時代への触感は、藤田がいうような、この国の社会の根っこのところで一貫して通底している、不快さへの問答無用で無差別な排除にかかわっている。こうした排除は、ナショナリズムといってもいいかもしれないし、排外主義と名づけてもいいのだろう。

だがこうした命名で事態をすぐさま了解することは、もう少し後回しにしておいた方がよい。なぜなら、もっともらしい解説は、事態を客体化して明示すると同時に、それ自体、向き合いたくない出来事や他者を回避する、藤田のいう安楽の秩序にもつながりうるのであり、そこには「高慢な風貌の奥へ恐怖を押し込もうとする心性」が、やはり帯電している。問題は何を恐れているのかであり、あえていえば、いかなる力を回避し続けようとしているのか、である。またもっともらしい解説の前にして思考を集中すべきは、こうした恐怖を押さえ込んだ安楽主義の住処である日常性であり、いいかえれば経験という領域に他ならない。

ところでバブルの開始において藤田が指摘した安楽とは、とりあえずは経済的富裕化であり、商品において構成された日常生活をその具体的含意としている。いわば、生活の向上や改善に包み込まれ、かつ秩序付けられた日常である。そしてその日常に根ざした安楽は、繰り返すが不快さへの恐怖を内に抱え込み、その恐怖を押し隠す心性は、安楽を保護してくれる保護者を求めるだろう。こうした保護者への依存は、恐怖を動因にしているがゆえに抑制がきかないものとなり、過剰な忠誠や依存を生む(3)。藤田はこうした構図に言及して、「抑制心を失った『安楽』追求のその不安が、手近かな所で安楽を保護してくれそうな者を、利益保護者を探し求めさせる」と述べているが(4)、経済的富裕化が明白な機能不全に陥った今、保護者を奉ずる集団への過剰な依存と不快なものへの予防弾圧的排撃は、逆に頂点を迎えつつあるのかもしれない(5)。さらにそこには、二〇一一年三月一一日以降の、時間と場所が特定された見える災害と進行中で場所も確定できない見えぬ被害が織りなす状況が、重なる。そこには、「手近かな所で安楽を保護してくれそうな者」ににじり寄りながら、見える部分だけを自分の生きる世界と思いこもうとする人々がいる一方で、まだ終わっていないのだと呟き、恐怖を抱え込みながら生き延びようとする者たちもいるだろう。

そしてだからこそ、問題は経験なのだ。いいかえれば、不安を押し殺しながら安楽において構成される経験ではなく、恐怖のあまり収拾がつかなくなりながらも、混乱してしまう事態を安易に解消しない構えこそ、いま重要なのである。真の意味での経験とは、この構えにかかわるのだろう。藤田も、あらかじめ「正しい」解決あるいは解消が予定された恐怖や不安、いいかえればすでに保護者が待ち構えている日常を、「先験主義」とよび、またそれを経験の消滅ともいいかえているが、がんらい経験とは、こうした先験主義からの離脱という営みにおいてこそ見出されるものなのだ。

この先験主義において構成されていた経験の崩壊とともに顔を出す新しい経験とは、決して「〇〇の経験」といったような、即時的で安定的に語られるものではないだろう。経験は、この所有格に位置する主体の融解とともにある。

経験の中では、物事との遭遇・衝突・葛藤によって恣意の世界は震撼させられ、其処に地震が起こり、希望的観測は混乱させられ、欲求は混沌の中に投げ込まれ、その混沌のもたらす苦しい試煉を経て、欲求や希望の再形成が行われる(6)。

一見正しそうに見える解説の登場にいつも身構えてしまうのは、真実性を帯びた学の言葉が往々にして、藤田のいうこの「希望的観測」を準備するからだ(7)。予定されたように未来を描くもっともらしい解説や正しさを帯びた教導は、まずは警戒すべきであり、とりわけ沖縄は、こうした正しき教導に幾重にもとり囲まれている[8]。そこでは、宿命的に沖縄の経験を負わされた者たちがまずは設定され、かかる後にその経験を根拠に沖縄が解説される。くりかえすが、ここに「沖縄問題」が構成されるのだ。だが、解説する者が教導する未来ではなく、混乱と葛藤をもたらす経験こそ、まずは出発点として確保されなければならないのではないか。

　こうして確保された新しい経験は、先験主義が構成しつづけてきた過去ではなく、またそれが予定する未来でもない別の歴史へと向かうだろう。その時、「歴史は通り過ぎた過去の段階としてではなく、また単なる追体験の対象としてでもなく、今あらためて経験すべき物事に満ちた場となるであろう」（傍点—引用者）[9]。本書でいう経験とは、この意に他ならない。それは新たな場であり関係の生成なのだ。

　そして沖縄という名称をこの経験に所有格として付加するとき、この経験の場は、とりあえず空間的ひろがりをもつことになる。それはまた先ほど述べたように、沖縄の出来事、沖縄の歴史、沖縄の痛み、沖縄の怒りといったこれまで幾度となく繰り返された経験の囲い込みにも結びつくだろう。新たな経験から始まる未来は、あらかじめ決められた境界の内部に留め置かれてしまうのだ。そこにあるのは、いわば、一度見出された経験を再度埋葬してしまう危険性であり、この再度の埋葬により地理的に囲われた経験は、やはりその地域の内部の人間の宿命として依然として押し付けられ、外部の人間は都合のよいときにだけ選択的に経験を語ることが可能になるだろう。そこでは藤田のいう、「恣意の世界は震撼」し「希望的観測は混乱」する葛藤に満ちた内省的プロセスは、宿命と選択的横領の双方の共犯において回避されることになる。

　またこうした地理的空間にかかわる問題は、沖縄戦に端的にあらわれるように、痛みを伴うがゆえに放置され、その存在自体を消去されてきた歴史的事件や出来事にもかかわるだろう。だがはたして、その痛みは誰の痛みなのか。それは地域に還元されるものなのか。痛みにかかわる経験を限定された人々に、宿命のようにゆだねた上で、良心や憐憫にもとづきながら、また時には政治的スローガンとともに痛みを語るその構図自体、すなわち「沖縄問題」の構成それ自体が、問題なのだ。

暴力にさらされ続けている受け入れがたい現実を、「気が狂わないために」(10)意識の底へと押し殺しながらフェンスの横で生きていく者たちと、沖縄に解決しなければならない問題を発見し、フェンスの存在を、正気を決して失うことなく明確に語る者たちがいる。「米軍基地の金網はあまりにも当たり前の風景」(11)である者は、その風景のたえ難い危険性を言葉にしようともがき、その風景があまりに当たり前であり、その危険性があまりに動かしがたい現実であるがゆえに、沈黙する。他方でその風景や危険性は既に、別の者によって明確そして饒舌に語られているのだ。そしてこの沈黙する者と饒舌に語る者は、フェンスの横の集会で、あるいは那覇国際通りのショップで、また大学の中のシンポジウムで、たびたび遭遇する。そこでは時には両者の間で、フェンスの危険について言葉が交わされ、結局のところ明確な言葉たちが会話を支配していくことになる。

「沖縄問題」はここに構成されるだろう。明確で善意に満ちた言葉により、沖縄は解決しなければならない問題として定義されるのだ。またそれは多くの場合、解決にかかわる政治の登場でもあるだろう。だがしかし、このフェンスの危険を語り、時には合意したかに見えるその会話は、それが前者にとっては正気の淵に係わることであり、後者にとっては理性や倫理の発揮どころである以上、亀裂の証でもある。「沖縄問題」は、構成されると同時に亀裂を抱え込むのだ。

「沖縄問題」が回避し恐れていた経験は、この亀裂から始まる。しかしこの亀裂は、明確で理性的な言葉が会話を支配していく中で、まずは正気の淵にある前者においてのみ確認され、確保されるだろう。気が狂いそうになりながら亀裂を確保し、気が狂わないために、それを意識の底に押し隠し、再び沈黙するのだ。そこでは亀裂とは何かというだけではなく、亀裂がいかなる形態において確保されうるかという問いが、不可欠になるだろう(12)。すなわち、気が狂わないために沈黙してきた者たちこそが獲得する言葉の在処が、問われているのだ。

ポストコロニアリズム、この用語を、「植民地主義は終わらない」という含意としてすぐさま了解してはならない。重要なのは、終わっていないのに終わったとされている、という点にある。植民地戦争が終わっていないのに、終わったとされ、戦後や復興なる時間が全体の現実なるものを定義していく時、ある者にとっては終わっていないことを毎日気づかされながらフェンスの横で生きていくことが戦後なのであるが、他方では戦争を明確に語りながらも戦争を終わったことだとし、忘却する者たちがいる。前者にとって戦争は、それが戦争だと感知してはいけない毎日の風景である。だが後者においては、過去へと押し出された歴史的出来事なのだ。確かに後者の言葉からは、過去の植民地戦争での植民者としての所業も、語られることだろう。そして現実なるものは、後者の言葉により打ち立てられ、前者はその現実の淵に、見てはいけない現実の閾への立ち入り禁止の看板として、沈黙のまま据え置かれる。

本書では、「沖縄問題」とされた領域を植民地主義にかかわる問いとして厳密に議論し直し、そこから脱植民地化という未来を検討しようと思う。「沖縄問題」から脱植民地化へ。だが植民地主義を考えることは、ただ対象を分析し解説する作業ではない。それは気が狂わないために沈黙していた後者の者たちが語り出し、立ち入り禁止を越えた先の彼岸から、別の現実が現勢化し始める事態とともにある。沖縄にかかわって立てられる植民地主義という問いは、悟性的な解説ではなく、かかる現勢化としてあるのだ。いいかえればそれは、フェンスについて饒舌に解説し続けていた言葉がさえぎられ、「沖縄問題」を論じていた政治の言葉が機能不全に落ちいる事態でもあるだろう。そして何よりも重要なのは、この現勢化が現実の崩壊感をともなっているということだ。

くりかえすが、かかる崩壊はまずは怖れられ、回避されようとする。逆説的に聞こえるかもしれないが、「沖縄問題」を植民地主義にかかわる問いとして考えることは、すぐさま植民地主義という言葉をそこに適用することではない。問うべきは、現勢化しようとする別の現実であり、その現勢化に恐怖し、再度立ち入り禁止の境界を力づくで設置しようとする展開である。ポストコロニアリズムとは、現勢化と現勢化を鎮圧する暴力的な事態なのだ。またあえていえばこの鎮圧においてこそ、日本という国家が顔をもって登場することになるだろう。それはまさしく、今の問題だ。

Ⅱ　暴力の予感——戒厳令を感知するということ

今日の東京をみますと、不法入国した多くの三国人、外国人が非常に凶悪な犯罪を繰り返している。もはや東京の犯罪の形は過去と違ってきた。こういう状況で、すごく大きな災害が起きた時には大きな大きな騒じょう事件すらですね想定される、そういう現状であります。こういうことに対処するためには我々警察の力をもっても限りがある。だからこそ、そういう時に皆さんに出動願って、災害の救急だけではなしに、やはり治安の維持も一つ皆さんの大きな目的として遂行していただきたいということを期待しております(13)。

二〇一一年の三月一一日の大震災の直後、圧倒的な票を獲得して再選し、依然として首相の座を手に入れようとしつづけている石原慎太郎が、二〇〇〇年の四月九日に陸上自衛隊の前で行ったこの発言を、今の状況を考える回路として確保しておく作業は、是非とも必要だと考える。なぜならこの発言は、いま日本という国家が、帝国の系譜の中に依然として存在し続けていることを示しているからだ。またこの石原発言においては、司法を越えた軍事的暴力と治安維持の密接な関係が、犯罪という司法的な法的規定を根拠に登場してきているのであり、そこからは、法的秩序に潜在する、法を越えた無法な国家の暴力が、浮かび上がるだろう。「沖縄問題」から植民地主義を検討しようとする本書の底流に流れているのは、この無法な暴力にかかわる今の危機感であり、それはとりあえず災害と呼ばれる危機状況と関係している。また第一章で具体的に検討するが、この秩序の維持を軍事において実現する非常事態こそ、戒厳令とよばれる問題に他ならない。そしてこの石原の発言が、かつての帝国の記憶を想起させ、未来への警句になるのも、この戒厳令という問題に深くかかわっている。

周知のように、今の日本国憲法においては、戒厳令を定める規定はない。また三月一一日の大震災にかかわる自衛隊の行動も、とりあえず軍事行動とはみなされていない。すなわち自衛隊法第六章の「自衛隊の行動」において規定されているいわゆる災害派遣は、今度の震災においても国民の生命、財産を保護するものとして人々から支持され、またさまざまな美談を生んだ。だが同じ自衛隊法第六章における災害派遣の前の項目には、治安出動ならびに警護出動が規定されている。すなわち同法にあるように、「一般の警察力をもっては、治安を維持することができないと認められる場合には」、自衛隊を治安維持のために出動させることができるのである。そしてこの出動要請は、都道府県知事が行える。石原の発言は、まさしく災害における治安出動を語ったものなのだ。そこでは災害派遣と治安出動は区別されていない。

さらに今度の大震災にかかわる米軍の災害支援（「トモダチ作戦」）も、善意の行動として何の議論もなく無条件に受入れられた。だがこの「トモダチ作戦」は、朝鮮半島にかかわる軍事行動を想定した日米防衛協力の指針（新ガイドライン）に基づく軍事行動であり、有事を想定した日米両軍の連携を先取りしていたのである。災害派遣と治安出動が地続きに遂行されること、あえていえば災害派遣で展開した軍はすぐさま治安出動として運用可能であるということを、まずは確認しておく必要があるだろう。だからこそ石原は、この両者を意識的に重ねたのだ。

だがここで焦点になるのは、治安維持と軍隊にかかわる制度的な分析ではない。考えたいことは、平時の法を越えた軍事行動を災害派遣と治安維持に分割し、前者を非常事態における国家の役割として肯定していくのではなく、国家の暴力を総体として感知する認識の在処であり、かかる認識から見出される未来である。目的において弁別するのではない暴力への感知が必要なのだ。

こうした感知を私は、『暴力の予感』（岩波書店、二〇〇二年）において、予感といういい方で問題化したことがある[14]。「傍らで起きていることだが、既に他人事ではない」。予感という言葉で考えたかったのは、このフレーズが含意する時間や空間のありようと、社会を変えるための運動論的な可能性についてである。自分のことではないのに、自分のことのように感じるということ。それが、日常的経験に基盤をおく自分という個の危機であることは、容易に想像がつくだろう。さらに、既に他人事ではないのだから、この危機は以前からずっと日常に張り付いていたということになる。そしてここでの要点は、潜在的に危機が存在するということでも、その危機の存在をいい当て解説することでもない。潜在的にあるものそれ自体が、暴かなければならない隠された真実や本質ということではないのだ。まずもって重要なのは、この張り付いている潜在的な危機が、いつどこで姿を現し、誰に感知され、どのように現勢化するのかという問いである。

　だがしかし、個の危機の現勢化にかかわる「いつ、どこで」という問いは、同時にこの問いを成り立たせている時間と空間の秩序の崩壊でもある。そこで感知された出来事は、既に起きていたことなのであり、したがって現勢化にかかわる知るという行為は、過去の問い直しでもある。またこの現勢化は、これまでの過去の延長線上に未来を想定することをゆるがし、次の瞬間にまったく別の未来が始まるのではないかという予感を醸成するだろう。過去や未来は時系列的な秩序を失い、個とそれを取り巻く秩序の双方を巻き込んだ現勢化という動態の中で、新たに浮びあがるのだ。それは、崩壊感と新たな未来への希望とが入り混じった事態であり、藤田のいう「希望的観測」の「混乱」でもあるだろう。

　また、「傍らで起きているのだが、既に他人事ではない」というこのフレーズが確保しているのは、あえていえば、何かの対象を知るという行為が、その対象に巻き込まれていくことでもあるという身体感覚だ。それは、研究と呼ばれる領域において、「沖縄の歴史」、「沖縄の闘い」といった対象が確立してくる中でずっと感じていた私の違和ともかかわる。そしてその違和は、沖縄という対象を語れば語るほど、そこでおきている事態に巻き込まれたくないというメッセージを看取してしまうという言語感覚でもある。

予感という言葉で確保したかったのは、知るという行為にかかわって生じる、この巻き込まれるという身体感覚である。そしてこの感覚が帯電した思考を、新たな連累の可能性として考えてみようとしたのである。石原発言に対して多くの人々は、それを自分たちを守ってくれる頼もしい発言として賛同した。そしてだからこそ、自衛隊の派遣は美談になり、米軍はトモダチとして歓迎され、石原は圧倒的支持を獲得したのだろう。だが他方でこの発言に、関東大震災における戒厳令を想起した者もいる。たとえば目取真俊は、沖縄から神奈川に働きに出てきていた祖母を想起しながら、この戒厳令そして石原のいう治安維持が、自分に向けられた暴力であることを記している(15)。目取真は、石原のいう「三国人」という言葉に巻き込まれたのだ。

それは、「三国人」という用語に沖縄人が含まれるかどうかという事実確認的な問題ではない。この命名は、なんらかの民族的カテゴリーをたんに指しているのではないのだ。そうではなく、戒厳令にかかわる暴力が、この命名とそれへの応答において、すなわち尋問において行使されているということこそが重要なのである。この尋問は、尋問された者たちに、声の出し方、発音、息遣い、緊張した表情、額の汗を、応答として強いる。それは身体を拘束するという点において、既に暴力なのである。第一章で検討するように、国家の法を越えた無法な暴力は尋問において遂行されるのであり、「沖縄問題」とよばれる領域から現勢化する別の未来は、この戒厳令と尋問により、立ち入り禁止区域内に強制的に囲い込まれることになる。そしてかかる暴力への知覚こそ、私が予感という言葉にこめたものだ。この知覚により、石原の発言を頼もしいと考える日常において、既に暴力が作動しているということを、すなわち戒厳令を、うきあがらせることから本書をはじめたい。

Ⅲ　迷彩服

二〇一一年三月一一日以降、長い非常事態にはいっている。それはもちろん今度の災害が原発事故という事態でもあるということと深く関連するのだが、この長い非常事態ということにおいて考えたいのは、災害の類型的な説明ではなく、「がんばろうニッポン」や「ニッポンをとりもどす」といった空虚な掛け声が唱和されていくなかで生まれてきている、秩序感覚とでもいうべき状況である。

いまだ何が起きたのか、明らかではない。ずっと災害は続いているといった方がよい。危機であることは確かなのだが、その危機が本当のところ、いつから始まっていて、いつ終わるのかがわからないまま、今という時間が刻まれ続けている。そしてこの明らかではないということは、知ることへの恐れでもあるだろう。徴候的に浮かび上がり続ける危機は、それを認知する者が認知以前に想定していた未来を、たえずかき消してしまうからだ。あるいは、自らを取り巻く世界を知るという行為が、その行為主体の崩壊を伴う事態になるといってもよい。そして今、状況を支配している秩序感覚の底流には、かかる崩壊への怖れがある。それは、抱え込まれた崩壊への否認でもあるだろう。

またさらにかかる否認は、戒厳令を希求する心性となり、危機を知ろうとする者への禁止と排除を構成するだろう。そして今、まるで長い非常事態に耐えきれないかのように、否認と禁止において国家と国民が、危機の淵から新たに再定義され、登場しつつある。それは、他方で不安を押し殺していくプロセスでもあり、だからこそ盛んに唱和される「ニッポン」が、不安にかられた脱出の叫びのようにも聞こえるのだ。そしてかかる唱和が、次第に国家と国民の再生に向かう中で、今確保しなければならないのは、くりかえすが、まだ何も終わっていないことを確認し、不安を手放さず、崩壊感にたえながら、知るという行為を遂行することではないのだろうか。そしてかかる認知において国家は、唱和される「ニッポン」とは別のものに見えるはずだ。二〇一一年九月一九日東京において行われた抗議集会で、「私たちは棄てられたのだ」(16)と発言した武藤類子は次のように述べる。

国がおこなったことは「情報を隠すこと」「事故を小さく見せること」「さまざまな基準を引き上げること」だったのです。これらは福島県民を見えない檻に閉じ込めることでした(17)。

国家が、自分たちを死の淵に遺棄する存在であることを、知る。今静かに広がりつつあるのは、人々を棄民として「見えない檻」に囲い込んでいく国家の相貌であり、それを知る者たちだ。それは棄民であるという位置において、国家が再度描きなおされることでもあるだろう。日本という国家は、東京電力福島第一原子力発電所の事故以降、放射性物質が飛来する空間に人々を囲い込み続けた。それはSPEEDIとよばれる放射性物質拡散の情報が、届けられなかったという情報伝達上の問題では、ない。国家が被曝を積極的に誘導したのである。武藤のいう見えない檻とは、まさしくこうした国家の所業を示している。

この檻の根拠は、パニックを避けるという名の治安維持である。いいかえれば治安の名において人々は檻に囲い込まれ、身体を被曝させられたのだ。確認しておかなければならないのは、継続する危機の中にあって、治安維持の名のもとに人々を棄民として囲い込み、被曝という暴力を行使し続ける国家が登場してきているということである。「これは殺人罪じゃないか」。ＳＰＥＥＤＩが知らされなかったことに対して、ある町長はこう発言した(18)。今凝視すべきは、国家が治安維持のために問答無用で人を殺すということではないだろうか。また唱和される「ニッポン」と乱立する「日の丸」こそが、無法な治安維持に直結している。だからこそ、今、戒厳令を検討しなければならないのだ。

そして継続する危機の不安に耐えながら、かかる国家の所業を拒否し続ける位置、すなわち棄民の位置こそ、知るという行為において確保しなければならない領域ではないだろうか。それは、その行為のプロセスにおいて棄民の眼を獲得するという遂行的な意味を、知るという行為が帯びることでもあるだろう。そしてこの棄民はやはり、離脱という戦略に深くかかわっている。「私たちは棄てられたのだ」と発言した武藤は、同時に次のように記している。「新しい世界を創造するチャンスかもしれません」(19)。棄民から新しい未来への離脱へ。危機において登場する無法な国家の傍らで、棄民の位置から見出される未来もまた、現勢化するのだ。かかる未来は、ソルニットなら「変わる可能性のある現在」(a transformative present) とよぶかもしれない(20)。それは棄民が生み出される瞬間が同時に離脱であり、かかる離脱において見いだされる未来の可能性でもあるということだろう。またそれは、本書の一貫した主題である流着ということと、深くかかわる。

本書では、日米両連合軍の治安出動ならびに警護出動の対象地域であり続ける沖縄を、かかる三月一一日以降の状況にかかわって、考えたいと思う。だが本書で行いたいのは、沖縄と福島を、犠牲を強いる日本のシステムから見て同じであるというような類似性の解説ではない。棄民はシステム上の定義ではなく、暴力に対する感知力の問題なのだ。棄民の位置において国家の無法を感知することにより獲得される

「変わる可能性のある現在」において、あえていえば暴力の予感とともに見出される未来において、人々が連結することを考えるために、沖縄を今の状況の中で考えたいのだ。それは戒厳令からの離脱の可能性を、多焦点的に拡張していく試みでもある。悟性的に描かれた国家システムにおいて定義される犠牲者において沖縄と福島の同質性を語るのではなく、棄民の位置から感知された国家の相貌こそが、そしてかかる感知力において未来を語ることこそが、いま重要なのではないか。

先に述べたように目取真は、石原の発言に関東大震災の戒厳令を想起した。またそこには、沖縄戦における日本軍の駐屯から続く日米両軍の占領状態が重なるだろう。この歴史意識こそが、三月一一日以降の日本という国家と日本人という国民を描き出すのだ。たとえば軍用ヘリが墜落炎上した大学で教える桃原一彦は、地震後に研究室に来た学生の、次の発言を聞き逃さない。その発言は、自衛隊の災害派遣と米軍による「トモダチ作戦」のテレビ映像に対して発せられたものだ。

あの迷彩服に違和感がある(21)。

この違和を獲得する感知力、すなわち「震災と軍隊が接木されることを自明視せずに違和や不和として察知する」(22)という、知るという行為こそが、「変わる可能性のある現在」を確保するのではないだろうか。気仙沼で復興支援を行った米国海兵隊は、沖縄に常駐する占領軍である。また同部隊は、あのイラクにおけるファルージャで住民を囲い込み、劣化ウラン弾を投下し、無差別殺戮を行った実行部隊でもあるのだ(23)。そして問題は、かかる殺戮者を、自分たちを守る「トモダチ」として受け入れていく心性であり、それは同時に、占領状態への感知力のないまま語られる「沖縄問題」の問題でもある。
二〇〇四年八月一三日、沖縄県宜野湾市の沖縄国際大学に米軍海兵隊普天間基地所属の大型軍用ヘリが墜落、爆発炎上した。すぐさま米兵と日本の警察機動隊が現場を制圧し、かかる武装鎮圧のなかで事故は処理され、同時に沖縄住民の行動は、鎮圧の中で進められる処理を脅かす存在として、監視された。桃原一彦はこの時の事態を「治外法権」とよぶ。この治外法権の中で沖縄住民は、事故の被害者ではなく、治安維持のために監視すべき容疑者となった。このことをふまえて、桃原は次のように述べている。

被害者が「被害者」として意識できない問題の根源を、なぜ「沖縄問題」として片づけようとするのか(24)。

この桃原の言葉からは、二つのことが読み取られなければならない。一つは、災害が刻み込まれた場所や人々が、治安出動した軍事力において囲い込まれ、監視され、鎮圧されるということであり、二つ目はその治安出動を問うことなく語られつづける「沖縄問題」である。そこで透視されているのは、治安出動と善意において語られる「沖縄問題」との共犯関係である。そして、「戦前戦中期から沖縄は一貫して『有事』なのだ」(25)。
自衛隊の災害派遣と米軍の「トモダチ作戦」は、被害者を治安維持における容疑者として処理してくプロセスなのではないか。それはまた、武藤が感知した見えない檻でもあるだろう。沖縄国際大学の学生の「あの迷彩服に違和感がある」という違和は、かかるプロセスにおいて作動する暴力を感知する力であり、そこでとらえられた像は、棄民の眼から描きだされる日米の国家であり、したがってそれは「新しい世界を創造するチャンスかもしれません」。

本書では、一貫して非常事態すなわち「有事」でありつづける沖縄から、関東大震災を想起し、今も作動中の戒厳令を考えようと思う。それは、語られ続ける「沖縄問題」が、何を回避し禁止しているのかを内省的に再検討することでもあるだろう。いわば「沖縄問題」の系譜学的検討である(26)。そしてかかる検討には、地図を眺め、そこに住まう住民と自分を切り離したうえで解説するテレビの解説者とは異なる思考方法が、いいかえれば「傍らで起きているが既に他人事ではない」という知覚が、求められるのだ。

註

（1）新城兵一「内破――辺野古」『新城兵一詩集　死生の海』あすら舎　二〇一一年。

（2）藤田省三『全体主義の時代経験』みすず書房、一九九五年、五頁。

（3）こうした日常的な生活の向上や改善と忠誠が連動する事態は歴史をもっており、本書でも扱う一九三〇年代から広範囲に展開した生活改善運動が一つの具体的な検討課題だと思われる。それは恐慌により疲弊した農村において展開しただけではなく、沖縄はもとより在日朝鮮人、被差別部落民もまきこみ、さらには植民地においても展開した。こうした生活改善のひろがりは、ファシズムがたんに右翼天皇主義者によって担われたのではなく、種々の境界を横断する日常的な快楽の総動員であったこと、またそうであるがゆえに藤田がいう不快さへの排撃は戦後においても形を変えて継続していることを示している。生活改善については、冨山一郎『近代日本社会と「沖縄人」』（日本経済評論社、一九九〇年）の第三章ならびに、同『増補　戦場の記憶』（日本経済評論社、二〇〇六年）の第二章を参照。またこの生活改善を総力戦体制における政治的アリーナとして定置しようとしたものとして、廣岡浄進「主体化と動員の陣地戦――植民地帝国日本の人種主義と総力戦体制下の部落解放運動を考えるために」『待兼山論叢』

四〇号（大阪大学文学会　二〇〇六年）をぜひ参照されたい。

（4）藤田『前掲』一三頁。

（5）藤田のいう快楽主義が日常生活の商品化においても議論されている点は、現代資本主義においてファシズムを問題化するエンドウの議論とともに、さらに検討すべき課題である。エンドウは、生活の安寧を担い、日常生活を組織するリーダーである（新）中間層の登場とこうした層の不安な心性を集約していく天皇の物語を、産業予備軍を文字通り予備軍とし陶冶しきれなくなった現代資本主義の延命的展開ととらえ、その展開のモーターとして金融資本を据える。またこの「天皇の物語」の位置には、日本文化や「国民の歴史」が充填されるのだ。こうした現代資本主義とファシズムでは、金融資本による日常生活の包摂と再構成は、文化の問題として登場するだろう。産業資本と距離を置いているふりをしていたアカデミアの人文学的知が資本と提携するのは、この文化だ。またこうしたエンドウの認識からすれば、藤田のいう不快なものへの排撃は、継続する金融危機の今、やはり頂点を迎えつつあるといえるだろう。あの日の丸の群れを見よ。カツヒコ・マリアノ・エンドウ「ユニバーシティ、ファシズム、声―監訳者あとがきにかえて」ハリー・ハルトゥニアン『歴史と記憶の抗争――「戦後日本」の現在』（カツヒコ・マリアノ・エンドウ編・監訳）みすず書房、二〇一〇年。

（6）藤田『前掲書』七九頁。

（7）この学的真実性と政治的正しさについては、冨山一郎「分析ということ、記憶ということ、あるいは正しい政治」（『日本思想史研究会会報』二三号、二〇〇五年）を参照。

（8）それは「沖縄問題」だけではない。たとえば沖縄学の父と呼ばれる伊波普猷であるが、研究者も含め、彼の言葉に正しさや教導を求める人たちは多い。またこうした教導を求める心性は、逆にすぐさま間違いや欠点を指弾する態度と直結するだろう。伊波についていえば、伊波の言葉は、混乱し、矛盾し、恐怖に満ちている。すくなくとも正しさの根拠はそこにはない。読むべきは、正しい教導ではなく、いまだに解決がついていないこの混乱であり危機にかかわる経験であり、いいかえれば危機の延長線上に住む私が、彼の言葉を危機の経験として読むのである。先験主義からの離脱はこの危機をめぐる言葉の在り処にある。伊波については第三章で検討する。

(9) 藤田『前掲書』八五頁。戸坂潤は、一九三〇年代、経験が政治的領域として浮かびあがる中で、経験を政治の存在論的な前提や正しさの根拠とするのではなく、政治そのものとして確保しようとした。戸坂にとって科学的であるとは、昨今の歴史学や社会学の人たちがよく行なうような人々の経験を自らの解説のデータとして収集することではなく、この政治の確保にある。またそこには藤田同様、個人化された宿命的経験と単線的な歴史認識からの離脱が追及されている。「経験は個人が経験したということ以外に、個人がやがて経験するだろう処の、そして更に社会の人間が多分経験しただろう又経験しているだろう又やがて経験するだろう処の、否、皆がその条件さえ与えられれば必ず経験するはずである処の、内容であらざるを得ない。で経験はそれ自身に、超経験的な、或いは先経験的な、即ちもはや経験論的ではない処の、或るものをふくんでいる、ということになる」(戸坂潤『科学論』一九三五年『戸坂潤全集第一巻』勁草書房、一九六七年、所収、『全集』一七八頁)。ここで戸坂がいう「先経験的」は、藤田のいう「希望的観測」による「先験主義」からの離脱でもあるだろう。またこの点に関して、エンドウ「前掲」ならびにハルトゥニアン『前掲書』をぜひ参照されたい。

(10) ポール・ギルロイとトニ・モリスンの対話で、トニ・モリスンは『ビラヴド』に言及して次のように発言している。「『気が狂わないように』意図的に陥っていくような狂気があるのです」(Paul Gilroy, Small Act, Serpent's Tail, 1993, p.178.)。また「気が狂わないために」という表現については、野村浩也の次の文章を参照せよ。「『沖縄は安全』とでも思いこまなければ沖縄人は生きることすら困難になるかもしれない」(野村浩也『無意識の植民地主義』御茶の水書房、二〇〇五年、二二一頁)。野村は安全だという発話が、日常的な苦痛への無感覚であり、否認であることを鋭く指摘する。

(11) 野村『前掲』、二六三頁。引用すれば、「生まれたときから基地は目の前にあった。米軍基地の金網はあまりにも当たり前の風景であった」。世代論は好きではない。だが、乗り越える対象として金網が措定され続けていた人々が政治を語る中で、この野村のような復帰後を生きてきた世代が、いかなる政治を獲得するのかという問いは、本書全体のテーマでもある。そこには、前者の政治を表面的に反復することにおいて構成され続ける「沖縄問題」への批判でもある。

(12) 田仲康博はその著書『風景の裂目――沖縄、占領の今』(せりか書房、二〇一〇年)において「沖縄の風景や身体に書きこまれた〈意味〉を読み解かない限り、思考は〈現実〉の枠内にとどまることになる」とし、その読み解く方法として、自らの身体に刻まれた経験と出会いなおすことを主張する。「風景が裂け目を開き、意味がほころぶ現場に立ち会うこと。その場にいた――いたはずの――自分に出会い直すこと。私的な経験を社会的文脈に投げ返すという迂回路を辿ることによって、見えてくることもあるはずだ」。田仲は、文字通り体を張って亀裂を浮き上がらせるのだ。

(13) 内海愛子・高橋哲哉・徐京植『石原都知事「三国人」発言の何が問題なのか』影書房、二〇〇〇年、二〇一頁。

(14)『暴力の予感』においても、この石原の発言は、日常的秩序における暴力を議論する上で、極めて重要な検討対象であった。そして今、書きすすめるにあたり、またしてもこの発言から話を始めざるを得ない。そこには、日常的な戒厳令という秩序が目の前に登場しつつあるという現状への認識が、やはりある。

(15) 同上、九九―一〇一頁。桃原一彦は、三月十一日の大震災後の沖縄にかかわる系譜の中に、この目取真の文章を確保している。知念ウシ・與儀秀武・後田多敦・桃原一彦『闘争する境界――復帰後世代の沖縄からの報告』未來社、二〇一二年、一八九頁。また、冨山一郎『暴力の予感』(岩波書店、二〇〇二年)の序章ならび桃原一彦「大都市における沖縄出身者の同郷的結合の展開」(『都市問題』九一巻九号、二〇〇〇年)も参照。

(16) 武藤類子(写真・森住卓)『福島からあなたへ』大月書店、二〇一二年、一五頁。

(17) 同、四二頁。

(18) 朝日新聞特別報道部『プロメテウスの罠――明かされなかった福島原発事故の真実』二〇一二年、二二頁。
(19) 武藤『前掲』八二頁。
(20) レベッカ・ソルニット『災害ユートピア――なぜそのとき特別な共同体が立ち上がるのか』(高月園子訳) 亜紀書房、二〇一〇年、二〇三頁。ソルニットは、既存の秩序が形を失い消尽する不確かな領域を「閾 (liminality)」(同、一六九頁) と呼ぶ。この領域においては、何が起きるかわからない。あるいは、何が既におきていたのかがわからない。そしてだからこそ、何でも可能なのである。「何が起きるかわからないという災害の警告は、なんでも可能だという革命の教えから、そんなにかけ離れてはいない」のだ (同、一七二頁)。非常事態とは、なんとしても解決しなければならない課題でもなければ、一刻も早く秩序を取り戻さなければならない混乱や対立でもなく、世界が暫定的な存在として浮かび上がる事態であり、そこで求められている認知は、閾に留まり何が起きるかわからないという不安に耐えながら、そこから垣間見ることのできる未来を予感することである。
(21) 知念ウシ・與儀秀武・後田多敦・桃原一彦『闘争する境界――復帰後世代の沖縄からの報告』(前掲) 一八八頁。
(22) 同、一八九頁。
(23) 同、一八八頁。
(24) 桃原一彦「沖縄でつづく植民地主義」『インパクション』一四三号、二〇〇四年、一六三頁。
(25) 同、一六三頁。
(26) フーコーのいう系譜学という意味である。すなわち、「過ぎ去った事件をそれぞれの散乱した状況の中にとどめること」なのだ。Michel Foucault, *Language, Counter-memory, Practice*, Cornell University Press, 1977, p.146. また本書の補論として所収した「対抗と遡行」も参照。

第一章　戒厳令と「沖縄問題」

今や故郷にゐても安閑としてゐられず内地に出てもおちつけない(1)（広津和郎）

Ⅰ　「さまよへる琉球人」

本章では、沖縄から関東大震災を想起し、今も作動中の戒厳令を浮かび上がらせたいと思う。序章でも述べたように、それは、「沖縄問題」が何を回避し禁止しているのかを、内省的に再検討することでもあるだろう。そしてこの再検討のために、意外かもしれないが、関東大震災や戒厳令と直接関係がないと思われている広津和郎の戦前の小説「さまよへる琉球人」から、議論を始めたいと思う。

戦後、松本清張や中野重治らとともに、「松川事件」の裁判に深くかかわった広津和郎は、一九一〇年代から一九二〇年代にかけて、有島武郎らの白樺派やプロレタリア文学の登場の中にあって、絶えず文学論争の渦中にいた(2)。また広津は、『思想』（一九三一年三月）において宮本顕治から、プロレタリア文学の周辺にいる過渡的な「同伴者作家」と命名されるが、とりあえずこの宮本の指摘は、プロレタリア文学からの広津の位置づけをよくあらわしているといってよい。また後で述べるように、その構図は、同時代の文学論争の渦中にあった青野季吉による、この作品をめぐる広津への批判とも深くかかわっている。

内容の検討については後段で行うが、この広津の「さまよへる琉球人」が『中央公論』（一九二六年三月号）に発表されるとすぐに、この作品に対する沖縄青年同盟の抗議書「広津和郎氏に抗議す」（『報知新聞』一九二六年四月四日）が提出された。この沖縄青年同盟とは、山田有幹を会長として一九二六年三月に沖縄で結成された運動団体であり、一九二〇年代後半において沖縄の左官や大工、あるいは石工などを組織した。したがってこの抗議は、沖縄青年同盟結成とほぼ同時に作成されたことになる。また沖縄青年同盟は、一方では日本各地で展開した日本共産党の地方青年組織として結成されるが、他方で大阪において沖縄人の社会運動、労働運動を組織し始めていた赤琉会や関西沖縄県人会の指導グループたちとの交流の中で生まれたものである。抗議書には、「何時我々も県外に職を求めて赴かぬとも限りません」という自己規定が登場するが、後段で検討するように、人々が沖縄から大阪などに流出していくという事態が、沖縄青年同盟結成の底流に存在している。あえていえば、沖縄青年同盟の名前に記された沖縄は、一つの地理的な地域を示すというより、人々が地域から引き剥がされ流動していく中で、再度獲得された名前なのだ(3)。

この沖縄青年同盟の抗議書の意味ついては、広津の応答とともに注意深く考えていきたいが、抗議書の基本的な主張は、広津の作品が「誤解」を与える恐れがあるというものだ。そしてこの抗議に対して広津が、「沖縄青年同盟諸君に答ふ」（『報知新聞』一九二六年四月一一日）、「沖縄青年同盟よりの抗議書——拙作『さまよへる琉球人』について」（『中央公論』一九二六年五月号）で応答するという一連の展開がある。

この応答のプロセスに対して青野季吉は、広津が沖縄青年同盟への応答に拘泥することをセンチメンタリズムとみなし、結果的に「さまよへる琉球人」という琉球の無産者に問題を限定しているとした。また青野は、琉球の無産者に対して「地上に偏在する無産者」を対峙させ、世界の無産者こそ問題の中心に据えるべきだと批判したのである(4)。だが広津は、あくまでも沖縄青年同盟への応答にこだわり、この作品を今後一切再録することなく「抹殺」することを約束する。そして広津は戦後も、この約束は守り続けたのである。ところで後に、この青野の広津への批判に対しては、大城立裕が次のように述べている。

沖縄問題をただちにインターナショナルな抽象の場にひろげて、そこでしか解決できないように考える、今日でもよくみられる態度を、青野が当然のことながらとったのに対して広津がそれではなんとなく、どうにも我慢がならない、と考えたことの差であると、私はみたい気がする(5)。

この大城の文章に含まれる「沖縄問題」「インターナショナルな抽象の場」「今日でもよく見られる態度」といった表現ついては、多くの論点が含まれているので注意深く論を進めたい。まず、この大城の文章は、『新沖縄文学』（一七号、一九七〇年八月）に掲載されたものであり、先ほども述べたように「さまよへる琉球人」の「抹殺」の約束は、広津が亡くなる一九六八年まで守られ続けるが、一九七〇年にこの『新沖縄文学』の同号において復刻された(6)。大城の文章は、この復刻に際して書かれたものである。

したがって、ここで大城のいう「沖縄問題」あるいは「今日でもよく見られる態度」は、復帰を目前にした一九七〇年という状況の中で読まれなければならない。一九六九年十一月二二日の佐藤＝ニクソン会談により沖縄の日本復帰が政治過程において確定し、その復帰の意味が明らかになっていった。一九七〇年という年号は、日本への復帰が、確定された未来として全面的に登場する中で、日本社会に入ることの意味が現実問題として鋭く問われざるを得ない状況を示している。またその復帰とは、基地も核もある復帰であり、求めていた夢が裏切られたことを意味していた。

大城の文章もまた、こうした状況の中で書かれたものである。そこには問題とされる沖縄と、それを論じる者たちが想定されており、その者たちが普遍的なコードで「沖縄問題」を論じている「よく見られる態度」が、浮かび上がるだろう。その普遍的コードは無産者かもしれないし、階級かもしれないし、あるいは反基地や平和といったスローガンかもしれないが、大城はこうした「沖縄問題」とそれを論ずる者たちによって構成される構図に収まりきらない何かしらの可能性を、「さまよへる琉球人」という作品と沖縄青年同盟の抗議に対する広津の姿勢に見ようとしていたと、とりあえずいえるだろう。

だが同時に大城は、広津の沖縄青年同盟への応答に登場する「自分は首を垂れて深く内省すべきです」というくだりに対して、同じ文章において次のように記している。

大江健三郎がいつかの沖縄ルポに「ただ暗然と頭を垂れるのみ」と結んで、それにたいしてある沖縄人から、「そんなことではちっとも解決にはならない」という意味の抗議をだしていたことを、ここで思い出すが、この悪循環をいかにたちきるか、という問題を私たちは数十年このかたかかえている、というべきであろう(7)。

ただ反省し、沈黙し、謝りつづけることを応答と考える者たち。他方では、普遍的コードで沖縄問題を饒舌に解説する者たち。広津自身も含めた「さまよへる琉球人」をめぐる一九二〇年代の議論に大城が看取したのは、一九七〇年という状況におけるヤマトの知識人たちの原型とでもいうべき問題系だったのだ。こうした大城と同様の指摘は、同じ『新沖縄文学』に所収されている由井晶子の文章においても指摘されている。

今ほど、日本の中での沖縄のあり方、本土の沖縄への対し方、沖縄と本土の関係の在り方について再点検が迫られている時はない。『さまよへる琉球人』問題は、良心的であろうとする本土知識人の一つの態度を明確に示した事件だった。そしてその意義は現在も生きている(8)。

そして由井のいうこの小説の意義は、復帰四〇年を迎えた現在の状況においても、変わることなく生きている。いやむしろ、より明確になっているといってもよい。そしてまずなすべきは、ただ反省し良心的であろうとする知識人に収まりきらない広津、あるいは普遍的コードで沖縄を解説することに我慢ができず、違和を感じてしまう広津を、この作品と抗議・応答のプロセスの中から見出す作業に他ならない。そしてそれは、先取りしていえば、故郷であれ、「内地」であれ、どこに住もうと既に流民としてある「さまよへる琉球人」から開始されるべき政治の端緒を、確保する作業でもある。

Ⅱ 「沖縄問題」の閾(9)

まずこの作品の前提から考えよう。この短編は、東京に住まう主人公である「自分」のもとに、突然「琉球人」であると名乗る見返民世なる人物がやってくるところからはじまる。見返が「自分」の居に入り浸りになる中で、「自分」は見返から石油コンロなどを売りつけられ、またその知り合いというやはり「琉球人」に大切な書籍を持って行かれ、さらにはこの見返にも二度にわたってお金を騙し取られる。ストーリーは、「自分」と「琉球人」とのやりとりで構成され、騙されながらもズルズルと続いていく両者の関係が話の軸になっている。

小説の前半に、この見返民世が「自分」に対して「琉球の農業問題」を語る場面が登場する。そこでは、沖縄の糖業が本土資本家たちにより滅亡の危機にあり、人々は生きるために流亡を余儀なくされていることが語られている。すなわちこの小説の前提として想定されているのは、一九二〇年の糖価暴落を契機に始まったいわゆる蘇鉄地獄(10)と呼ばれる社会崩壊である。この蘇鉄地獄という社会崩壊については、本書の次章以降で検討するので、ここでは詳しく述べないが、それは資本に包摂された農業の危機であるといえるだろう。そしてこの危機は、糖業が近代を担っていた沖縄そして奄美を飲み込んでいったのだ。「さまよへる琉球人」において琉球という言葉は、とりあえず沖縄を念頭に置いていると思われるが、同じく蘇鉄地獄が到来した奄美をどう考えるのかということは、この蘇鉄地獄の歴史的意味を考える上で決定的に重要なポイントになる。

またこの小説が書かれた一九二六年は、この蘇鉄地獄が沖縄救済を求める社会問題として急激に浮上してきた時期でもある。沖縄の悲惨さとその救済を主張する、新城朝功『瀕死の琉球』(越山堂、一九二五年)、田村浩『沖縄経済事情』(南島社、一九二五年)、湧上聾人『沖縄救済論集』(改造之沖縄社、一九二九年)、親泊康永『沖縄よ立ち上がれ』(新興社、一九三三年)などが出版され、新聞等においても解決しなければならない社会問題として沖縄が言及された。蘇鉄地獄という危機は、救済しなければならない沖縄として対象化されたのである。いいかえればそれは、公的な言論空間において沖縄が問題として登場したということである。またこうした救済すべき沖縄という認識は、広津に対して抗議文を送った沖縄青年同盟においても共有されている。抗議書の冒頭は、次のような書きだしで始まっている。

帝国の南端沖縄県は目下極度の経済的窮弊に陥り、正に溺死の症状に沈湎していることは、足下の疾くに御存じの通りで、中央の新聞雑誌等にも『経済的亡国の好標本』とまで極論され、今や一地方的問題ではなく、国家的問題として取扱はれる程であります(11)。

蘇鉄地獄という危機は、沖縄青年同盟がいうように、確かに「国家的問題」として、「標本」のように扱われ始めたのだ。次章でも述べるが、一九二五年には帝国議会第五〇議会において「沖縄県財政経済の救済助長に関する建議案」、「沖縄県救済に関する建議案」が決議され、これを受けて救済策が講じられるようになっていった。またこうした動きは、一九三二年の沖縄県振興計画として結実することになる。すなわち、危機が叫ばれる中で救済や振興にかかわる法的介入を担う主体として、国家が登場してくるのであり、いいかえれば一九二〇年代を通じて、まさしく「沖縄問題」が法的に構成されたのだ。さらにいえば「沖縄問題」とは、沖縄にある問題なのではなく、問題に対処し解決する新たな法と国家の登場を意味していたのであり、だからこそ「国家的問題」なのだ。したがって乱暴にいえば、注視すべき軸は、問題を抱え込んだ沖縄ではなく、危機に対して問題を構成しながら展開する国家の再定義にある。

そしてこの「沖縄問題」の形成は、救済をもとめる自己像の提示と、救済の資格を問う監視する権力の登場という、沖縄という領域において重なり合いあうこの二つの動きにより構成される政治を生み出した。たとえば第三章で集中的に取り上げる一九二四年に刊行された伊波普猷の「琉球民族の精神分析」(『沖縄教育』一三六号)は、こうした政治的磁場の中で、救済を求める申請者としての自己提示と、その提示すべき自己に根拠を与える歴史認識を再構成していく営みの結果でもある。また沖縄県振興計画の立案の過程設置された「沖縄県振興計画調査会」(一九三二年)では、沖縄を植民地とは区別された救済すべき国土とみなすかどうかということが議論されているが[12]、そこではいわば一人前の立派な日本(人)であるということが、救済の資格問題として語られているのである。

したがって法的救済は、救済されるべき生とそうでないものを区分けしていく隔離と排除をともなっているのであり、またこの区分けにおいて日本(人)であるということが極めて重要な意味を帯び出すことになる[13]。こうした「沖縄問題」の形成とともに立ち現われる国家をどのように考えるのかということについては次章以降に譲るが、いずれにしても「沖縄問題」の形成は、沖縄の自己提示と国家の再定義が重なり合いながら展開しているのである。

またこの重なり合うプロセスは、沖縄という地理的範域が自己提示の根拠と国家の介入の対象という二つの前提として、問われることなく自然化されていくことでもある。ここに「沖縄問題」の決定的な論点があるだろう。すなわち一方では、「沖縄問題」の形成において沖縄という名は、地理的範域に自然化される。他方で、前述した沖縄青年同盟において看取できるように、蘇鉄地獄を機に沖縄という名前は、一つの地理的な地域を示すというより、人々が地域から引き剥がされ流動していく中で、再度獲得された名前として登場する。だがすぐさまわかるように、この沖縄という名前の二重化は、蘇鉄地獄という一つの危機の二つの表れに他ならない。いいかえれば「沖縄問題」の形成は、同時に救済の法においては法の外におかれる別の名前の始まりでもあったのだ。あえていえば「沖縄問題」という領域は、形成と同時に破綻しているのだ。

そしてこの「沖縄問題」という領域が、「さまよへる琉球人」の前提としてまず存在している。小説の中で「琉球の農業問題」を見返民世から聞かされた「自分」はまず、沖縄のこれまでの歴史に心を痛め、当時の「沖縄問題」を論じる潮流と同様に心を動かされ、「そんな法外な事を存在させるといふ事に対して、義憤も感ずる」のである(14)。ここに、良心的な知識人としての「自分」を見ることは可能であり、沖縄を「国家的問題」として成立せしめる心性が、そこにはあるだろう。だがしかし、真の問題はここからなのだ。

先ほども述べたように、「自分」は、「琉球人」である見返民世やその知り合いたちに騙され続け、金や大事にしていた本を取られていく。それは社会秩序に反することであり、否定されるべき法外、すなわち違法なことであるだろう。義憤を感じる「法外な事」と秩序に反するとして指弾される違法。前者は国家の介入により救済すべき対象として、後者は、とりあえずは裁かれるべき対象として措定されるだろう。また前者は地理的に領域化され囲い込まれた沖縄という地域にかかわることとしてあるのに対し、後者は

「自分」に直接かかわる日常での出来事としてあり、沖縄とは無関係の、個人の行為にかかわる犯罪として、まずは処置されるだろう。だがしかし、「自分」はそのように処置できなかったのだ。ここにこの小説の、きわめて重要な論点がある。

蘇鉄地獄という危機は、自らの社会に向けられた反乱として登場するのではないか。見返民世が語った「琉球の農業問題」という「法外な事」は、決して地理的範域に限定された「国家的問題」として登場するのではなく、自らが住まう日常の秩序をゆるがす出来事として登場するのではないか。大切な本を持ち逃げされた「自分」は、憤慨しながらも次のように考え始めるのだ。

実際、長い間迫害を受けてゐたら、その迫害者に対して、信義など守る必要がないやうになって来るのも無理はない。賞めた話ではないけれども、或同情の持てない話ではない。自分は見返が先日話をした話などを思ひ出した。土地を持ってゐて、甘蔗を作っても、飯は食へない。甘蔗を作らなければ尚飯が食へない。而もそれが琉球自身から生じた何らかの原因でさうなるのではなくて、琉球以外の大国からの搾取によるのだ。琉球で働いてゐるよりも、九州のT炭坑の坑夫生活の方が好いと思ふのも、故郷そのものの何かの原因でさういう心持にならせられたのではなくて、故郷が地獄のやうな気がして来るのが、みんな故郷以外の或暴力的な圧迫によるのだ。——さういふ境地にない自分などにはしっかりした実感としては来ないが、若し自分がさういふ圧迫せられる位置にあったらやっぱり圧迫者に対して、信義や道徳を守る気になれないかも知れない、我々には解らない一つの心持が琉球人に出来たとしても、どうも無理ではない気がする。武器を取り上げられた琉球人は例の唐手といふ恐ろしい護身術を作り上げた。それは肉体上の問題だが、精神的にも、唐手に似た一種の護身術を案出してゐたとしても、そんなに不自然なはなしではない(15)。

ここで描かれているのは、法外におかれた者の生が、秩序に添うものであるということなど言えるはずがないという、きわめてまっとうな直観である。『フェアプレイ』はまだ早い」(魯迅(16))のだ。「自分」は、自分が攻撃される秩序の住人であり、したがって裏切られたうえに唐手でなぎ倒されることを、「不自然な話ではない」と認識し始めている。義憤を感じる法外と犯罪として処置される違法とは、決して区別されるものではなく、それがひと繋がりの事態であることを看取する「自分」は、前者の、義憤の対象であり救済すべき「沖縄問題」が自分とは切り離された救済の法の対象として地理的に存在するものではなく、自分に対する暴力として潜在的に存在していることを感知しているのだ。

ここに、この小説における「自分」が、良心をよりどころに義憤を唱える良心的知識人からはみ出しつつあるというある種の極点が、まちがいなくある。このなぎ倒されるという予感は、「植民地主義者の作り上げた世界に直面して、原住民は常に犯罪容疑者である」(17)というフランツ・ファノンの言葉において再度検討される必要があるが(18)、いずれにしてもこの「自分」の極点は、「沖縄問題」を義憤にもとづいて語り、自らの日常はそこから区分けされて確保するという良心的知識人の安寧が、崩壊する始点なのだ。また付け加えるなら、この義憤と安寧の区分けは、「沖縄問題」を無産者というより普遍的なコードで述べようとした青野季吉においても共通していると、とりあえずいえるだろう。論点は個別か普遍かというところにあるのではなく、問題として議論される対象を、自らの日常を揺るがす力として感知しうるかどうかにあるのだ。では、饒舌に語りだされていた「沖縄問題」が停止する閾の領域において、なにが開始されるのだろうか。なぎ倒されるという「自分」の暴力の予感は、どこに向かうのか。

この「自分」が踏み出した「沖縄問題」の閾は、沖縄青年同盟の抗議書にも深くかかわっている。「さまよへる琉球人」における「自分」は、詐欺にあい、窃盗にあいながらもそれを単なる不道徳や犯罪とみなそうとはせず、そこに琉球人の歴史を重ねながら、「長い間迫害を受けていたら、その迫害者に対して、信義など守る必要がないようになって来るのも無理はない」と述べた。そしてこの個所こそ、沖縄青年同盟がもっとも抗議した点でもあるのだ。いいかえれば、ただ「沖縄問題」を法外な事として憤る良心的知識人からはみでて、「沖縄問題」の閾にむかう「自分」に対してこそ、抗議が開始されたのだ。この「自分」の述べた部分に対して、沖縄青年同盟の抗議は次のようになされている。

何人もが直ちに、琉球人道徳観念が違ふ人間だ、不信義漢だ、破廉恥も平気でやる、信用のおけないものだ、との印象を残さないでせうか。「無論人による」ので、「全部の琉球人がさうではない」が「さう云ったやうな傾向が大体ある」とでも誤解されぬと断言は出来ないと思ひます(19)。

ここで記されている「無論人による」、「全部の琉球人がさうではない」、「傾向」といった言葉は、小説から引かれている。そして「傾向」として沖縄の歴史を導入しようとした「自分」に対し、沖縄青年同盟はそれを沖縄とは関係のない個人の問題に押し戻し、「傾向」として論じられた内容を、誤解としたのだ。

そして広津は、この抗議を受けて、すぐさま、誤解を与えたとして謝罪をする。最初にも述べたように広津は、「さまよへる琉球人」が載った『中央公論』の別号（一九二六年五月）に、沖縄青年同盟の抗議書ならびにそれへの自分の応答を掲載するが、その冒頭では、「沖縄県人の世間的信用に累を及ぼすやうな事があったならば、一般沖縄県人に対して、申し訳ないと共に、自分としても心外」（傍点―引用者）であると述べられている[20]。そしてこう述べた上で、「現在の目の前の問題」である沖縄の「経済的破綻からあなた方の県人を救はうと云ふのが、急務なのです」と、「沖縄問題」への再度の義憤を表明するのだ[21]。「沖縄問題」が自分の住まう世界をなぎ倒しに来るということはありえないという確信、すなわちそのような想像は根拠のない誤解であるという断言と、「あなた方」を救いたいという良心的知識人としての義憤は、ここではぴったりと重なり共犯関係を結ぶことになる。

小説の中での「自分」は、「H」とも言い換えられており、広津本人だとされている。しかし、あたりまえのことだが、小説上の「自分」と広津本人は別物である。そして、義憤を感じる法外と犯罪という違法を重ね合わせて思考しはじめた「自分」の試みは、沖縄青年同盟の抗議への応答により、広津自身によって停止されたといえるだろう。その結果後者の違法は、「一般沖縄県人」とは何の関係もなく、非難され罰せられるべき個人の犯罪の問題であり、そこに沖縄の歴史を重ねて考えることは「世間」に誤解を与える行為となる。そしてその上で、前者の法外、すなわち「沖縄問題」へのさらなる義憤を、広津は繰り返すに至る。

この応答のプロセスにおいて、なにが問われないまま放置されたのか。それは広津が世間とよんだ自らの日常であり、その住人である広津自身である。また犯罪として断罪すべき違法は、「沖縄問題」にかかわっては存在しない。それは、「沖縄問題」とは関係のない犯罪者という問題であって、個人に帰される事柄なのである。したがって誤解を招いたという広津の応答は、日常においてたてられるべき問いを封印し、義憤だけを地理的に囲い込まれた沖縄に向けることを意味する。ここに「沖縄問題」は純化するだろう。そして良心的知識人は安寧の居場所を確保するだろう。この小説の「自分」が開いた「沖縄問題」の閾は、沖縄という名前の地理的限定と日常からの外在化により封印されたのだ。それはまた広津が再度良心的知識人として自己規定することでもあった。だがしかし、「さまよへる琉球人」というテキストにおいて思考すべきは、広津によって閉じられた「沖縄問題」の閾であり、なぎ倒される予感とともに見出される未来ではないのだろうか。

Ⅲ　戒厳令

この小説をめぐって、問いはまだ残っている。それは蘇鉄地獄という社会崩壊を自らのこととして抱え込んだ人々において、小説の「自分」が見出したこの「沖縄問題」の閾とは何か、という問いである。それは沖縄という名前を、自然化された地理の名前ではなく、流動化した、あるいは流動化するかも知れない人々の名前として獲得しようとした沖縄青年同盟が、この閾の領域に何を感知していたのかということに深くかかわっている。沖縄青年同盟の抗議書の末尾は、次のように記されている。

本同盟は産業成年の同盟であります。我々は無資産で無能力、働かねば生命をつなぐ事は出来ません。いつ我々も県外に職を求めて赴かぬとも限りません。然らばこの問題は県民大衆一般の問題であると

共に、やがて又我々自身を脅威する重大問題であります(22)。(傍点―引用者)

くりかえすが沖縄青年同盟において、沖縄という名前は地理的に囲われた沖縄県ではない。それは県外に生きる道を求める人々の名前としてあり、「沖縄問題」における沖縄の地理的自然化に対して、かかる自然から引き剥がされた、あるいは引き剥がされるかもしれない危機にさらされたあやうい生としてある。いいかえればこの人々の生は、「沖縄問題」の根拠となる救済されるべき生とは一致しない。そしてこの人々にとって、広津の小説がもたらした誤解とはいかなる脅威なのか。

前述したように、「琉球人」に騙され続けながら「自分」は、自分が反抗される秩序の住人であり、唐手でなぎ倒されることを「不自然な話ではない」とした。この「自分」は、見返民世たち「琉球人」にまきこまれながら、「沖縄問題」にただ義憤を表明する良心的知識人から変態しはじめたのだ。しかし小説の最後は、次のようになっている。

「さまよへる琉球人」などと考へて、裏切られることに興味など持ちたがる自分の病的気質が、むしずが走る気がした。人が乗じたがるやうなスキを見せて、人を悪い方に誘惑してゐると云ってもいいかもしれないやうな、ルウズな、投げやりな自分の生活法に、「気をつけ!」かう怒鳴ってやらずにはゐられないやうな気がした(23)。

変態の試みは、末尾において「自分」によって封印されている。そしてその際「自分」は、詐欺や窃盗をただ犯罪だとみなすのではなく、沖縄の歴史とともに考えようとしたことを「病的」とのべ、そのような態度に「気をつけ！」という号令をかけるのだ。「不自然な話ではない」という予感は、たんに誤解だったという反省で終わるのではない。「気をつけ！」という軍事的号令により封印されたのだ。

そしてこの封印は、「自分」だけの出来事ではない。この最後の末尾に向かう前段階として、見返の行動を最初から見抜いていたかのように「Hさんはあまり人を御信じになりますから少しはお気を付けになった方が……」と進言する下宿のおかみが登場する[24]。このおかみが示すのは世間の常識であり、この常識に向かうべく「自分」は「自分」に「気をつけ！」と号令をかけたのだ。そこには確かに身体を無理にでも世間に合わせようともがく「自分」がいるのであり、また号令において無理に復帰しようとするところに、「自分」の抱え込む別の可能性を余韻として残しているともいえる。

しかしこの「自分」を世間に復帰させる号令は、沖縄青年同盟にとっては別の響きとして受け止められた。この号令の個所について沖縄青年同盟の抗議書では、誤解される危険性を、自分たちが「気をつけ！」といって怒鳴られることとして記されている。先に述べたように「そう云ったような傾向」が誤解されかもしれないと述べた後、抗議書は次のように続ける。

これやがては足下が「投げやりの自分の生活法に『気をつけ！』と書かれた文句を借りると、所謂一般『内地人』に対して『琉球人』を『気をつけ！』と「怒鳴ってやらずにいられない」事になりはしないでしょうか[25]。

なぎ倒されるかもしれないという「自分」の予感は、新たな変態に向かうのではなく、号令とともに、自分たち沖縄人を犯罪者あるいは病人として鎮圧する暴力として登場するのではないかと、沖縄青年同盟は危惧しているのである。そこに想定されるのは個人化された偏見や誤解ではない。先取りしていえばそれは文字通り国家という機構にかかわる軍事的暴力にかかわることであり、ここにおいて「沖縄問題」とともに再定義された国家の意味が露呈することになるだろう。そしてだからこそ、違法を自然な事とみなし、なぎ倒されるかもしれないと「自分」が予感することは、沖縄青年同盟にとっては根拠のない誤解としてあらかじめ払いのけておかなければならなかったのではないだろうか。広津と沖縄青年同盟における抗議と謝罪は、広津にとっては変態の可能性の封印であるが、沖縄青年同盟にとっては、国家の暴力を事前に払いのける営みなのだ。ここにいたって、両者が意味する沖縄という名前は決定的な亀裂に向うことになる。広津にとって沖縄は「国家的問題」としての「沖縄問題」であるのだが、沖縄青年同盟にとっては「沖縄問題」に収斂しない蘇鉄地獄に刻印された生であり、「沖縄問題」の閾にかかわる名前なのだ。そしてこの名前は、国家の暴力を事前に知覚しようとする。

ここで、「さまよへる琉球人」が掲載され沖縄青年同盟の抗議がなされた一九二六年という日付が、大きな意味を持ち始めるだろう(26)。一九二三年の『婦人公論』において広津は「甘粕は複数か?」という短いエッセイを書いている。

私はミリタリズムというものについて、頗る快感を抱いていない。しかし今度の大災で、国内を治する上に、今日のような人間の進歩程度では、軍隊が必要なものであるという事を十分に認めた。今度の大災で最も乱雑混乱を極めたのは、恐らく横浜市だろう。私はあの大地震の晩、東京から鎌倉まで歩いて行ったので、横浜の混乱を見たが、何故あの大都会の近隣に、一聯隊の軍隊も置かれてなかったかを怪しんだものだ。あの五十万の人口のある大都会の近傍、例えば保土ヶ谷近くの山の手辺りにもし兵営があって、そこから直ぐに軍隊が繰り出す事が出来たなら、横浜で起こったいろいろの忌まわしい噂も立たずに済んだかもしれない(27)。

エッセイは、この文章のあと、「大災」にあたって工兵隊、陸軍、海軍がいかに「実に見事」な働きをしたかを記したのち、次のように述べている。

この軍隊に対する好感の残っている際、今度の甘粕事件は全く軍隊そのもののためにおしいといわなければならない。民衆にとってあれ程親しみのあるものとなっていた軍隊が、今度の事件で、またへんに冷たく恐ろしいものに見えてきた。――甘粕大尉が単数だったならば、まだしも日本は幸福だ。だが、若し不幸にして、それが複数だったならば、こういう機会にどこまでも軍隊の偏見を責め、それを改心させるのは社会の義務でなければならない(28)。

広津は、関東大震災時における軍事的な治安維持、すなわち戒厳令に基づく非常事態措置を全面的に肯定したのち、甘粕による大杉栄と伊藤野枝ならびにその甥の虐殺を「軍隊の偏見」として指弾している。このエッセイの表題からもわかるように、広津が主題的に描こうとしたのは、後者の軍隊への批判であり、戒厳令はむしろそれを強調する前座的な記述ではある。そこには、自分たちを守ってくれる戒厳令とそうでない「軍隊の偏見」の区分けがあるだろう。またこうした広津の軍隊への肯定感は、「軍隊がなかったら安寧秩序は保てなかった」と述べた佐藤春夫の「サーベル礼賛」（『改造』一九二三年一一月号）に端的に表現されているように(29)、むしろ当時の知識人に通底していたものだといえるだろう。広津や佐藤、そして当時の知識人たちが当然のこととして受け入れた戒厳令とは、いったいいかなる秩序だったのか。

周知のように関東大震災の際に東京、神奈川、埼玉、千葉に登場した戒厳は、大日本帝国憲法一四条にある「天皇ハ戒厳ヲ宣告ス」に基づくものではなく、第八条「天皇ハ公共ノ安全ヲ保持シ又ハ其ノ災厄ヲ避クル為緊急ノ必要ニ由リ……法律ニ代ルベキ勅令ヲ発ス」に基づいている。この「緊急ノ必要」による勅令として、戒厳令が部分的に適用されたのだ。それは一挙的な法の停止と軍隊による支配ということとしてではなく、治安維持のために一部の法の運用を行政上制限するものであり、その施行には軍隊だけではなく警官や地域有力者もかかわっている。こうした戒厳令は行政上の法運用の停止とみなされ行政戒厳とよばれたが、それは憲法に戒厳令規定を持たない現憲法下での自衛隊の治安出動や有事法制における周辺事態法、さらには大規模地震対策特別措置法における「警戒宣言」に近似したものだともいえるのであり、そこで通底しているのは、「公共ノ安全」あるいは「災厄ヲ避クル為」という目的である。

だがこの災害や安全にかかわる目的は、それが戒厳令という秩序形態における目的であることを看過してはならない。金杭が、カール・シュミットの独裁における法の意味をふまえながら指摘するように、「問題はあくまでも、戒厳令の布告によって、それがいかに部分的な適用であれ、通常法規を停止して、規範の支配を維持することが目的とされたことにある。言い換えると、法と規範が限りなくその距離を縮める事態にこそ注目すべきなのだ」[30]。ここでいう規範とは、法が守ろうとしている規範であり、重要なのはその規範の実現が「法規の停止」すなわち法外な力において遂行されるという点にある。いいかえれば「公共ノ安全」は、安全という公的規範を規定する法によるのではなく、法を越えた無法な暴力において遂行されるのであり、逆にいえば無法な暴力は規範維持において正当化されることになる。そしてこの法を越えた暴力こそ国家なのだ。したがって戒厳令の法的規定とは、がんらい法を暴力的に逸脱し再措定的していく遂行的なプロセスをはらむものであり、既存法令の発令においてのみ戒厳令を規定すること自体が、困難であるともいえるだろう[31]。

そしてかかる規範と法が接近したこの領域こそ、いいかえれば国家の暴力が現勢化する遂行的なプロセスこそ、日本人という言葉が担う場所でもある。それは、法的判断ではなく銃口を突きつけながらなされる規範的な判断、すなわち尋問である。この尋問による、守られるべき日本人であるかどうかの判別こそが、戒厳令においては法に代わる秩序として登場するのだ。この軍隊、警察、自警団において登場した尋問体制には法的根拠はなく、軍隊こそが、この不断に遂行される尋問体制を維持する力として登場する。法が「法措定的暴力」（ベンヤミン）にずれ込んでいくのである。

かかる戒厳令下において、駐屯する軍隊が自分たちを守ってくれる存在だと思える者と、自分を鎮圧するかもしれないと予感する者がいる。前者の人間にとって、朝鮮人や中国人あるいはアナーキストや労働運動の活動家の虐殺は、本来の戒厳令の正しさから逸脱した誤解であり、「忌まわしい噂」が引き起こした例外的事態であると、とりあえずいえるだろう。しかし後者にとって、軍隊の存在それ自体が常態として自分たちに向けられた暴力を予感さす根拠に他ならない。誤解やまちがった噂、あるいは偏見を指弾するものは、他方で自分たちの安寧を守る正しき軍隊を礼賛する。また場合によっては、手助けや肩代わりをしようとするだろう。だが誤解を指弾する者と、誤解の名のもとに虐殺される者がいるのだ。後者にとって誤解とは、非常事態における特殊事例として日常から区分けされるものではなく、いつ襲ってくるかわからない暴力への、常態における予感としてある。沖縄青年同盟の広津への抗議とは、この予感にかかわっているのだ。

安寧秩序を守る戒厳令下で沖縄人は、絶えず尋問にさらされた。「朝鮮人だろう」「言葉が少し違うぞ」(32)。序章でも述べたように、既に殺された者たちの死体が並ぶ横でなされるこの尋問を、たんなる言語的コミュニケーションとみなしてはならない。身体に突き刺さりまた全身でかいくぐらなければならない尋問は、生死を分ける身体検査なのであり、拷問であり、既に暴力である。そして、のどの内部の声帯を緊張させ、口元の筋肉に最大限の注意を払いながら発せられる「私は朝鮮人ではない」という言葉は、体で示さなくては応答したことにはならない「気をつけ！」という号令への身振りとしてある。またたからこそ尋問は、身体的に記憶され、したがって常態として継続するのだ。それは戒厳令が解除され軍隊が移動したのちも、その再度の登場を感知し続ける神経系として存在し続けるだろう(33)。

「君たちも間違われて殺されないように」(34)。沖縄において沖縄語の矯正を行おうとする教師が過去の関東大震災に言及しながら教室でこう述べる時、そこには、不断に戒厳令の暴力が感知されている。「間違われ」るという誤解は、殺されることなのだ。あるいは山之口貘は戦時下の状況を次のように記している。

ある日、かれはぼくに、「沖縄の人達も、君に忠にということは考えているんだろうね」といったのである。戦時下だっただけに、ぼくは、かれのその一言で汗びっしょりになった。むろん冷汗である。／「外国人ではないんだからね」というと、／「それはそうだ」とかれはあわてたのだ(35)。

この「かれ」がなぜあわてたのかについては、議論があるだろう。しかし、この人物が、「君に忠」をたずねたことに、何のためらいもなかったことは確かだ。そして山之口獏は、体に冷や汗をかきながら、「外国人ではない」と答える。なぜなら「かれ」の質問は、山之口にとっては尋問だからだ。この返答に対して「かれ」はすぐに、「それはそうだ」と質問を撤回する。だがしかし、山之口の身体には冷汗が流れつづける。やはり尋問は身体的に記憶され、したがって常態として継続し、尋問が終わった後もその再度の登場を感知し続ける神経系として存在し続けるのだ。

そして暴力を感知するその神経系は、一九二六年における沖縄青年同盟のものでもあった。広津の誤解は、まちがいなく軍事的号令として感知されているのだ。だからこそ沖縄青年同盟は誤解に抗議をし、広津は謝罪をして、なぎ倒されることのない安寧の秩序に帰還したのである。尋問され続ける者と、当然であるかのように安寧の秩序に住み続ける者。両者は誤解という和解をし、そして決裂したのだ。

Ⅳ　最後に――帝国からの離脱

広津と沖縄青年同盟の「さまよへる琉球人」をめぐるやりとりは、広津の「あの作品を抹殺したいと思ひます」(36)という宣言により、終結したかに見える。またこの作品と抗議・応答のプロセスについては、先にあげた『新沖縄文学』をはじめ多くの議論を生んだが、沖縄青年同盟と広津による和解それ自体は、前提になっているといってよい。しかしすでに述べたように、和解の中に、決定的な決裂が抱え込まれているのだ。言い換えればそれは、同じ言葉を語りながら、異なる身体が密かに確保されていくプロセスでもあるだろう(37)。かかる言葉の在処は、いま唱和されている「ニッポン」、そして「沖縄問題」においても、同様である。

そして広津が謝罪とともに再度の「沖縄問題」への連帯を宣言する中で、その闘の領域に黙ってたたずんでいる者がいる。くりかえすが、沖縄青年同盟が沖縄という名前において抱え込んだのは、この者たちなのだ。この者たちは、たんに救済の法を求めるのではなく、また沖縄という地理的範域に囲い込まれているわけでもない。また逆に、沖縄の外に移り住んでいるということが、決定的な分岐線になるわけでもない。重要なのは、危機が救済を求める申請者に代表される中で、申請者として名乗れない領域が、申請というプロセスそのものの内部に構成されるということであり、いいかえればそれは、自然化された地理的範域を根拠にした沖縄という名前が申請の根拠になるなかで、名乗れない領域が、土地から引き剥がされ離脱するという潜在的な可能性を抱え込む事態でもあるだろう。またかかる潜在性は、ある地理的場所への移動においてのみ顕在化するわけでもない。申請者として沖縄にとどまる者たちも、申請者という名乗りにおいて離脱の可能性を獲得するのだ。重要なのは、沖縄青年同盟が沖縄という名前において抱え込んだこの者たちは、危機に刻印された日常を生きながら、自らの生が「沖縄問題」に解消しないことも同時に知る者たちであり、救済の法の法外において「沖縄問題」とは異なる歴史を担う者たちだということだ。

そして小説「さまよへる琉球人」の中の「自分」は、見返民世の違法な行為に、その生が抱え持つこの歴史の生成を、不穏な未来として予感した。すなわち犯罪という司法的な定義が歴史性を帯びだし、救済の法とは別の可能性として立ち現われる事態を、なぎ倒されるかもしれないという暴力の予感として感知したのである。「自分」の住まう秩序からの離脱の可能性もまた、この予感にはあるかもしれない。それは「沖縄問題」を語る、良心的知識人からの離脱でもあるだろう。だがこの予感は、沖縄青年同盟の抗議をうけ、誤解として封印された。

だが誤解として封印した一方の当事者である沖縄青年同盟は、あるいは「沖縄問題」の閾に黙り込む者たちは、不断の尋問において社会が構成されていることを常態として感知する者たちでもある。戒厳令が示すように、法が停止し軍事的暴力が秩序を構成する時、その秩序形成の起点になるのは法ではなく、尋問なのだ。日常は、法的秩序ではなく国家の軍事的秩序のもとにおいて軍事化され、日本人であるかどうかというサーベルを携えた尋問において遂行的に生み出されることになる。佐藤春夫、そして広津和郎が承認したのは、尋問の場において生成するこの国家と国民なのだ。

そして沖縄青年同盟は、「自分」が感知した不穏な未来に、まさしくサーベルの登場を予感したのである。いいかえれば、救済の法の法外において生成する「沖縄問題」とは異なる歴史とは、このサーベルの近傍にあるのであり、沖縄青年同盟は和解により、サーベルの近傍に生成する歴史を封印し、また同時に確保したのだろう。すなわちこの歴史は、「私は朝鮮人ではない」あるいは「外国人ではない」という応答以外の身振りを、尋問の場において現勢化させる可能性であり、その可能性は、冷汗を流す身体において不断に感知されている。和解という名の封印は、この可能性を沖縄という名前の内部に、秘蔵したのだ。それは今が、「変わる可能性のある現在」でもあるということでもある。

そしてその秘蔵された可能性が現勢化し歴史が生成するのを、先取りし、鎮圧せんとするのが国家である。それはニコス・プーランツァスがいう「国家の非合法性」であり、「国家の非合法性は、常に国家が設定した合法性の中に刻み込まれている」のである(38)。合法性と非合法性は、すなわち救済の法と戒厳令は、あるいは「沖縄問題」と治安出動は、新たな歴史生成を鎮圧しセキュリティーを担う一つの機構としてあるのだ。帝国の領土からの離脱の可能性は、まずは自然化された地理的範域を基盤とする新たな法と、国家の非合法の登場すなわち戒厳令の近傍にある。そして多くの場合その離脱の可能性は、帝国の領土が再定義されていくプロセスに帰着する。「国家的問題」としての「沖縄問題」と国家の非合法である戒厳令は、ともに沖縄の帝国からの離脱の可能性を地理的領土へと再定義するプロセスだといえるのだ。そして「沖縄問題」は、いまだにこのプロセスの中にあるのではないか。

二〇一一年三月一一日の大震災にかかわって人々は、自らの身体に深く刻まれた傷を補償において申請することを、強要されている。しかしその申請は、同時に補償されることのない身体を確認し確保することでもあるだろう。どこであろうと住むべき場所は既になく、場から剥奪された生は、決して補償されることのない鈍い決意を抱え込む。かかる身体がなす知覚において、見えない檻、そして棄民を生み出す国家の相貌は浮かび上がるのだ。危機を解決しうる問題として設定し、傷を計算可能な評価額に置き換えたうえで補償を提示する国家は、同時にその法的手続きの閾からはじまる「新しい世界」(武藤類子)を先取りし、予防的に鎮圧する無法な国家でもある。災害はやはり、戒厳令とともにあるのだ。

そして関東大震災の時がそうだったように、戒厳令において駐屯する軍隊が自分たちを守ってくれる存在だと思える者と、自分を鎮圧するかもしれないと予感する者が、そこにはいるだろう。迷彩服を着た「トモダチ」に、ファルージャの土と血のにおいを嗅ぎ取る者はいるはずだ。そして戒厳令の安寧を享受する者たちにおいても、なぎ倒されるかもしれないという恐れが押し隠されている。石原が使う「三国人」という言葉には、帝国の遺産の上に立っていることへ自覚と同時になぎ倒されることへの恐れが帯電している。彼は、戒厳令によらなければ自らの場所が維持できないことを、よく知っているのだ。かかる自覚を持つ者たちは、「一貫して『有事』」（桃原一彦）である場所に、パトリオット・ミサイル（ＰＡＣ３）を配備し、オスプレイを旋回させながら、その地を自らの領土として買い取らんとする。しかし安寧を享受する者たちの国からの離脱もまた、この戒厳令への感知力において開始されるのだ。剥奪された生は、「さまよへる琉球人」たちが抱え込んだ歴史生成の可能性を密かに継承するだろう。この者たちもまた、救済や復興、あるいは〇〇問題とは異なる名前を獲得するだろう。かかる離脱と生成の始まりを確保するために、二章以降を書き進めたいと思う。

註

（1）広津和郎「さまよへる琉球人」『新沖縄文学』一七号、一九七〇年八月、二二一頁。
（2）臼井吉見『近代文学論争　上』（筑摩書房、一九七五年）を参照。
（3）沖縄青年同盟ならびに関西における赤琉会、関西沖縄県人会の運動については、安仁屋政昭『沖縄の無産運動』（ひるぎ社、一九八三年）ならびに冨山一郎『近代日本社会と「沖縄人」――「日本人」になるということ』（日本経済評論社、一九九〇年）の第二章を参照。
（4）臼井、『前掲』、二二六頁。
（5）大城立裕「復刻をめぐる感想」『新沖縄文学』一七号、一九七〇年八月、五七頁。

(6) またその後、同時代社からも復刻されている。この小説ならびに、関連する多くの論争や評論については、仲程昌徳の密度の高い解説を参照されたい。仲程昌徳「解説」広津和郎『さまよへる琉球人』同時代社、一九九四年。

(7) 大城「前掲」、五六頁。

(8) 由井晶子「『さまよへる琉球人』の再録」『新沖縄文学』一七号、一九七〇年八月、六〇頁。

(9) ここでいう閾は、序章の注20で述べたレベッカ・ソルニットの「閾(liminality)」であると同時に、金杭『帝国日本の閾——生と死のはざまに見る』(岩波書店、二〇一〇年)を念頭においている。どちらも、非常事態における国家の現勢化とその近傍にある脱出の可能性にかかわる言葉である。金杭の同書については、冨山一郎「肉塊の思考」『表象』(表象文化論学会、六号、二〇一二年)を参照。

(10) この用語は当該期の新聞等で用いられた。元来、蘇鉄自体は食用にもなり、「地獄」のメタファーではない。むしろ飢餓を生き延びる重要な植物だ。それが沖縄の疲弊を表す象徴として用いられること自体、沖縄の社会問題化のひとつの表れである。このことをふまえた上で、本書では糖価暴落による社会崩壊を示す用語として蘇鉄地獄という用語を用いる。蘇鉄については、築喜久元『蘇鉄のすべて』(南方新社、二〇〇三年)を参照。また、蘇鉄地獄という言葉にかかわる問題については、大城道子さんから教示を受けた。

(11) 広津和郎「沖縄青年同盟よりの抗議書——拙作『さまよへる琉球人』について——」『新沖縄文学』一七号、一九七〇年八月、三六頁。本稿では、「さまよへる琉球人」ならびに「沖縄青年同盟よりの抗議書——拙作『さまよへる琉球人』について——」は、復刻された『新沖縄文学』から引用する。

(12) 冨山『暴力の予感』(前掲)二七八—二八二頁参照。伊波のこの文章については、第四章でも取り上げる。

(13) バトラーは、いかなる生が嘆きうるのか、という問いの中で、嘆きうる存在として承認される生とそうでない生の格差を議論している。そこではバトラーは、あらゆる生がさらされている「あやうさ(precariousness)」が、嘆きうる存在として政治的に承認される「不安定存在(precarity)」としての生と、いかに傷つき、失われても承認されることのない生に区分けされ、ある集団に割り当てられる枠組みこそが問題だとし、こうした不安定さの不平等な配分を批判的に検討し横断していく端緒として、あらゆる生がさらされているあやうさを「感知する（apprehend）」ことが、重要だとする。生をめぐるこうした区分けをいかに横断していくのかということが、「沖縄問題」の形成においても問われているのであり、それはやはり、知るということそれ自体への問いとしてあるのだ。ジュディス・バトラー『戦争の枠組み』（清水晶子訳）筑摩書房、二〇一二年。一〇―一五頁。

(14)広津「さまよへる琉球人」『新沖縄文学』（前掲）二〇頁。

(15)同、二四―二五頁。

(16)魯迅「『フェアプレイ』はまだ早い」竹内好編訳『魯迅評論集』岩波書店、一九八一年。

(17)フランツ・ファノン『地に呪われたる者』（鈴木道彦・浦野衣子訳）みすず書房、一九六九年、三三頁。関連して、冨山一郎「この、平穏な時期に――東京タワージャックにおける富村順一の『狂気』について」（野村浩也編『植民者へ』松籟社、二〇〇七年）を参照。

(18)本書所収の補論「対抗と遡行」を参照されたい。

(19)広津和郎「沖縄青年同盟よりの抗議書――拙作『さまよへる琉球人』について――」『新沖縄文学』（前掲）、三八頁。

(20)同、三六頁。

(21)同、四一頁。

(22)同、三九頁。

(23)広津「さまよへる琉球人」（前掲）、三五頁。

(24)同、三五頁。

(25)広津「沖縄青年同盟よりの抗議書――拙作『さまよへる琉球人』について――」（前掲）、三八頁。

(26)「さまよへる琉球人」には、「例の地震」という表現が複数登場する。

(27) この文章は、悪麗之介編・解説『天変動く　大震災と作家たち』(インパクト出版会、二〇一一年)から引用した。同、一九二頁。

(28) 同、一九二頁。

(29) 同、一六一頁。

(30) 金杭『前掲』一五五頁。

(31) それは行政戒厳令の方が、帝国憲法一四条による戒厳宣告より危険であるということとも重なる。単純比較は難しいが、行政戒厳の方が行政権による恣意的濫用による適用拡大をまねくのであり、それはある意味では法の逸脱と再措定が、手続きあるいは運用の問題として解消される事態でもあるだろう。また同時にそれは、法的根拠としての一四条がなくても戒厳令が実質的に展開可能であるということを意味している。だからこそ序章でも述べたように、自衛隊の治安出動も含めて戒厳令は議論されなければならないのであり、事実、関東大震災における戒厳令の前史として米騒動や労働争議、ストライキへの治安出動があったということを忘れてはならない。あるいは関東大震災時の内務大臣水野錬太郎の前職が朝鮮総督府政務総督であり、また警視総監赤池濃も前職が同じく朝鮮総督府の警務局長であり、ともに三・一独立運動鎮圧をおこなってきたことも併せて考える必要があるだろう。戒厳令は、法理の問題ではなく法的秩序を越えた国家のそして帝国の暴力にかかわる問題なのだ。大江志乃夫『戒厳令』(岩波書店、一九七八一年)一一二―一四三頁参照。

(32) 比嘉春潮『沖縄の歳月』中央公論社、一九六九年、一〇九頁。冨山『暴力の予感』(前掲)序章を参照。

(33) それは一度拷問を受けたものにおいては、その後において自分に向けられたどんな質問も拷問の再来を予感させるものとして登場するということでもある。フランツ・ファノンは尋問について、次のように述べている。「この拷問後数カ月たっても、かつての囚人は自分の名前も、住んでいた町の名前も言うことをためらっている。どんな尋問も、まず拷問者と被拷問者との関係の再版として、体験されるのである」。フランツ・ファノン『革命の社会学』

（宮ヶ谷徳三・花輪莞爾・海老坂武訳）みすず書房、一九六九年、一〇七頁。

（34）沖縄県労働組合協議会『日本軍を告発する』一九七二年、六九頁。冨山『暴力の予感』（前掲）序章を参照。

（35）山之口貘「沖縄の叫び」『山之口貘全集　第四巻』思潮社、一九七四年、二二一―二二二頁。冨山『暴力の予感』（前掲）序章を参照。

（36）広津「沖縄青年同盟よりの抗議書――拙作『さまよへる琉球人』について――」（前掲）、四二頁。

（37）広津自身はこの事態に気が付いていたのかもしれない。「気をつけ！」という号令は、他者の身体を感知する神経系を自らの内部に秘蔵せんとする宣言なのかもしれない。

（38）ニコス・プーランツァス『国家・権力・社会主義』（田中正人・柳内隆訳）ユニテ、一九八四年、九〇頁。

第二章　流民の故郷

私は事物性の中に閉じ込められて、ここに——今いるだけなのではない。私は余所のために、また他の物のために存在しているのだ。（フランツ・ファノン）(1)

独占資本のあくなき搾取のひとつの形態といえば、こと足りてしまうかも知れぬが、私の故郷にいまだに立ち迷ってる死霊や生霊の言葉を階級の言語と心得ている……（石牟礼道子）(2)

I　亡国の流民

前章で議論したように、蘇鉄地獄を契機にして「沖縄問題」が構成された。そしてこの「沖縄問題」は、継続する。蘇鉄地獄を「島津氏の琉球入りよりも、廃藩置県よりも、もっと致命的なもの」とした上で、伊波普猷は次のように述べている。

著者は沖縄県の救済は、もつと根本的のものでなければならないと思つてゐた。即ち或時期の間、特別会計若しくは、さういつたようなものにして、島民の負担をうんと軽くして貰はなければ駄目だと思つてゐた。そうしてその経済生活がゆつくりなつた時に、沖縄復興の曙光は現はれて来るであろうと考へた。さうでない限り、如何に立派な教育方針も、如何に適切な産業政策も、徒らに机上の空論に終るであらうと思つた。……とにかく沖縄復興計画の進行中、日本の政情が変転したことは、沖縄に取つて非常に不幸であつた。……昭和二十一年一月二日聯合軍総司令部の命令により沖縄は日本政府の管轄から引きはなされて、米国の軍政の下に置かれ、島民は漸く飢餓を免れたが、おつつけ諮詢機関なる民政府も設置されて、沖縄の復興を計りつゝある(3)。

これは、一九四七年に刊行された伊波普猷の『沖縄歴史物語』の末尾に出てくる文章である。ここでいう復興は、沖縄戦からの復興ではない。少なくともそれだけではない。とりあえずこの引用文から看取される伊波の歴史認識においては、蘇鉄地獄以降、沖縄はすでに復興の歴史を辿り続けていたのであり、それは沖縄戦の後も継続している。始まりは、蘇鉄地獄にあるのだ。

くりかえすがそれは、「沖縄問題」の継続でもある。蘇鉄地獄自体の検討は、次章以降で行うが、蘇鉄地獄が決して戦前期に限定された過去の出来事としてあるのではなく、今に続く「沖縄問題」を決定づけた危機として存在し続けていることを確認しておきたい。そしてだからこそ、一章において検討した「さまよへる琉球人」に秘蔵された歴史、すなわち「沖縄問題」の閾から始まる歴史が現勢化する可能性もまた、継続している。まだ終わっていないのだ。

ところで、伊波のいう復興の歴史は、米国による限定的な展開を経て、一九七二年以降、沖縄振興開発計画として浮上する。またこの復興の歴史への批判として、一九七〇年代を通じて生まれてくる議論が、自治、あるいは自立をめぐる論議であり、国内植民地論や独立論であった。またこうした自治や自立をめぐる焦点として、振興や開発が議論されたのである。たとえば一九七八年一一月二三日、那覇市自治労会館で新崎盛暉、新川明の両氏のよびかけで、「沖縄経済の自立に向けて」と題したシンポジウムが開かれた(4)。参加者には高良倉吉、川満信一らのほか、沖縄社会大衆党のメンバーや反CTS闘争を担う人々もいる。この自立という言葉において問われたのが、「本土との格差の解消」をめざす沖縄振興開発計画であった。またその際、一九七五年の沖縄海洋博が、具体的な検討対象として言及された。復帰を振興や開発において批判的に検討し、沖縄の新たな未来像を探ろうとするこうした潮流において、自治、自立、独立が議論されたのである(5)。

このシンポジウムのよびかけ人でもある新川明は、復帰から一年もたたない時期に、雑誌『現代の眼』(一九七三年三月)において「土着と流亡——沖縄流民考」を発表した。この文章の本論の前におかれた序文には、「亡国の流民としてなお『土着』の志を喪わぬしたたかさの中にこそ沖縄人の攻撃性はある」と記されている(6)。この新川の「土着と流亡」においては、自立論や国内植民地論と同様に、復帰が国家による開発・振興と日本からの資本流入でしかないことが見据えられている。一九七五年の沖縄海洋博に向けて土地の買い占めは、復帰直前の時期から既に始まっていたのだ。そこでは、知らない間に島の三分の一が売却された水納島の例も浮上し始めていた。こうした事態を前にして新川は、以下のように記している。

まさしく沖縄の現実は、観光資本を中心とする日本《ヤマト》資本の浸食による土着民の崩壊と流民化へと急テンポの進行をみせており、その過程のなかに、沖縄人自らの攻撃性の回復＝奪還の方途を求めることを迫られていることに狂いはない(7)。

ここには確かに、復帰後展開する自立論あるいは国内植民地論と通底する現状認識があるだろう。しかし自立論や国内植民地論が、地理的範域あるいは領土的範疇を前提にし、さらにそこに土地と一体になった住民が想定されているのに対し、新川は、土地を離れた流民において未来を描こうとしている。注視されているのは土着民ではなく、流民であり、解放の夢が復帰という帰属問題と国家による開発・振興に簒奪される中で、こうした国家に対する「亡国の流民」が、別の未来への可能性として議論されたのだ。

「さまよへる琉球人」をめぐって述べてきたように、「沖縄問題」を構成する振興や開発といった救済法の登場と流民化は、蘇鉄地獄という一つの危機の二つのあらわれであった。したがって、一九七二年以降の沖縄振興開発計画への批判を契機とした自立論あるいは国内植民地論や独立論は、この新川のいう流民化において検討されなければならないのであり、前章で述べた「沖縄問題」の閾に秘蔵された歴史は、新川のいう「亡国の流民」の攻撃性とともにあると、とりあえずいえるだろう。だが流民とは何か。あるいは土着とは。そして攻撃性とは。まずは新川にそくしながら検討しよう。

ところでこの新川の流民への注視の背景には、同時期において川田洋が「『叛帝亡國・国境突破』の思想」『映画批評』(二七号、一九七二年一二月)で展開した、「土着から流民への転生」という議論がある。一九七二年前後のこの時期において川田は、多くの文章をさまざまな雑誌に掲載していたが、新川の「亡国の流民」は、川田の同論文への応答としてとりあえずは読めるだろう。以下、両者の議論を検討しながら、新川のいう流民化について考えたい。

〈沖縄〉による〈本土〉の告発——それはすでにコマーシャル・ベースにのった。……土着幻想のかつぎ出す〃オキナワ〃、それはディスカバー・ジャパンの観光物の一つにすぎない。そのような日本の帝国主義的体系の総過程に対してわが琉球のもつ攻撃性は、土着から流民への転生そのもののなかにしか存在しないのである(8)。

新川のいう「沖縄人自らの攻撃性」は、この川田の「わが琉球のもつ攻撃性」を受けて書かれたものだ。またここで川田が批判しているのは、「〈沖縄〉による〈本土〉の告発」を担う者たち、すなわち沖縄を告発者として運用する者たちであり、そこには理想化された沖縄の土着が想定されているとされる。また「沖縄的なるもの」を日本への対抗の論理として描くこうした潮流として、具体的に川田は、布川徹郎らNDU(日本ドキュメンタリスト・ユニオン)によるドキュメンタリー「アジアはひとつ」をとりあげている。そもそもこの川田の文章は、基本的に映画批評として書かれたものであり、新川に対して議論を立てたものではない(9)。いいかえれば川田における「土着から流民への転生」は、まずもって日本に対する告発者の役割を振られた沖縄の土着という幻想への批判としてあるのだ。

こうした理想化された土着への批判は、川田の他の論考においても一貫して存在している。復帰直前に書かれた「〈余剰〉の世界へ道は拓けるか」（『映画批評』四号、一九七一年一月）では、大江健三郎の『沖縄ノート』（岩波書店　一九七〇年）に言及しながら、「沖縄の共同体が〈土着〉の闘いの創出基盤となる時代が終わった今もそこにコミューンの幻影をおしつけようとするなら、それは私たちの〈本土〉を防衛する論理へと接続するほかない」と批判したうえで、さらに次のように記している。

沖縄を《第三世界》のうちに定位しようとする意識は、〈沖縄〉を併呑しようとのしかかるわが〈本土〉の解体の論理を形成する方途をさぐるたたかいの緊張をうみだすことなしには、たんなる饒舌の範囲を超えてこの〈本土〉の温存と防衛への加担となるほかはない(10)。

ここで批判されているのは、自らの国家への批判を第三世界という他者にゆだね、そこに深い共鳴を表明することによって獲得される、隠された保身の身振りである(11)。そして川田は、こうした批判の延長線上に「土着から流民への転生」を主張したのだ。またさらに、「『叛帝亡國・国境突破』の思想」の続編である「『叛帝亡國・国境突破』の思想　承前——再び、逆説としての『アジアはひとつ』をめぐって」（『映画批評』二八号、一九七三年一月）では、あらゆる地理的範域あるいは階層的実体化を拒否する「流動する世界基底部」という言葉で、この流民化をとらえようとしている(12)。新川の「土着と流亡」はこうした川田の議論を前提にして書かれたのだ。

まず重要なのは、一般化されたコードにおいて攻撃性を語る川田に対して、新川が以下のように述べている点である。

問題を、帝国主義一般に拡散したり、あるいは流民化によって創出される階級としてのプロレタリアート一般のなかにおしこめることは、何ら回答をも準備していないことに等しいと思う(13)。

そこには、第一章でのべた、復帰の直前においてなされた広津和郎「さまよへる琉球人」の復刻に対する大城立裕の同小説への言及に重なる論点が、あるだろう。すなわち、小説刊行時に広津和郎に対して「地上に偏在する無産者」を対峙させた青野季吉を、大城は、「沖縄問題をただちにインターナショナルな抽象の場にひろげて、そこでしか解決できないように考える、今日でもよくみられる態度」と評した。新川にとって、川田の「土着から流民への転生」もまた同様に、「今日でもよく見られる態度」だったと思われる。そして次に問題になるのは、新川にとってこの「一般の中におしこめる」ことが、どのように乗り越えられようとしたのかという問いである。

いかに奇妙に聞こえようと、流民としての歴史を質量ともに持ち合わせている沖縄と沖縄人にとって、流民と「土着」とは、決して対立概念として存在はしない。つまり、「土着」にして流民であり、流民にして「土着」であるという関係性において、問題は立てられるべきだと思われる。流民にして「土着」とは、あまりにも奇矯な言い草であれば、流民にしてなお「土着」の志を喪わない、と補足するべきかも知れない。「土着」とは定着の同義語ではあり得ないからである(14)。

この文章から看取できるのは、新川のいう土着が、流民との関係において二重の規定を受けているということだ。一つは流民化において離脱すべき土着であり、いま一つは、流民化の延長線上に見出される、獲得される未来としての土着である。そして新川は、後者の点において流民と土着を接合しようとしたのだ。第一章でも述べたように、「沖縄問題」において沖縄という名前は地理的範域に自然化されている。しかし、広津和郎を非難した沖縄青年同盟において、沖縄という名前は地理的に囲われた沖縄ではない。それは、「沖縄問題」における沖縄の地理的自然化に対して、かかる自然から引き剥がされた、あるいは引き剥がされるかもしれないあやうい生への名前として存在した。新川の土着もまた、流民たちの生、あるいは流民になるかもしれない生が新たに獲得した名前であるといえるだろう。またそこでは定着は、新川がいうようにたしかに土着の同義語ではなく、「沖縄問題」において救済を求める申請者として措定された生のありようを意味するだろう。最初にも述べたように「沖縄問題」は、戦後も継続する。そしてくりかえすが、この定着としての生には、別の生の歴史、すなわち流民の歴史が秘蔵され続けているのだ。それは「沖縄問題」の閾でもあるだろう。

だからこそ問わなければならないのは、広津の「さまよへる琉球人」に対して「我々自身を脅威する重大問題」とした沖縄青年同盟が抱え込んでいた怖れである。それはまた別の歴史の始点であると同時に、戒厳令を感知する神経系でもあったはずだ。新川の土着は、何を予感し、そして怖れるのか。この問いこそ、新川のいう攻撃性の問題に直結するだろう。

新川においては、「亡国の流民」における土着の志、あるいは攻撃性は、戦前期における日本あるいは南米に移り住んだ人々の「アウトサイダー」や「アナーキーな犯罪者」として、具体的に提示されている。

Ⅱ　御真影

沖縄人流民は、日本本土において、「土着」の志を捨てずに沖縄人流民部落をつくり、体制社会のアウトサイダーとしてみずからの生存を規定し、今日に至っている。／あるいは、流民の、国家規範に対するアナーキーな犯罪者としての真骨頂は、南米へ流亡していった沖縄人移民たちによって遺憾なく発揮されて、日本国の国家権力を守る官僚たちを手古摺らせ、日系移民社会の善人面に泥を塗りつづけた(15)。

新川は、南米における沖縄人移民社会を土着だとし、そこに帝国日本への対抗を見出している。まずこの新川の議論に対しては、「真に沖縄的なるもの」を日本批判として設定した大江ときわめて近いところにあると指摘できるかもしれない。そしてその上で、新川のいう土着が実態とかけ離れた勝手な想像の産物であるというところに、批判すべき論点があるのでは、ない。ここで考えたいことは、新川が、帝国日本において犯罪と定義される領域に沖縄の土着を見出し、そこに国家への攻撃性を重ねた点である。いいかえれば新川は、犯罪という合法性の外部に土着と国家への対抗を設定したのだ。考えたいのは、この法の外という領域において国家との対抗を担う土着の問題である。

東京に居住する沖縄出身者の違法行為を、自らがなぎ倒されるかもしれない可能性として記した広津和郎が、ここで思い出されなければならないだろう。すなわち広津がなぎ倒されるかもしれないと感知した領域を新川は、土着の攻撃性とみなしたのであり、この点において両者の立ち位置は、対立しているように見える。すなわち新川は、なぎ倒す側に立っているのだ。だがしかし、広津に抗議をした沖縄青年同盟にとって、かかる攻撃性は、まずもってその存在自体を押し隠さなければならない力であった。沖縄青年同盟は、関東大震災を想起していたのであり、国家への攻撃性は、戒厳令という状況において語られなければならなかったのだ。

だからこそ新川が想定するアナーキーな犯罪者が何を怖れていたのかということが、まずは問い、、として設定されなければならない。いいかえれば、日常の中で国家をいかに感知していたのかという問いとともに、新川のある意味で一方的な土着認定は、検討されなければならないのだ。広津が沖縄青年同盟に出会ったように、新川は南米の沖縄人に出会う必要があったといってもよい。そしてその機会は、すぐさま到来した。

新川が「土着と流亡」を掲載した同じ年の一九七三年一一月一七日、ブラジルから沖縄人移民の三家族一四名が、東京に到着した。そしてこの帰還した流民たちは、飛行機のタラップを降りると、「天皇陛下バンザイ」を三唱したのである。この最後の「勝ち組」と称された人々からは、帝国への忠誠こそあれ、日本への攻撃性を見出すのは難しいととりあえずいえるだろう。またたからこそ新川は、帰国から一年余りたった後、この三家族が住む沖縄の金武、宜野座、久志を訪ねたのである。

「果たしてこの人たちはどのようにみずからの信念と現実のズレを埋め合わせたか」(16)。それは、流亡に沖縄の未来を描き、ブラジル沖縄人社会に帝国への攻撃性を重ねた新川にとって、避けることのできない問いでもあった。あるいはこういいかえてもいい。流亡に日本という国家帰属とは異なる政治を見出そうとする新川にとって、その政治がいかなる言葉において担われるのかということが、問われたのだ。そして三家族の家を訪れようとする新川においては、まずは天皇へ忠誠が現実において掘り崩され、代わってより現実的な政治が語りだされることが期待されている。新川は、この新しい現実を語る言葉を、聞き取りたかったのだろう。

だが結論的にいえば、「この人たちにみる〝不屈の忠誠心〟の形成や持続に関する一般的な追及をすることを諦めるほかなかった」(17)。それは、この人々の語る言葉から変わることのない不屈の忠誠心を聞き取ったということと、同義ではない。問題は、「追及することを諦める」という点にあるのであり、それは政治を語る言葉の停止、あるいは閾の領域にかかわっている。

新川がうけとったのは、「やはり日本は勝っていると思う」「天皇様は神様だ」という応答である。そして帝国の勝利を確信し天皇への忠誠を語るこうした応答を考える際に、新川は、この人たちが「ほとんど読み書きができない」という点を重視し、「情報取得の大きな欠落」を指摘する(18)。しかし、読み書きができないということは、たんなる欠落の問題ではない。この人たちにとって、文書化された領域それ自体が自らの信念や思考から遠い場所に存在しているのであり、逆にいえば文書が統治の一部であることが、鋭く洞察されているともいえる。あえていえば、そのかたくなな態度からは、天皇が象徴になり、教科書が黒塗りになったとしても、戦後日本は依然として天皇制国家なのではないかという重大な問いが提出されているのではないだろうか(19)。また新川に問われたのは、かかる問いを、読み書きの世界において如何に引き受けるのかという問題であったともいえるだろう。そしてだからこそ新川が、天皇への忠誠という応答内容ではなく、この人たちから自分の質問に対する警戒心を嗅ぎ取ったことは、極めて重要である。

> 故郷に帰って一年余にもなるというのに、この人たちの周囲に対する警戒心は依然として強く、一種の被害妄想と思えるほどである。二言目には、《勝った、敗けたも、天皇様のことも、だれがどのように考えようと、それは人の自由です。私たちも何も言わないので、私たちの考えにも何も言わないでもらいたい。人それぞれの考えを尊重し合って生きるのが、人間らしい生き方ですから……》と言う。そこには謙虚さというより、何かに対するおびえの影があるのも確かなことであった(20)。（傍点―引用者）

「私たちも何も言わないので、私たちの考えにも何も言わないでもらいたい」(21)。この応答は、天皇にかかわる思想信条の表明というよりも、質問されること自体への警戒あるいは拒絶としてあるのではないだろうか。だからこそ新川はそこに、「何かにたいするおびえの影」を看取したのだ。またかかる警戒あるいは拒絶は、この人々がブラジルから携えた御真影にも深くかかわっている。どの家族も筐の底に、いわゆる御真影を持ち帰った。そして御真影をまだ筐底にしまいこんだままであるH夫妻に、新川は次のように質問した(22)。

> なぜ、取り出して飾らないのですか？

この新川の質問に対して、次のようなやり取りが続く。

こわいです……（H妻）

何がこわいのですか？（新川）

まだよく（沖縄の事情が）わからないから……。わからないときには、なるべく身はしまっていた方がいいのです……（H妻）（傍点―引用者）

一体、何が「こわい」のだろうか。御真影を飾り天皇への忠誠を表明することに対する反天皇制主義者による攻撃を恐れているのだろうか。なぜ、「身はしまっていた方がいい」のか。

ところで日本帝国に忠誠を表明し、表明しない者たちを襲撃してきた「勝ち組」とよばれる集団の内部において、次のような問いが投げかけられなかったはずはない。それは前章でのべた、戦時期において山之口貘に対して向けられたあの尋問である。

沖縄の人達も、君に忠にということは考えているんだろうね。

この尋問により、山之口貘の身体は冷汗でびっしょりになった。そしてこの冷汗は、「勝ち組」の中で生きてきたこの人たちにおいても通底するのではないだろうか。さらには、「勝ち組」に襲撃された「負け組」も自警団を作り、そこにブラジル警察も関与する中で、御真影は、敵と味方を見分ける尋問における踏み絵として登場したのだ(23)。天皇への忠誠を表明する時も、逆に敗戦を認める時も、いずれにしても御真影は尋問の中に存在したのである。そしてかかる尋問への応答に失敗した場合、問答無用で殺害されたこともあっただろう。だからこそ尋問は、応答における内容的な肯定か否定かの問題ではなく、いかなる応答においても冷汗を生み出すことになるのだ。

御真影には、殺害された人々の血とともに、こうした冷汗が染みついているのである。そしてその汗は、新川が期待したような天皇制の是非をめぐる思想問題というより、この尋問にかかわっているのではないだろうか。いいかえれば、広津和郎を糾弾した沖縄青年同盟が怖れる尋問は、この「勝ち組」の人々においても継続されていたのではないか。そしてかかる冷汗を前にして、沖縄人における帝国のへの攻撃性を、「アナーキーな犯罪」において語った新川の「土着と流亡」は、広津の小説「さまよへる琉球人」の近傍にあるだろう。すなわち、蘇鉄地獄において登場した「沖縄問題」に収まりきらない可能性を、なぎ倒されるかもしれないという予感として記述した広津と、復帰を契機にして始まる沖縄振興開発計画とは異なる別の未来を、帝国への攻撃性として描こうとした新川は、攻撃というベクトルのどちらの側に立っているのかという点において対立するように見えるが、「沖縄問題」の閾から始まる別の未来の可能性を沖縄人の攻撃性として言葉化し、そこに政治的意味を付与する点において、共通の地平にいる。

そして沖縄青年同盟と同様に、このブラジルから帰ってきた流民たちも、語られることに恐怖を抱き、語ることを拒絶している。「なぜ、取り出して飾らないのですか？」という新川の質問は、山之口獏に投げかけられた「考えているんだろうね」という尋問を、あるいは戒厳令を、間違いなく想起させるだろう。「何も言わないでもらいたい」という新川への応答において拒否されているのは、天皇制を批判する新川の考えなのではなく、質問それ自体なのだ。また新川がこの人たちに対して「何かに対するおびえの影」というとき、その何かの中に質問をする自分も含まれていることを、新川は気が付いていないように思える。そして自分が拒絶されているのだということを、新川は五年後に明確に確認することになる。

一九八〇年四月二九日、新川は再びこの人たちを訪れる。この訪問においても、前回同様「果たしてこの人たちはどのようにみずからの信念と現実のズレを埋め合わせたか」という問いが軸になっているのだが、結果的に「この人たちの精神のありようだけは、誰一人として変わっていないことを、私は再確認」したとする。しかし、この再訪問について新川が記した「苦渋と悔恨」（『新沖縄文学』四五号、一九八〇年）では、こうした「再確認」というよりも、「もうその話はしたくない」[24]という、質問者である新川自身への拒絶が、ダイレクトに描かれているといった方がよい。そして新川は、こうした拒絶を受けて、次のように述べる。

> この人たちのすべてが、ブラジル以来の精神のありようを、今日なお、いささかも変えていない、と断言することは誰にもできることではない。あるいは逆に、そのなかの特定の人が、表面はともかく、実際は変心しているのではないかと勘ぐることも許されることではない。心の奥の闇まで覗き見ることは誰もできないからである[25]。

新川は、自らが携えた問い自体の無効を宣言している。それはまた、「亡国の流民」あるいは流民の土着を、そしてその政治性や攻撃性を語ることへの断念でもあるだろう。だがしかし、言葉が真に担うべき領域はここにある。それは、個人の心の奥を探るべきだという意味ではない。政治はやはり言葉にしなくてはならず、言葉において担おうとするその作業を放棄したとたん、世界は問答無用の暴力に覆われるからだ(26)。話を続けよう。新川は再訪問を記述した「苦渋と悔恨」の最後をこう締めくくる。

そういう個人のプライバシーにかかわる具体的な事象を、「勝ち組・その後」ということで、さらにこと細かく洗い出していくことは、もはや人間としてのこの人たちを冒涜することにさえなるところであろう(27)。

だが、新川が出会ったのは、個人あるいはプライバシーという問題なのだろうか。ここで新川は、公の世界に対する私的領域という、公と私という一般的区分をもちこんでいるように思える。もう一度、流民たちが持ち帰った御真影の話に戻りたい。御真影が秘蔵された場所は、プライベートな空間なのだろうか。筐の底は、私的な領域なのだろうか。玄関に掲げることさえ「こわい」というその呟きからは、私的な領域こそが、尋問の対象であった事がありありと浮かび上がるのではないのだろうか。あえていえば私的でドメスティクな空間こそ、尋問にさらされた場所であり、文字通り天皇制をめぐる政治の舞台ではなかったのか。そしてだからこそ冷汗の染みついた御真影は、その私的空間のさらなる奥へと秘蔵されたのではないのだろうか。いいかえれば御真影は、私的空間で繰り広げられる政治にかかわることを拒否し、深部に隠されたのだ。「身はしまっておいた方がいい」のだ。

この筐の底にしまい込まれた御真影から、何が始まるのだろうか。くりかえすが、このしまわれた場所は私的でドメスティックな空間ではない。この場所からは、公と私という区分自体が、問われることになるのだ。そしてまさしく家や共同体と親和性を持つように思われている土着は、実のところドメスティックな私的空間のことではなく、この公と私という区分自体を問う政治として見いだされるのではないのだろうか。そして文字通り秘蔵された御真影の場所こそ、土着にかかわる言葉の在処であり、その政治の始まりの場所ではないのだろうか。

H夫妻の夫の方である栄一さんは、「どうしてそんなに日本人になりたいのですか」という新川の問いに対して次のように答えている。

理屈をいうと、琉球があったが、それがヤマトユー（大和世）になって沖縄になった。そして沖縄の人も日本人になったわけですもんね。／もっと物のわかる人たちは、少しひねくれた所もあるのかもわかりませんが、ボクとしてはどうせ日本人になったんだから、――（それがイヤなら）沖縄は本土と分かれて独立しなければなりませんが、独立はさせない筈だから、いやが応でも日本になるより仕方がない。しかしそこで、沖縄人といってヤマトゥンチューが馬鹿にしたら、途端にやりますもんね……（と拳を固めて殴る所作）(28)

この栄一さんの言葉からは、日本人か沖縄人としての独立かという選択が既に奪われているという政治的前提が、浮かび上がる。「独立はさせない」のであり、「いやが応でも日本になるより仕方がない」のだ。またこの拳での応答は、栄一さんが軍隊の中で学んだことだという[29]。この、日本人か独立かという選択が剥奪された者たちの拳は、「物のわかる人たち」の公的言説ではなく、私的制裁として処理されるかもしれないが、プライベートな問題でもないだろう。あえていえば家の中に掲げられた御真影は、私的領域こそが天皇制をめぐる戦場であることを示しているのだ。

そして重要なのは拳の手前に張り付いている、冷汗なのだ。尋問の中で流されるこの汗の存在は、気づかれてはならない。そして冷汗を押し隠すために、拳があるのだろう。私たちは立派な日本人だといいながら握りしめられた拳。そしてこの拳は独立の近傍でもあるだろう。それでも日本人と認めないのなら、独立するという訳だ。拳は汗を隠すための最後の砦であると同時に、反乱の始まりでもあるのだ。そしてかかる反乱の予感こそ、広津が感知した、なぎ倒されるかもしれないという可能性であった。

しかし冷汗からは、拳とは別の事態も始まっている。御真影を家の中に出すことを「こわい」といい、「身はしまっておいた方がいい」といってそれを筐の底に押し隠したのは、正確にいえばH夫妻の妻の方であるナベさんである。なぜ日本人になりたいのかという新川の質問に対して、夫の栄一さんになりかわって「この人（夫）は軍隊でそういう教育をうけてきた」からだと答えたナベさんは、新川の同じ質問に、以下のように答える。

わたしにはそんなことはわからんですよ。男たちがやっているからですよ……[30]

まず確認すべきは、この応答には、御真影を提示し、拳を横で握りしめながら承認を求めるやり方とは異なる道筋の可能性が、示されているということだ。堂々と飾られた御真影には冷汗が染みついており、したがって飾るということにおいて拳も待機している。いいかえれば、いったん御真影をかざると、冷汗をめぐる拳の政治が動き出すのであり、それはまた、汗を隠し続けようとする内なる統制が作動することでもあるだろう。そして御真影を家の中に出すことを「こわい」といい、「身はしまっておいた方がいい」というのは、日本人としての承認を求める政治におけるこうした拳や内部統制への展開に対して、別の可能性があるかもしれないという留保を帯電させ続けることではないだろうか。

ナベさんが御真影を筐底にしまいこむとき、この拳への展開の手前の領域を確保しようとしているように思える。それは、家の中が戦場になること自体を拒否しているといってよい。いや、既に戦場であることを知りつつ、拳とは別の展開を探ろうとしているといった方がいいかもしれない。彼女のいう「男たち」とは、かかる探求を宣言した言葉だ。ナベさんにとって新川に漏らした御真影を飾ることへの怖れは、すなわち冷汗は、戦後日本の中で天皇への忠誠を誓うことへの恐怖ではない。それは、家の中が国家の戦場になることとそれ自体への、すなわち戒厳令と拳による対決という政治への、怖れなのだ。

拳はやはり、反乱に向かうかもしれない。場合によっては独立という政治を登場させるかもしれない。しかし同時にナベさんは、この政治の手前を確保しようとし続けているように思える。そしてこの並列的に並べることのできない栄一さんとナベさんが示す二つのありようこそが、隠された冷汗の現勢化であり、その両方が、住み慣れた土地から引き剝がされた流民たちにおける土着ということにかかわるのではないのだろうか。またその土着とは、家や共同体と親和性を持つように思われるドメスティックな私的空間や、あるいは公的空間にかかわる領域のことではなく、こうした公や私といった区分自体を問う政治として見いだされるのではないのだろうか。

ドメスティックな土着と、ドメスティックな領域を成り立たせる公と私という区分自体を問う土着。ここにおいて土着は二重になるのであり、新川本人がどこまで自覚的に聞き取ったのかは文面からはわからないが、三家族を訪れた新川が二重の土着性に出会っているのは確かだ。他方で、すでに「土着と流亡」をめぐって述べたように、新川明においては土着ということが、流亡との関係において二つの規定を受けていた。すなわち流亡において離脱すべき土着と、流亡の先に見出され、獲得される未来としての土着である。またそれは、沖縄青年同盟にとっての沖縄という名前の問題でもあるだろう。以下、この流亡にかかわる離脱という時間性を帯びた土着の二重規定と、ドメスティックな領域をめぐる空間的な土着の二重性をクロスさせながら、再度、この流亡と土着ということばについて検討したいと思う。

Ⅲ 流着ということ

移動や移住には、郷土（homeland）、祖国（home）、故郷（home）、家（home）、受け入れ国（host）といった単位あるいはその単位を仕切る境界が、前提として定義されている。そこでは移動という変化にかかわる言葉のニュアンスとは異なり、移動を語れば語るほど、移動を定義づける動かしがたい郷土や祖国あるいは境界といった前提が追認され、強化されることになる。そしてこうした前提が、家父長的で男性中心主義的な構造を帯びることは、いうまでもないだろう。だからこそ、「ディアスポラ概念のなかで男性中心主義をさらに普遍化してしまう危険性を持つ」のだ(31)。

そしてこの危険性は、新川の土着においても指摘することができるだろう。新川の流亡にかかわる二重の土着は、並列的に並べられた二つの土着ではなく、両者は流亡という離脱の契機により媒介されなければならないはずだ。しかし新川は新たに獲得される土着の可能性を、ただ帝国への攻撃性において一気に語ろうとしてしまったのだ。そこでは、流亡とともに陣地を地理的に拡張するような、極めて了解しやすい土着とでもいうべき均質の共同体が想定されてしまっている。だが流亡は、たんなる地理的移動や拡大ではない。結論を先取りしていえば、地理学的に想定された時間的空間的秩序を斜めに横断する試みなのだ。より注意深く検討しなければならないのは、あらかじめ用意された二つの地理的空間の移動ではなく、流亡という言葉に含意される離脱の契機である。かかる点への注視は、起源や伝統、あるいはドメスティックな空間を想起させる土着からの離脱の意味を、流亡において明確にすることであり、離脱の先に見出される未来が、既存の秩序の拡張へと舞い戻らないようにするために、是非とも必要な作業である(32)。

ところで石牟礼道子は「流民の都」と題された講演録で、不知火海沿岸の漁村における「〇〇流れ」という表現について語っている。そこで流れという言葉で表されているのは、土着と流亡の区分ではない。

小さい時からの生い立ちを考えますと、私の近所の村、海辺の小さな村なんですが、その村には一軒一軒の家の由来、出自を名乗る呼び名があるんです。「あそこの家は薩摩流れじゃ」とか「あそこの家は天草流れじゃ」とか「あそこの家はアメリカ流れじゃ」とかいうんです。それはどういうことかといいますと、薩摩にいることができなくて流れてきた人たち、天草にいることができなくて流れてきた人たち、それから天草から遠いアメリカやアルゼンチン、南洋、フィリッピンなどに出ていったが、そこにもいることができなくて帰ってくるや、帰りつくことができずに故郷の近くに舞い戻ってきた人たち、そういう人たちが定着して、一軒の家が始まり、村が始まっていくような出自由来が明らかになる、それをいいあらわす言い方であるわけです(33)。

くりかえすが流亡は、二つの地域の移動ではない。そして石牟礼が語るこの「〇〇流れ」といういい方には、移動を定義する二つの地域という前提はなく、まずもって離脱の契機こそが刻印されている。どこに行くのかということではなく、流れる、すなわち出郷するということが重要なのだ。そしてさらにこの石牟礼の語りからは、帰りつくことのできない故郷が出郷の先に浮かびあがる。またかかる故郷は、想像上の未来でもあるだろう。故郷は離脱において登場し、想像上の未来において再登場しているのだ(34)。

この石牟礼の「〇〇流れ」対して渡辺京二は、流着と述べている(35)。それは定着に対して設定された言葉だ。いいかえれば流亡において重要なのは、どこに定着するのかということではなく、離脱することであり、この離脱において未来を想像し続けることなのだ。定住はいつも流れ着いた結果であり、再び流れ出すかもしれない予感に満ちているのであり、渡辺のいう流着とは、かかる離脱の営みが居住場所にかかわらず継続中であることを、的確に表現しているといってよいだろう。

したがってそれはまた、土着とされた人々についてもいえることである。流着は同時に、「居ながらにしての出郷」でもあるのだ(36)。新川が流民にして土着というときの土着は、かかる継続中の流着の中で見いだされる想像上の故郷ではないのだろうか。そしてかかる想像力は、くりかえすが離脱という契機においいて獲得されるのだろう。以下、離脱の契機を取り逃がさないために、若干の理論的検討を行う。

まず、ホミ・K・バーバにおけるポストコロニアル理論から考えてみよう(37)。バーバにおいてポストという言葉は、「後(after)」ではなく「越える(beyond)」ということとして議論されている。この超えるという設定においてバーバは、植民者と被植民者という対立構造の解消、あるいは前者の後者への勝利が植民地主義後の時代であるという一般的な了解に対し、両者の区分を規定する差異において始まる別の世界を、脱植民地化のプロジェクトとして描こうとするのである。そこでは差異は、植民地主義の対立構造を描く区分線ではなく、いいかえれば、対立の前線あるいは双方の陣地の区分としての限界ではなく、対立構造自体において隠され続けていた境界という新たな場所なのだ。

かかる議論によれば、境界とは対立を定義する区分ではなく、何かが存在し始める場所であり、バーバは難民、亡命、移民、国外離散などを指摘しながら、「境界は、そこから何かが現存(presencing)し始める場所となる」(傍点―原文)(38)と述べる。またこうした境界は、曖昧さということではなく、バーバがファノンへの言及の中で指摘するように、既存の秩序を否定し続ける行動(negating activity)という性格を帯びるという点こそが重要なのだ(39)。しかしこの否定性は対立ではない。むしろ対立構造があるとしたら、対立を存立させているその構造自体に対する根源的な否定であり、いわば区分を成り立たせている土台自体が融解し舞台上の対立が別物になるような契機に他ならない。いいかえればこの根源的な否定性において、区分としての境界は「何かが現存し始める場所」となるのだ(40)。

したがってバーバにとって否定性は、敵対関係を構成する区分けされた共同体とは異なる別の場所に向かう端緒でもある。境界を定義する差異とは、区分ではなく、かかる否定性を帯電させた徴候なのだ。「差異とは共同体が一つのプロジェクトとして立ち現れることを予知させるしるし」なのであり、そのプロジェクトは、「人を自分自身を越えた場所へと連れ出す」(41)。しかしその場所は、新たな共同体に帰着するのではなく、その手前に留まり続ける。そしてその地点は、既存の共同体を秩序付ける時間と空間が融解する場所でもあり、バーバはそれを「現在性（the present）」あるいは「現在性の政治的状況」とよぶのだ(42)。この、秩序が融解する現在性が確保され続ける限り、越える（beyond）ことは停止せず現存し続けるのであり（presencing）、この現在性を帯びたプロセスこそが、「文化の場所（the location of culture）」なのだ。境界とはひとつの場であり、そこでは従来の時間と空間が融解し始め、新たな共同性を遂行的に見出していくプロジェクトが登場する。そしてバーバは、こうした境界にかかわる議論を前提にしたうえで、「非〈故郷＝家〉の生（unhomely lives）」という概念を提示する。

そこ（境界）には故郷＝家（home）と世界の位置を再定するという遊離の感覚にも似たものがあるからだ。それは非〈故郷＝家〉性（unhomeliness）といってもいい。それこそが領土なるものを越え、文化が交錯することの始まりを告げる条件である。非〈故郷＝家〉（to be unhomed）であることは、家がない（to be homeless）ということではなく、また非〈故郷＝家〉なるものは（the unhomely）、プライベートとパブリックといった社会生活の分割区分に簡単に収まることでもないのだ。(43)

バーバの場合、〈home〉は家、故郷、国などとして語られている。そして境界からはじまるのは、境においてて区分けされていた領域が錯綜し、私的な事が公的になり、家の中に社会が介入し、国の中に別の世界が登場する事態なのだ。バーバはこの境界にとどまることを、「社会の手前に滞留すること（dewelling）」と言い換えているが(44)、それは渡辺のいう流着を思い起こさせる。またさらバーバは、この非〈故郷＝家〉性を、フェミニズムの「個人的なことは政治的なこと」というあのスローガンに重ねて言及しているが、離脱において見いだされる土着は、〈home〉と〈home〉を根拠に構成される社会への批判とともにあるのだ。またかかる事態は、家の中だと思っていた場所が既にそうではなく、内であると考えてきたことが外でもあるということに、事後的に気がつくという事態であり、そこには空間的区分の混乱だけではなく、時間的秩序の混乱が重なるだろう。忘れていたと思っていた出来事が家の中に秘蔵されているのを、事後的に知るのだ。あるいはナベさんが、家の中が国家の戦場になることを怖れ、御真影をしまいこんだように、あえて家の内部に秘蔵し、時間を前に進めようとすることもあるだろう。そしてそれは同時に、家という日常性を問い続ける契機を、すなわち離脱を、日常において確保することでもあるだろう。そこでは、留まることと離脱することとは同じ場所にある。流着の思想。

だが、こうした境界あるいは非〈故郷＝家〉性のありかを批評的に解説するのではなく、そこから開始される秩序の融解と新たな政治の到来を語るとしたら、それはいかなる言葉なのか。あえていえば、流着の思想はいかなる言葉により担われるのか。すなわち言葉自体が秩序であり、その秩序が〈home〉と社会を象徴的に構成している以上、この問いは避けて通ることはできないはずだ。いいかえれば、非〈故郷＝家〉性においては、社会を語る政治的言語のみならず、アカデミアの分析的言語それ自体への内省的検討が問われているのだ。そしてこの非〈故郷＝家〉性は、それが何であるか名付けることができないが抱え込まれている何かなのであり、したがってまずは、自らの言葉への危機を帯電させながらこの何かにむかって遡行し続け、同時に語り続ける以外にないのかもしれない。問いとしての非〈故郷＝家〉性といってもよい。そしてそれは、新川に課せられた課題でもあったはずだ。新川が出会った、何も聞くなという拒絶は、この非〈故郷＝家〉性が暴力に深く関係していることを示しているのであり、抱え込まれた何かとは、外的に刻印された瑕疵でもあるということではないだろうか。だからこそ、そこに言葉がにじり寄ることを怖れ、そして拒絶するのだ。

境界とは、界であるまえに境として切断されている。あるいは公と私も、まずもって区分されているのであり、パーソナルな領域はあくまでも政治から切り離され、立ち入ることが禁止され、また人々は非〈故郷＝家〉性ではなく、〈home〉への所属において社会的に意味づけられているのだ。それは文字通り統治という問題であり、国家に収斂する権力の問題だととりあえずいえるだろう(45)。そしてだからこそバーバのいう場としての境界とは、どこまでも潜在的可能性なのだ。そしてこの統治は、言語的秩序と同じではない。それはやはり戒厳令の問題でもあり、だからこそ、この潜在的可能性の現勢化がいかなる事態なのかということこそが重要になるのだ。

そして、境界を境界として維持しようとし続ける暴力こそ、尋問に他ならない。かかる尋問は、疵瑕あるいは記憶を身体に刻印するだろう。またこの疵瑕あるいは記憶は、尋問がいつも準備されていることを不断に感知する神経系でもあるだろう。そして非〈故郷＝家〉性は、この疵瑕や記憶においてこそ、想像され獲得されるのである。動くな、あるいは指示通り動けと恫喝され続ける中で潜在化した離脱の可能性は、この尋問にかかわる疵瑕として、現勢化の端緒を獲得するのだ。またそれは、離脱を未然に阻止する内部的統制の問題でもあるだろう。逆にいえば国家のみならず〈home〉とは、かかる統制を担っているのであり、ドメスティックな暴力がそこには存在するだろう。「どこから来たのか」、「何者だ」という戒厳令における尋問は、「家から出るな」、「村から出るな」、「御真影を掲げろ」というドメスティックな命令と重なっているのである。また両者の暴力が結託していることを感知し、ひとつの統治として見いだされることこそ、公と私の区分が揺らぎだす始まりでもあるのだ。尋問に対して拳を準備している者たちの傍らにおいて感知される戦場とは、すなわちナベさんの怖れとは、かかる始まりではなかったか。

Ⅳ　琉球女の手記

前章でも述べたように、沖縄救済論義をうけて、一九三二年に沖縄県振興計画が閣議決定される。すなわち一九三〇年代は、蘇鉄地獄に対する法的介入が本格化する時期だといえるだろう。同時期における沖縄あるいは沖縄出身者をめぐっては、生活改善ということが、共通のスローガンとして登場している。この生活改善では、服装、食生活、祝い行事、日常生活の規律（時間厳守など）、飲酒、育児方法、そして沖縄語などが、改善すべき沖縄の特異な風俗として具体的に指摘されている。またこの生活改善は、沖縄を出た人々において構成される県人会をはじめとする諸団体において、生活改善運動として主張され、日本社会のみならず、南洋群島（ミクロネシア）そして沖縄の内部でも登場している。生活改善は、個々の地域を越えて、蘇鉄地獄を契機とした人々の流出にかかわるスローガンとして拡大したのだ。またさらに、こうした生活改善は、一九三〇年代後半になると、沖縄における国民精神総動員運動においても大きな柱になる。生活改善は、沖縄を出た沖縄人にかかわるスローガンであったと同時に、沖縄における戦争動員と動員にともなう日常生活の組織化とも深く関係しているのである(46)。

またこうした生活改善は、同時期の沖縄県振興計画の登場と無関係ではない。たとえば沖縄振興計画の立案の過程で内務省を中心に設置された「沖縄県振興計画調査会」の第二回会議（一九三二年一一月六日）において、いわゆる石黒農政とよばれる社会政策的農政を展開した石黒忠篤（当時農林次官）は、最後のまとめとして、次のように発言している。

併し今日沖縄県振興と云うことを、多額の国費を以てやらなければならぬと云ふ、状態になつて居りまする事情の原因を、沿革、制度等に重きを置くと云ふことでは十分ではないと思ふ、私は寧ろ率直に県民諸君の精神上の緊張肉体上の勤労知識の上昇と云ふようなことを本義に到してお考えになりませぬと、勧業は勿論諸般の方面の振興と云ふことが、実際に振興して行く上に於いて、大いに欠くる所が根本に於いてあるのではなからうかと云ふことを深く憂へる……無論沖縄県民は他府県民と比較してどう斯と云ふことを具体的に申し上げる訳には行きませぬ、けれども世間に於きましては色々それ等の点に付きまして大体の批判を致しているものあり、また自らを省みてその点を勤勉の上に勤勉を加へると云ふことにしなければ、只今の現状を打開して行く上には根本がないと思ふのですから県民諸君に於かれても寧ろ進んで県費の負担を此方面に於いて十分になさつて、そうして精神の緊張、徒に助成に依らないと云ふことと、それから勤労の風を一層振興されると云ふことを、私は当委員を穢しました関係上衷心より希望を致して置きたいと存ずるのであります(47)。

ここで石黒が、「世間に於きましては色々それ等の点に付きまして大体の批判を致している」という遠回しのいいかたで述べているのは、沖縄の風習や文化として勤勉さに欠けるという認識である。そして決定権があったと思われる石黒の発言から、「沖縄県民」を勤勉さに欠ける怠惰な人々とみなす認識が、同調査会の背景にあることが窺われる。そしてこうした認識を前提にして石黒は、救済の法を、怠惰を改善するという自助努力とセットにすべきだと主張しているのだ。ここにこの救済の法が持つ思想的な意味があるだろう。救済の法における承認において、法的承認に先立つ申請における申請者としての主体化にかかわる規範的秩序が存在するのだ。誰を申請者とみなすのかということにかかわる、法の前の法といってもよい(48)。石黒の救済の法と自助努力をセットにする考えは、かかる申請と承認にかかわる政治を示したものだといえるだろう。

そして生活改善運動の中でも、怠惰ということが盛んに語られた。地理的に限定された救済の法にかかわる申請者としての規範的秩序は、その場所から流出した人々においても共有されたのである。それは広津和郎への抗議文における沖縄青年同盟の、「我々は無資産で無能力、働かねば生命をつなぐ事は出来ません。いつ我々も県外に職を求めて赴かぬとも限りません」という労働者になるという道筋が、社会的には沖縄的とされた生活の諸点の払拭という生活改善として登場したということでもあり、さらにいえばこの生活改善は、かかる「県外に職を求め」て生き延びようとする心性においてこそ、より深くそして広範囲に浸透したともいえるのだ。

ところ注目すべきは、こうした生活改善が日常生活の諸点にかかわっているというだけではなく、私的な領域あるいは家事や育児にかかわるものだったという点である。私的でドメスティックな領域、すなわち〈home〉を構成する具体的項目こそが、改善すべき対象として設定され、また監視されたのである。そしてそれは、再生産労働の場であり女の領域とされた場でもあるだろう。県外に職を求め、職を獲得し、社会的に出世をするという労働の世界における道筋にかかわる勤勉さは、再生産労働の場である私的でドメスティックな領域における生活の改善として、具体的に指摘され、また監視されたのである。ドメスティックな領域は、沖縄的とされる項目を押しつけられた上で労働の世界から区分され、区分されると同時に労働の世界の根拠となるのだ。いいかえれば、一人前の労働者になることは、〈home〉における沖縄を払拭することであり、日本人になるということだったのだ。「県外に職を求め」る人々にとって、生活改善は救済の法に向けての自助努力というだけではなく、労働をめぐるかかる世界の問題だった(49)。

そしてこうした生活改善の軸として、くりかえすが、沖縄語が一貫して存在した。ここで再度、沖縄において沖縄語の払拭を主張した教師が生徒に向けて語った言葉を思い出さなければならない。「君たちも間違われて殺されないように」(50)。出世を動因にして〈home〉の内部に入り込む監視は、やはり関東大震災の記憶と無関係ではなく、生活改善はあの尋問と重なって感知されているのである。あえて乱暴にいえば、生活改善に邁進する〈home〉には、あの冷汗がそこかしこに染みついていたのである。この〈home〉は、労働の世界にかかわると同時に、尋問を受ける戦場でもあったのだ。石黒が救済の法において持ち込んだ規範的秩序は、流亡する人々にとっては、かかる〈home〉として登場したのである。「個人的なことは政治的なこと」というスローガンを考えるには、まずもって〈home〉がこのような政治の舞台であり戦場になったということが前提になる。

ではその上で、流亡する人々において、かかる生活改善において構成された〈home〉から離脱するとは、あるいは境界が場になることとは、いかなることなのか。沖縄的なるものの払拭が叫ばれる中で、バーバがいう「文化の場所」とはどこなのか。そしてその文化を語るのは誰なのか。あるいは払拭を叫ぶのは誰なのか。こうした問いを考えていくことこそ、「沖縄問題」において構成された生活改善が示す未来とは異なる道筋を、文字通り生活改善自体の中から見出す作業に他ならない。

一九三二年に久志芙紗子は『婦人公論』（一九三二年六月）に、久志富佐子の名前で小説「滅びゆく琉球女の手記」を連載した。しかしこの連載は、編集部の掲載中止決定により一回で終わる。掲載分は全体の三分の一程度だという。またこの小説の掲載中止は、沖縄県学生会から「ひどくおしかりを受け」、それを受けて『婦人公論』編集部が決定したことによる。前章で述べた広津和郎の場合と異なり抗議文等がないため、いかなる「おしかり」であったかについては、『婦人公論』（一九三二年七月）に掲載された久志の「『滅びゆく琉球女の手記』についての釈明文」から想像する以外ない。以下、この小説ならびに釈明文から、〈home〉からの離脱と土着という未来を考えてみたい。そこではやはり、「個人的なこと」が「政治的なこと」であるという点が重要になるが、先述したような〈home〉が焦点になるということについては、それが家父長制におけるジェンダー秩序の問題というだけではなく、蘇鉄地獄を契機とした「沖縄問題」の形成と生活改善という問題でもあったことを、併せて考えなければならないだろう(51)。

ところで小説が中断している以上、全体のストーリーにおいて何かを読み取ることは差し控えるべきかもしれないが、すくなくとも文体や表現にかかわる論点、小説の前提として何が配置されているのかということについては、中断された小説においても議論することができるだろう。また、広津の場合小説に登場する「私」と広津自身には距離があり、小説に於いて開かれた可能性は広津自身の謝罪に於いて封印されたのだが、結論的にいって久志の場合は、中断された小説の延長線上にこの釈明文があるといってよい。そこでは、小説における「妾《わたし》」と「釈明文」における久志自身を示す妾《わたし》は、連続して読むことができる。以下こうしたことを前提にして、いくつかの論点を検討していこう。

　この中断された小説は、叔父の父が叔父の家の中に囲い込んだ「妾《めかけ》」と、東京で成功している叔父、そして同じく東京に出てきている「妾《わたし》」において構成されている。つまり地理的には「妾《めかけ》」のいる沖縄と、叔父と「妾《わたし》」の住む東京という構図である。また沖縄の家の中にいる「妾《めかけ》」には、あまりの苦境の中で無言のまま「泣いたような表情」のみが刻印されている。そしてこの「妾《めかけ》」と「妾《わたし》」はたんなる表記の問題ではない。勝方＝稲福恵子が鋭く指摘するように、この小説は、語り手である「妾《わたし》」という主語が示す主体の揺らぎを小説の中に含みこんでいるのであり、そのことによって引き起こされるアレゴリカルな意味作用が、テキスト自体を撹乱するのだ(52)。小説内部における語る主体は「妾《わたし》」であり、語られる「妾《めかけ》」なのだ。さらにここで釈明文において登場する「妾《わたし》」も含めて考えると、妾という表記は、小説内部の「妾《わたし》」と「妾《めかけ》」、さらには釈明文における久志自信を示す「妾《わたし》」を横断するシニフィアンとして、存在していることが分かる。こうした横断性を念頭において上で、いま妾という表記を、小説内部の語り手としての「私＝妾」、小説におけるめかけである「妾」、久志自身をしめす「久志＝妾」として再記述しながら、議論を進めよう。

　まず勝方＝稲福が指摘するように、とりあえず小説においては、このものいわぬ「妾」に対して、東京にいる「私＝妾」と叔父が等位置におかれている(53)。いいかえれば「私＝妾」と叔父の両者においては、離脱の契機は共有されているのだ。叔父が故郷を離れる際の光景は、以下のように記されている。

そして話と云えば、梅雨期のようにじめついたおしひしがれた民族の嘆声許りだった。石垣は崩れ、ペン〳〵草が生え、老人許りがむやみと多かった。彼（叔父―引用者）はその悲惨な故郷の有様に胸を打たれるというよりも先にうんざりして了ったらしい。二十日も経たない中にそこ〳〵に、故郷を棄てゝ行った(54)。

そしてこの叔父は、別れ際に「私＝妾」に対して次のように語るのだ。

僕の籍はね、×県へ移してありますから、実は、誰も此方の者だってこと知らないのです。立派なところと取引をしているし、店には大学出なんかも沢山つかっているので琉球人だなんて知られると万事、都合が悪いのでね。家内にも実は、別府へ行くと云って出てきたようなわけですから、そのおつもりで……(55)

叔父は、「民族の嘆声」にうちひしがれながら悲惨な故郷を去るだけではなく、自分にまつわりつく故郷の徴候を自覚的に消去しようとする。とりあえずここでは、石牟礼のいう〇〇流れということとは異なり、流出は切断された境界を通過することとして、いいかえれば流亡は土着を遺棄し、その徴候を隠し続けることとして、叔父においては定義されているといってよい。

では叔父と同じく東京に住む「私＝妾」はどうか。冒頭は、まず最近故郷へ帰っていた友達と「私＝妾」

の会話からはじまる。その会話では、「S市では晩なぞ真暗」で「石垣は崩れ放題」であるといった「琉球の疲弊」が語られている[56]。やはり蘇鉄地獄において疲弊する沖縄が前提になっているのであり、かかる点は、叔父と共有しているといってよい。またさらにそれは、広津和郎や沖縄青年同盟の同時代的な現状認識でもあるだろう。その上で次に、下記のような文章が続いている。

> いれずみではどの家庭も困らされた。稼ぎためた金で、息子を幾人も高等教育受けさせた処で、母は手の胛にしみついたいれずみの為めに、死ぬ迄故郷に置き去られねばならなかった。ひどいのになると、孫の顔も知らずに死んで了うのである。息子たちが出世すればする程、その母は此の故郷と云うほんの少し自由のきく座敷牢の中に僅かなあてがい扶持で押し込まれねばならないのだ。勿論、僅かな例外はある。朝鮮人や台湾人のように、自分達の風俗習慣を丸出しにして、内地で生活出来る豪胆さは琉球のインテリに出来る芸当ではない[57]。

いれずみの母を座敷牢に入れたのは、出世した息子たちでありインテリであると、「私＝妾」が指弾しているよう読める。そして叔父もまた、「琉球人の琉の字も匂わせず、二十年来、東京の真ん中に暮らして」いるのだ[58]。「私＝妾」に指弾されているのは叔父でもあり、あるいは県外に職を求める沖縄青年同盟の若者たちでもあるかもしれない。またこの久志の小説に対して「おしかり」を与えた沖縄県学生会も、「自分達の風俗習慣」をおしかくして「内地」で生活をする者たちなのだろう。そしてかかる点において「私＝妾」は、「琉球のインテリ」が「朝鮮人」や「台湾人」と異なるとしている。

このように「私＝妾」においては、出世した息子やインテリたちにおいて提示される社会や仕事の世界との距離感が示されている。そしてこの距離が何かということが、次に最大のポイントになる。いいかえれば、故郷を遺棄し続け、「妾」やいれずみの母を幽閉し続ける叔父や息子たちに対して、「私＝妾」と「妾」の関係性とはなにかということである。それは単に、同じ東京に出てきた者同士における故郷への思いの違いということでは断じてなく、重要なのは〈home〉からの離脱をめぐる公と私という区分におさまらない関係性なのではないか。久志の「滅びゆく琉球女の手記」は、私という個人の誕生において成り立つ近代小説が前提として受け入れてしまう公と私という区分自体を、〈home〉を出た「私＝妾」と〈home〉に閉じ込められた「妾」の重なりにおいて、問題にしているのだ。

そしてかかる設定において問われているのは、救済の法の中における沖縄であり「沖縄問題」である。自らに染みついた故郷の徴候を消去しようとし続ける叔父が、金銭的な援助を〈home〉に行なおうとし続けているのも、この文脈において了解される。叔父において〈home〉の悲惨さは、計算された救済額に置きかえられ、そして「私＝妾」はこのお金を預かるだけなのだ。すなわち「私＝妾」と「妾」の関係において問われているのは、「泣いたような表情」を持つ「妾」たちを〈home〉に幽閉し、自らはそこから脱出したうえで、〈home〉の悲惨さと改善あるいは救済を語る者たちにおいて構成される「沖縄問題」なのだ。いいかえればそれは、救済を担う法への申請の根拠となる悲惨さを、悲惨だとして言語化するのは誰なのかという問題だろう。あるいは「沖縄問題」を語る資格を持つのは誰か。表情といれずみのみが刻まれた妾と母は、言葉を交わす存在ではなく、ただ見られているのである。そしてこの、誰が語るのかという点こそ、「おしかり」の焦点であり、「釈明文」の意義にかかわる。

先にも述べたように、久志を叱責した沖縄県学生会の主張は、この「釈明文」から類推する以外にない。その上で、「釈明文」からは何が両者の決定的な違いであるかが、浮かび上がる。というより久志が、小説において準備した「おしかり」を受ける要点を、「釈明文」では小説とは別の文体において、より明確に浮かび上がらせたといってよい。かかる意味で、「釈明文」は小説の延長線上にあるといえるだろう。また「釈明文」における「久志＝妾」は、小説の「私＝妾」と「妾」にさらに重ね書きされている。

まず「釈明文」の冒頭には、「学生代表のお話ではあの文で使用した民族と云う語に、ひどく神経を尖していられる様子で、アイヌや朝鮮人と同一視されては迷惑するとの事」とある。これに対して「久志＝妾」は、「アイヌ人種だの朝鮮人だの、大和民族だのと、態々階段を築いて、その何番目かの上位に陣取どって、優越を感じようとする御意見には、如何しても、私は同感することができません」と反論し、さらに次のように述べている。

学生代表のお話によると、外に対しては故郷の風俗習慣を、なるたけカムフラージュする事に努め、中に向かっては、風俗習慣の改良を声に大きくして叫んでいられる由であったが、妾《わたし》自身は、異なった風俗習慣、必ずしも一概に卑しむべきでなく、また排斥すべきものでもないと信じて居ります。(59)

それは文字通り、生活改善への、正面からの批判であるといえる。また風俗習慣の改良を行わなければ「就職難や結婚問題にも影響する」という学生代表からの指摘に対しては、就職差別に対しては差別をする資本家と対決すべきであることを、また結婚問題には無理して結婚しなくてもいいと切り返している。こうした「釈明文」における久志の主張を見る限り、たしかに久志の考えは生活改善を推し進める県人会や県人組織と対立するものであり、またたからこそ久志の考えを、差別と向き合い日本への同化を批判する考えだとして評価する論調は、今に至るまで存在し続けている。

だが、「釈明文」から浮かび上がるのは、久志の生活改善や風俗習慣への評価、あるいは帝国における差別的階梯をめぐる考えだけではない。むしろ、考えの内容的な問題というより、誰が沖縄を語る資格を持つのかという議論以前の前提にかかわることこそが、沖縄県学生会との対立だったのではないだろうか。「釈明文」の末尾は、次のように記されている。

妾《わたし》のあけすけの文章が、社会的地位を獲得しておいでになる皆様には、そんなにも強く響いたのかと、今更乍ら、恐れ入って居ります。そう云う点、深くお詫び申し上げます。地位ある方々計りが叫びわめき、下々の者や無学者は、何によらず御尤もと承っている沖縄の常として、妾《わたし》のような無教養な女が、一人前の口を利いたりして、さぞかし心外でございましょうけれど上に立つ方達の御都合次第で、我々迄うまく丸めこまれて引張り廻されたんでは浮かばれません(60)。

「釈明文」からは、何を話すのかという内容上の問題よりも、誰が話すのかということが論点として浮かび上がっている。それは小説のストーリーには還元されない「私＝妾」と「妾」の関係性において生成する意味作用の問題でもあり、またそれは「釈明文」においては、繰り返し強調される「無教養」で「地位」のない、「一人前」とは認められない「久志＝妾」という自己の設定にかかわる。また先の民族という言葉への沖縄県人学生会の批判に対しても、「妾《わたし》自身もその一人でございますから、ゆめ〳〵侮辱などと云う気持ちで書いたものではございません」と答えている(61)。

問われているのは、沖縄の文化あるいは民族をめぐる評価の是非ではなく、誰に語る資格が与えられているのかといういわば代表性にかかわる問題だったのではないか。沖縄県学生会の久志への叱責とは、故郷を代表して語るのは自分たちであり、だまっていろといっているのではないか。そして代表される存在こそ、まさしくただ「泣いたような表情」をもつ「妾」たちなのではないか。「久志＝妾」が「釈明文」で明確化したのは、後にたびたび言及される反差別、反同化の思想というよりも、いわば公の世界において一人前として扱われない者たちが語る民族あるいは土着ということにかかわることではなかったのか(62)。やはり問題は、公と私の区分にあるといえる。

土着に幽閉されている「妾」に対して、「久志＝妾」、「私＝妾」、「妾」の関係は、非〈故郷＝家〉性を確保しながら公と私を横断し、両者の境界を場として広げようとしているのではないか(63)。「妾」をめぐって、叔父たちの〈home〉の境界を維持しその内部に「妾」を幽閉しようとする力と境界自体を場に変えていく「妾＝私＝久志」たちの力がせめぎ合っている。くりかえすが、かかる境界を場に変えていく試みは、尋問にさらされるだろう。またそこから発せられる言葉は、一人前とはみなされず、またドメスティックな言葉ともみなされず、場合によっては言葉の資格も与えられないまま、「泣いたような表情」としてのみ意味を持つかもしれない。したがって「久志＝妾」、「私＝妾」、「妾」の関係は、新たな言葉の生成と関係の生成が重なり合うような動的な事態であるのかもしれない。そしてそこにおいて語られる民族こそ、土着の離脱の先に見出される土着、すなわち流亡者の土着なのではないか。

V　代表と表象

久志芙紗子の「滅びゆく琉球女の手記」ならびに「釈明文」において問われているのは、文学表現における表象の問題ではない。表象の政治という、表象それ自体をすぐさま政治であると勘違いし、図像や文学作品を解読することが政治的意味の説明であるとみなしてしまう、表象研究や文学研究にありがちな自足的で閉じた政治談議をしているのでは、ない。ここでガヤトリ・C・スピヴァクにおける代表と表象の違いについての議論を参照しながら、何が問われているのかについて最後に明示しておきたい。

スピヴァクは〈representation〉を、国家と法の内部において代表するということと、主語―述語関係において説明される、表象する（すなわち「AはBを表象している」など）ということとに区別したうえで、マルクスの『ルイ・ボナパルトのブリュメール一八日』に言及している(64)。スピヴァクによれば、この『ブリュメール一八日』では、〈vertreten（代表する）〉と〈darstellen（表象する）〉が区別されているのであり、両者の齟齬あるいは共犯関係こそが、政治が政治たりうる実践の場なのだ。すなわち代表と表象は、「あるひとつの（記述的な）階級の形成と（変革的な）階級の未形成との間のギャップの中に場所を占める」のであり(65)、そして文字通り社会の生成にかかわる政治とは、この両者の齟齬と共犯の中にあるのだ。

それは言葉が担う意識の領域と、社会を生み出す力のあいだの齟齬と共犯といってもよい。たとえば『ブリュメール一八日』の分割地農民をめぐる次の有名な個所を参照しよう。

彼らは自らを代表することができず、代表されなければならない。彼らの代表者は、同時に彼らの主人として、彼らを支配する権威として現れなければならず、彼らを他の諸階級から保護し、彼らに上から雨と日の光を送り届ける、無制限の統治権力として現れなければならない。したがって分割地農民の政治的影響力は、執行権力が議会を、国家が社会を、自らに従属させるということに、その最後の表現を見いだした。(66)

ここでいう代表する（vertreten）という動詞は、言葉を越えた無制限の統治権力に直結しており、したがって代表する者は、問答無用の絶対的な主人となる。この引用部分について柄谷行人が指摘するように、そこでは象徴界の外部、いいかえれば言語的秩序から排除された外部を一気に代表する統治権力の登場が含意されているのだ(67)。そしてかかる統治権力こそ、法の停止と皇帝の登場に他ならないのであり、それは文字通り「執行権力が議会を、国家が社会を」従属させる戒厳令、すなわち前章で検討した国家の非合法性の問題であるだろう。法の規範の実現が、法の停止、すなわち法外な力において遂行されるのである。そして尋問は、かかる遂行を担うのだ。

沖縄青年同盟、H夫妻の夫の方である栄一さん、また生活改善の中で故郷を押し殺した叔父、そして久志芙紗子を叱責した沖縄県学生会も、自分達が尋問の中にあることを感知し続けている。すなわち戒厳令における国家の非合法性において自らを名乗り、何者であるかを提示することが、まずは前提にされているのである。そしてスピヴァクは、かかる尋問の中で冷汗とともに提示される名前が担う代表性を、国家と法にかかわる代表性として、言語的秩序における表象と区別しているのだ。そこでは、国家と法にかかわる代表性は、言語的媒介を越えたところにあるのであり、したがって尋問は身体的拷問でもある。

叔父たちがそうであったように、流亡における土着という名前は、まずはかかる尋問への応答としてある。いいかえれば、問答無用の統治権力の内部において、自分達を代表しなければならないのだ。またからこそ、〈home〉には物言わぬ「妾」たちや冷汗が滞留することになるのだ。そして非〈故郷＝家〉性は、この尋問による疵瑕や記憶において、想像される。未然に圧殺され、動くな、あるいは指示通り動けと恫喝され続ける中で潜在化した離脱の可能性は、この尋問にかかわる疵瑕として、現勢化の端緒を獲得するのだ。

そしてかかる現勢化を担うのは、やはり言葉である。それはナベさんによりしまい込まれた御真影に染みついた冷汗が、語り出す事態であり、言葉を語る資格が与えられないまま「泣いたような表情」をもつ「妾」から生成する「久志＝妾」、「私＝妾」、「妾」の関係でもあるだろう。〈home〉に滞留し続ける「妾」たちや生活のそこかしこに刻印された冷汗が、言葉を獲得し、離脱の可能性を現勢化させていくプロセスが流着であり、その先に見出される故郷こそ、流亡における土着なのではないか。

だが同時に、国家と法にかかわる叔父たちの代表性は、依然として存在し続ける。したがって瑕疵が言葉を獲得していくことは、代表性の内部に齟齬をもちこみ、代表するという実践に無理を強いることでもあるだろう。そしてこうした齟齬と無理を含みこんだ両者の間の往復運動にこそ、流亡における土着の政治がある。またかかる政治は、既存の代表性を不断に問い続けるプロセスでもあり、これまでの〈home〉が変態し、尋問に応答していた栄一さんや叔父がそこに巻き込まれていく事態としてあることは間違いない。ナベさんと栄一さん、あるいは「妾＝私＝久志」たちと叔父は、共に「沖縄問題」の閾から始まる政治を遂行するのだ。代表と表象は共に始まるのであり、だからこそ両者をいっしょくたにしてしまってはならないのである。

ではこの流亡における土着の政治は、問答無用の統治権力に対して、いかなる敵対性を生み出すのだろうか。あるいはいかなる代表性を新たに獲得するのだろうか。そして代表性を獲得するプロセスとはいかなる事態なのか。その際、スピヴァクがマルクスに言及しながら、表象の領域から代表の領域への展開を、記述的な階級的立場から変革的意識への発展とみなしている点は重要である(68)。スピヴァクはさらにこの表象から代表への展開に、商品交換を前提にした経済的利害によって構成される経験領域から労働力商品にかかわる搾取を問う政治への可能性を重ねている。代表性は、問答無用の統治権力の登場であると同時に、商品の物神性に覆われた資本を問う政治でもあるのだ。

スピヴァクにとって、ディアスポラはまずはグローバルな資本への包摂であり、そこには肯定的な意味はない。いいかえれば流亡は、グローバル資本主義への包摂であると同時に地政学的に配置された〈home〉における問答無用の統治権力群から、継続的に尋問を受ける事態なのである。「どこから来たのか」、「どこに帰るのか」そして「何者か」。資本と国家群は結託しているのだ。しかしその上で、スピヴァクは、この結託を闘争の場にもちこむ政治の可能性を、同じディアスポラに見出そうとするのだ。流亡の先に見出される土着は、非〈故郷＝家〉性が言葉を獲得するプロセスであると同時に、国家と資本を問う政治の可能性の問題でもある。そして代表性と敵対性は、かかる政治の可能性にかかわっている問いなのだ。かかる問いは第四章において再度検討する。

だがやはり最後に指摘しなければならないのは、こうした政治の可能性をめぐるあからさまで一般化されたもの言いは、離脱を再度既存の秩序に埋葬し、代表性がもとの統治に帰着する危険性でもあるだろう。流亡の先には元の土着が準備されているのだ。読み書きを行う者において必要なことは、代表性と敵対性にかかわる政治の内部において沈思し、まだ終わっていないと呟きながら、離脱の契機を、適宜確保し続けることなのかもしれない(69)。

註

(1)フランツ・ファノン『黒い皮膚・白い仮面』(海老坂武・加藤晴久訳)みすず書房、一九七〇年、一三六頁。
(2)石牟礼道子『苦海浄土』講談社、一九六九年、六一頁。
(3)伊波普猷「沖縄歴史物語」『伊波普猷全集』平凡社、一九七四年(初出一九四七年)、四五二―四三四頁。
(4)原田誠司・矢下徳治編『沖縄経済の自立に向けて――七八年一一月シンポジウムの全記録――』鹿砦社、一九七九年。
(5)『新沖縄文学』四八号(一九八一年六月)における特集「琉球共和国へのかけ橋」や、翌年の一九八二年の五月一五日に刊行された新崎盛暉・川満信一・比嘉良彦・原田誠司編『沖縄自立への挑戦』(社会思想社)、あるいは同特集や同書にも所収されている「特別県構想」(沖縄県自治労)、「琉球共和社会憲法C私(試)案」(川満信一)、「琉球共和国憲法F私(試)案」(仲宗根勇)などがある。また『インパクション』一七号(一九八二年)の特集は「独立をめざす国内植民地・沖縄」である。こうした潮流の底流に共通して存在するのは、復帰した日本からの離脱である。たとえば川満よる「琉球社会憲法C私(試)案」の「前文」では、しばしば引用される部分なのだが、「われわれはもうホトホトに愛想がつきた。好戦国日本よ、好戦的日本国民と権力者共よ、好むところの道を行くがよい。もはやわれわれは人類廃滅への無理心中の道行きをこれ以上共にはできない」とある。これらの構想の批判的検討については、松島泰勝『琉球独立への道』(法律文化社、二〇一二年)のとりわけ第六章を参照。

（6）新川明「土着と流亡——沖縄流民考」『現代の眼』一九七三年三月、一〇四頁。
（7）同、一〇五頁。
（8）川田洋「『叛帝亡國・国境突破』の思想」『映画批評』二七号、一九七二年一二月、二〇頁。
（9）新川の「土着と流亡」をうけて川田が書いた「〈亡国〉の時代とはなにか？　新川明への応答——「国境」としての沖縄をめぐって」（『映画批評』三二号、一九七三年四月）においても、この「『叛帝亡國・国境突破』の思想」を書いた理由を、「製作者自らの招待で観せられた映画があんまりひどかったので」と記している（同、九一頁）。
（10）川田洋「〈余剰〉の世界へ道は拓けるか」『映画批評』四号、一九七一年一月、一一五頁
（11）レイ・チョウは、自分が経験したミネソタ大学の人事選考でのあるエピソードを紹介している。それは中国からきた候補者が、人事を担当するマルクス主義者の大学教員の望むような革命の根拠地からきた人物ではなかった際に、この教員が候補者に対してとった差別的態度についてである。中国からきたのに「資本主義が好きなのか」。かかる態度に対してレイ・チャウは次のようにいう。「こうした発想を形容するのにピッタリの言葉は、今だ発明されていない。たぶん彼の態度を表現するのに一番近い用語は、人種差別主義だろう。つまり、特定の集団からきた誰かを、否定的であろうと肯定的であろうとその集団について私たち自身が抱いているステレオタイプに還元してしまう考え方」（レイ・チョウ『ディアスポラの知識人』本橋哲也訳、青土社、五〇頁）。それはいいかえれば、他者をよりどころにして自らの場所での運動や発言の正当性を見いだす、知識人にありがちな情けない身振りでもある。こうした身振りは、多くの場合、よりどころとなる他者の奪い合いになるだろう。レイ・チョウに倣っていえば、それはネイティブの奪い合いであり、本物ではないネイティブへの排撃にもつながるのだ。またレイ・チョウにとってディアスポラとは、こうしたネイティブ探しをする良心的思考への挑戦でもあるのだ。同、第二章「あのネイティブたちは皆どこへ行ったのか？」を参照。
（12）川田洋「『叛帝亡國・国境突破』の思想」の続編である「『叛帝亡國・国境突破』の思想　承前——再び、逆説と

しての『アジアは一つ』をめぐって」『映画批評』二八号、一九七三年一月、一一〇頁。
(13) 新川「前掲」一一一頁。
(14) 同、一一二頁。
(15) 同、一一二頁。
(16) 新川明「悲惨なる逆説――帰ってきた勝ち組についての覚え書」『新沖縄文学』二八号、一九七五年四月、後に沖縄タイムス社編『沖縄にとって天皇制とは何か』(沖縄タイムス一九七六年)所収。引用は同書から。二七七頁。
(17) 同、二七七頁。
(18) 同、二八五頁。
(19) 新川のいう逆説という言葉もこの点にかかわっている。
(20) 新川「悲惨なる逆説」(前掲)二八七頁。
(21) 同、二八七頁。
(22) 同、二八七―二八八頁。
(23) 藤崎康夫『陛下は生きておられた――ブラジル勝ち組の記録』(新人物往来社、一九七四年)を参照。「勝ち組」の丹念なインタビューを行った同書によれば、ブラジル警察が「勝ち組」を拘束し、尋問を行った際に御真影を踏むことが使われたという(同、一五七頁)。殺害について、「宙ぶらりんの人間は、組織から孤立しているんで、かえって危険なんです」(同、一六三頁)という発言を受けて藤崎は、「『勝ち負け抗争』の中で、日本人はどちらかに所属を迫られた」(同、一六二頁)と述べている。それは、どちらの所属においても日本人であることが、強く求められるということでもあるだろう。
(24) 新川明「苦渋と悔恨」『新沖縄文学』四五号、一九八〇年六月、二七七頁。
(25) 同、二七五頁。

(26)それは、冨山一郎『暴力の予感』(岩波書店、二〇〇二年)の「あとがき」でふれたことでもある。
(27)新川「苦渋と悔恨」(前掲)二七九頁。
(28)新川「悲惨なる逆説」(前掲)二九四—二九五頁。
(29)同。
(30)同、二九四頁。
(31)竹村和子「ディアスポラとフェミニズム——ディアスポラ問題、女性問題、クィア問題、ユダヤ問題」赤尾光春・早尾貴紀編『ディアスポラの力を結集する』松籟社、二〇一二年、二三二頁。
(32)こうした離脱は、上野俊哉に倣って「ばっくれる」といってもいいかもしれない。離脱という契機を手放さないでディアスポラを思考するために、次の上野の論考は、重要である。上野はそこで文字通り思想史として離脱を議論している。上野俊哉「ディアスポラ再考」赤尾光春・早尾貴紀編『ディアスポラの力を結集する』(同)所収。またこの離脱としての思想史にかかわって、上野俊哉『思想の不良たち』(岩波書店、二〇一三年)をぜひ参照されたい。
(33)石牟礼道子「流民の都」『現代の眼』一九七二年四月号、石牟礼道子編『わが死民』(現代批評社、一九七二年)所収。引用は同書から。一五頁。
(34)石牟礼におけるこうした故郷への認識は、次の文章からも看取できるだろう。「意識の故郷であれ、実在の故郷であれ、今日この国の棄民政策の刻印を受けて潜在スクラップ化している部分を持たない都市、農漁村があるだろうか。このような意識のネガを風土の水に漬けながら、心情の出郷を遂げざるを得ない者たちにとって、故郷とは、もはやあの、出郷した切ない未来である。／地方を出てゆく者と、居ながらにして出郷を遂げざるを得ないものとの等距離に身を置きあうことができれば、わたくしたちは故郷を再び媒体にして民衆の心情とともに、おぼろげな抽象世界である未来を共有できそうにおもう。」(石牟礼道子「あとがき」『苦界浄土』講談社、一九六九年、二九一—二九二頁)。

(35) 渡辺京二「流民型労働者考」渡辺京二『小さきものの死』葦書房、一九七五年、二七二頁。渡辺は「定着する流民」とも記している(二七四頁)。

(36) 注33参照。

(37) エドワード・サイードやガヤトリ・C・スピヴァクとともにポストコロニアル理論の旗手として注目され、近年は言及されることがなくなったバーバは、植民地支配という対立構造の中での曖昧さやグレーゾーンを強調する論者として注目され、また同じ理由で植民者との対抗をごまかしているとして批判もされた。だが、首肯するにしろ批判するにしろ、この国のアカデミアにおいて、抽象度の高いバーバの問いかけを正面から受け止めた議論は、驚くほど少ない。そうした中にあって、磯前順一の論考は極めて重要である。ぜひ参照されたい。磯前順一「ポストコロニアリズムという言説」ホミ・K・バーバ『ナラティヴの権利』(磯前順一/ダニエル・ガリモア訳)みすず書房、二〇〇九年。

(38) Homi K. Bhabha, *The Location of Culture*, London and New York, Routledge, 1994, p.5. 以下、本書からの引用の訳文は『文化の場所―ポストコロニアリズムの位相』(本橋哲也・正木恒夫・外岡尚美・阪本留美子訳、法政大学出版局、二〇〇五年)に従ったが、一部訳し変えたところもある。

(39) *Ibid.*, pp. 8-9.

(40) このファノンの否定性については、第四章で再度検討する。

(41) Bhabha, *op.cit*, p.5.

(42) この現在性(the present)をバーバは、ヴァルター・ベンヤミンの歴史哲学テーゼにおけるあの「今のとき(Jetztzeit)」と共に検討している。バーバのみにならず、B・アンダーソンあるいはJ・クリフォードなどの、広義の文化研究において広く浸透するベンヤミンの横領的な読まれ方は、彼らがベンヤミンという名において何を確保しようとしたのかという論点として、領域を超えて検討すべき課題であるように思う。

（43）*Ibid.*, p.9.

（44）*Ibid.*, p.14.

（45）がんらい〈home〉に収まりきらない非〈故郷＝家〉性を、強引に〈home〉に押し込める国家は、ある意味で無理を抱え込むことになる。バーバはこうした無理を、権力のパラノイアとよんでいる。そこでの要点は、無理に当てはめようとしても、いつもどこか足りなく不十分であり、その不十分さが、時には別物に見えてしまうというパラノイアである。バーバによればそれは統治権力が「慈父にして抑圧者」（Bhabha, *op.cit*, p.100.）というアンビバレントを抱え込むことであり、同時にそれは、まさしく公と私において構成される市民になりきれない不足した存在を、秩序を乱す異者として不断に監視し鎮圧する尋問のはじまりでもある。バーバはそこに、市民的参加を呼びかけながら植民地主義を行使する帝国を見出すのだ。このような帝国のありようについては、第四章でも再度検討する。

（46）生活改善をめぐっては、冨山一郎『近代日本社会と「沖縄人」』（日本経済評論社、一九九〇年）の第三章、ならびに同『増補　戦場の記憶』（日本経済評論社、二〇〇六年）の第二章を参照されたい。以下の生活改善についての説明は、これらの著書によっている。

（47）沖縄県振興計画調査会「第二回沖縄県振興計画調査会議事速記録」（一九三二年）琉球政府『沖縄県史　第一五巻資料編五』（一九六九年、琉球政府）所収、六六二頁。原文はカタカナ。

（48）それは法的適用には還元されない、適用の前の誰を申請者とするのかをめぐる政治である。申請と承認において構成される社会政策的な法が、申請者としての主体化をめぐる名乗りと命名そして監視のポリティクスの登場でもあることについては、冨山一郎『暴力の予感』（岩波書店、二〇〇二年）の終章「申請する者」を参照。

（49）労働における一人前ではないということが、文化的に語られることの重要な意味は、その不足分が本来的な区分あるいは根源的な敵対関係として読み替えられる潜在的可能性を含意している点にある。足りないのではなく、別の存在だというわけである。かかる点については、ルンペンプロレタリアートの問題として第四章で検討する。

（50）沖縄県労働組合協議会『日本軍を告発する』一九七二年、六九頁。第一章でもとりあげた。

（51）同小説ならびに「釈明文」を『本土』／『沖縄』の、抑圧／被抑圧の位相の内部に、さらに沖縄の女としてのジェンダー役割を要請する、沖縄の男の暴力的男性性への批判的視点が形成されている」（宮城公子「滅びゆく琉球女の手記 解説」岡本恵徳・高橋敏夫編『沖縄文学選』勉誠出版、二〇〇三年、六三頁）と考えることに首肯したうえで、ここでは、この「本土」／「沖縄」と重なる「沖縄の男」のジェンダー役割への批判というだけではなく、その「批判的視点」が、当該期の「沖縄問題」の形成、すなわち、生活改善と救済の法の登場の中での〈home〉ということにかかわっていること、そして同小説ならびに「釈明文」が、流亡をめぐる〈home〉からの離脱の契機として展開していることを重視する。

（52）勝方＝稲福恵子『おきなわ女性学事始め』新宿書房、二〇〇六年、一二二頁―一二六頁。直接久志の小説ならびに「釈明文」を論じた個所ではないが、勝方＝稲福が同書で展開している自らの経験もふまえた「越境する沖縄女性」への注視は、本章で久志を考える上で極めて重要な視座を与えている。「一つの場からもう一つの場へと移動すること」を、次のように勝方＝稲福は記している。「家族間や世代間、民族間の葛藤にしろ、出会いにしろ、転校にしろ、引越しにしろ、留学にしろ、文化間の差異はかならず生じるし、差異があるからこそアイデンティティは立ち上がる。異文化との接触が、均質化をうながすと同時に新たな差異を生じさせて、『おきなわ女性』というアイデンティティも紡がれて、ほぐされて、また紡がれてゆく。そして、『おきなわ女性』というわたしもまた紡ぎ紡がれてゆく」（同、九八頁）。この勝方＝稲福のしなやかな文章は、流亡における離脱の契機を的確にとらえているといえるだろう。尚、勝方＝稲福は、「妾」という表記をめぐる重なりに加え、小説のテキスト上の内容において「妾《わたし》」が「叔父」とも繋がる点を指摘しているが、表記上のアレゴリカルな意味作用と、テキストによる意味作用はやはり区別する必要があると思われる。

（53）勝方＝稲福『同』一二三―一二四頁。

(54) 久志富佐子「滅びゆく琉球女の手記」『婦人公論』一九三二年六月『沖縄文学全集 第六巻』(一九九三年、国書刊行会) 所収、一〇一頁。引用は同全集よりおこなった。尚、旧仮名づかいは現代仮名遣いに改めてある。
(55) 同、一〇一頁。
(56) 同、九六頁。
(57) 同、九七頁。
(58) 同、九七頁。
(59) 久志芙紗子「『滅びゆく琉球女の手記』についての釈明文」『婦人公論』一九三二年七月『沖縄文学全集　第六巻』(一九九三年、国書刊行会) 所収、一〇二頁。引用は同全集よりおこなった。尚、旧仮名づかいは現代仮名遣いに改めてある。
(60) 同、一〇三頁。
(61) 同、一〇二頁。
(62) それはジェンダーの抑圧構造と深く関連するが、出されている論点はあえていえば、ディアスポラにかかわる離脱でもあり、かかる意味で「私＝妾」と「妾」を同じ位置に置いてしまうわけにはいかない。またさらに「妾」をめぐる沖縄県学生会と「久志＝妾」の違いは、あえていえばサバルタンをめぐる代表性の問題であり、かかる点において両者は同じ場所に立つ。さらに代表性という点に関しては、悲惨な沖縄に対して救済の方が登場するという「沖縄問題」という政治が登場することと同時に、誰がどのように「妾」を代表するのかという議論がなされなければならないだろう。また代表性という論点に関して、これまでの「ほろびゆく琉球女の手記」とこの「釈明文」にかかわる研究は、その文面通りの意味内容の評価に集中しているといってよい。たとえばこの作品と作品への批判から差別意識にかかわる「劣等感と自嘲」を読み取る大田昌秀や（大田昌秀『沖縄の民衆意識』新泉社、一九七六年、三二九頁）、沖縄のおかれた状況を批判した「明晰に提示した論理」として「釈明文」を高く評価する岡本恵徳の議論などがある（岡本恵徳『沖縄文学の地平』三一書房、一九八一年、一四〇頁）。また一九三三年、比嘉春潮が発起人になり、東京で「芙紗子の激励会」が開かれた。出席者には比嘉の他、伊波普猷、東恩納寛惇、仲原善忠、仲吉良光、八幡一郎、伊波南哲、比屋根安定などそうそうたる知識人たちがあつまった（勝方＝稲福恵子『前掲』一四七頁）。そこには、久志の小説や「釈明文」への共鳴があったかもしれない。だがこうした「激励」が、〈home〉をめぐる代表性を問題化するという保証は、とりあえず何もない。黙れと高圧的にいう者と激励する者は、しばしば同じ場所にいるのである。

（63）家〈home〉の内と外ということではなく、したがって家の外が解放ということでもなく、家を文字通り横断していく「久志＝妾」、「私＝妾」、「妾」のような関係をどのようによべばいいのか、まだ的確な言葉は見つかっていないが、二〇〇一年一二月にニューヨーク市立大学のレズビアン・ゲイ研究センターで行われた講演をもとに執筆されたジュディス・バトラーの「暴力、哀悼、政治」では、家父長的で軍事的な暴力を解体させる政治として自らが傷つき、また他者を傷つけるという関係性を確保しようとしている（Judith Butler, *Precarious Life: The Powers of Mourning and Violence*, Verso, 2004, ジュディス・バトラー『生のあやうさ――哀悼と暴力の政治学』（本橋哲也訳）以文社、二〇〇七年、六三頁。以下訳は同書に従った）。そこでバトラーは、これまで論じてきたような言語行為において引き起こされる撹乱と無意識的な傷（可傷性―vulnerability）が担う遂行的な関係性を、九・一一以降の政治の可能性として構想しようとしている。すなわち、「このような傷つきやすさ（vulnerability）に留意すること、それが軍事力に頼らない政治的解決を主張する根拠となりえるし、他方、この可傷性を幻想（体制組織によって支えられた支配幻想）によって否定することは、戦争をたきつける燃料となりうる」のだ（*Ibid*. p.29. 同、六三頁）。国家の暴力の根拠になるかもしれない関係は、かかる国家の政治を解体する可能性でもあるのだ。またバトラーにおいては、そもそもこうした自己と他者は、すでに、決して自律的（autonomous）な個人において分割できないような領域の虜なのであり、そのことを遡及的に問うことを禁じ、問い自身を消し去ることにより始めて公的な場所や政治が登場するとされている。そしてバトラーはこの生成していく関係性を、「絆そのもの（*the tie*）」と言い換えたうえで、こうした領域の例として家族にも言及するのだが（*Ibid.* p.26. 同、五九頁）、それは即自的に家族が政治（家政）だというわけでもなければ、そこでの要点は異性愛主義でもない。「私は自分が『あなた』に結び付けられている仕方を見出すことによってしか、『私たち』に達することができない」（*Ibid.* p.49. 同、九五頁）というバトラーの「私たち」は、家族という制度と規範の手前において、すでに人は、可傷性を抱え込む存在として他者と関係しているのである。私は、このバトラーの「私たち」から、「久志＝妾」、「私＝妾」、「妾」を考えたいと思う。それには、私という始まりも含めて、考えなくてはならないだろう。この点に関しては、冨山一郎「まだ始まっていないこと、あるいはノラの奇蹟について」（荻野美穂編『〈性〉の分割線──近・現代日本のジェンダーと身体』青弓社、二〇〇九年）参照。

(64) ガヤトリ・C・スピヴァク『ポストコロニアル理性批判』（上村忠男・本橋哲也・高橋明史・浜邦彦訳）月曜社、二〇〇三年、三七〇―三八〇頁。

(65) 同、三七五頁。

(66) カール・マルクス『ルイ・ボナパルトのブリュメール一八日（初版）』（植村邦彦訳）平凡社、二〇〇八年、一七八頁。

(67) 柄谷行人「表象と反復」同、所収。

(68) スピヴァク『前掲』、三七六頁。

(69) それはスピヴァクにそくしていえば、批判的地域主義（**critical regionalism**）にかかわることでもあるだろう。スピヴァクにおいて、グローバル化におけるサバルタン的領域への介入は、ポストモダニズムあるいはポストナショナリズムではなく、ナショナリズムの内部にあってナショナリズムを超え続ける批判的地域主義の政治として構想されている。そしてこの批判的地域主義は、「問題が現実的で状況的であるがゆえに、あからさまに提示されないのだ。Gayatori C. Spivak, *Other Asia*, Blackwell, 2008, p.1.

第三章　始まりとしての蘇鉄地獄

文章は所詮、墨で書くものだ。血で書かれたものは、血痕にしか過ぎない(1)。（魯迅）

Ⅰ　伊波普猷をどう読むか

(1) 思想の身体

伊波普猷をめぐって近年、ある新事実が論争になった。論争の焦点になったのは、既に米軍が沖縄に上陸していた一九四五年四月三日と四日に、『東京新聞』に掲載された伊波普猷の「決戦場・沖縄本島」と題された文章である。そこには、「今や皇国民という自覚に立ち、全琉球を挙げて結束、敵を激撃」という主張がなされている。この文章から、この記事を発見した伊佐眞一は、翼賛知識人と化した戦争動員の推進者としての伊波を見出した(2)。それはまた、自由主義者で翼賛体制に批判的であり続けたとされるこれまでの伊波像への、痛烈な批判でもあるだろう。

伊佐の評価は正しいと、私も思う。だがそれが、別の真正な思想を希求することに向かうとしたら、思想を考えることにはならないだろう。思想を考えるとは、正しい思想と間違った思想の序列を作ることではないはずだ。それは、現在の状況における何らかの可能性を、あえていえば政治的可能性を考えることであり、その際重要なことは、垣間見られた可能性を圧倒的に不可能な状況に向けて、たたみ広げることである。したがって、ある思想から肯定されるべき可能性を見つけ出しそれを正しいこととして宣揚することよりも、その正しさが消失する場所こそが重要な起点になる。戦時期における伊波の無残さに対して、別の正しさを強調するのではなく、この正しさの停止した地点から、今に繋がる可能性を思考しなくてはならない。

基地の存在があまりにも日常化されているがゆえに、その身に深く隣接する危険をすぐさま明確な言葉にできないままフェンスの横で生きてきた人と、基地の存在を諸概念で饒舌に語る人が、同じ言葉で「基地は要らない」、あるいは「あってもいい」と語るときに生じる亀裂。序章で述べたことは、同じことを語りながら別の身体において考えていることから生まれる、こうした亀裂である。私にとって伊波普猷の言葉は、賛同や反論において作られた論壇的世界に、この亀裂を、持ち込むものとしてある。いいかえれば伊波は、他人事として饒舌に語る言葉に、別の身体を差し込もうとしたのだ。

それはいわば、考えることと体を動かすことが不可分になった言葉であり、その結果言葉はいきおい喩法を帯びるだろう。そこでは、「今や皇国民という自覚に立ち」という国家を前にした自己証明は、「皇国民」

を拒絶する身体と紙一重である。こうした一つで複数の意味を指示する言葉は、真偽や正しさの判定にとっては極めて厄介であり、また思想史研究の対象としては扱いにくいのかもしれないが、思想とはがんらい、こうした身体を持った言葉なのである。体系化され汎用性のある全集としてまとめられ、一般的な正しい読み方が指示された言葉こそが、亜流なのだ。そして「決戦場・沖縄本島」が読む者につきつける問いも、この身体という問題である。また、国家への希求という論点を念頭におきながら考えるべきは、生きるための自己証明が、逃れがたい死に対する自己への説得に変わる瞬間である。

ところでこの「決戦場・沖縄本島」は、戦時期という戦争状態における言葉の問題でもある。伊佐が伊波と対比させて高く評価する河上肇が大学を去った一九二八年に、同じく京都大学に入学した松田道雄は、自らの非合法活動にふれながら、「転向の肉体性」ということを問題にしている。つづめていえば、取調室の拷問のみならず様々な日常的暴力において転向者になった者が「肉体の弱さを弁明することができない」ということが、何を意味しているのかということだ(3)。多くの場合非転向は肉体から切り離された思想の絶対的強さ、あるいは正しさとして宣揚され、転向はただ、思想の敗北として遺棄された。それは肉体の敗北を思想の敗北として宣伝した特高側も同様であった。対立しながら両者は、思想を身体から遠ざけていったのである。だがしかし、動員とはまずもって身体の問題であり、問答無用の暴力を国家が行使していく事態ではなかったか。またこれまで考えてきたように、戒厳令とは、かかる思想における身体性が問われる事態ではないのか。「おまえは何者か」という問いが、尋問でもあり拷問でもある戒厳令の状態において、伊波の「皇国民」は、読まれなければならない。そしてだからこそ思想の敗北に対しては、非転向の正しさを対峙さすのではなく、敗北として遺された肉体から別の身体を言葉において見出すことから始めなくてはならないのだ。

（2）臆病者ということ

高く立て赤旗を
その影に死を誓う
卑怯者去らば去れ
我らは赤旗守る

この「赤旗」という歌は、ドイツ民謡の「樅の木」に英語の歌詞がつけられたもので、一九二〇年代に世界各地で労働運動歌として広がったという。私が学生のときも、上の世代の人たちが酔っ払いながら唄っていたのを覚えている。「卑怯者去らば去れ」は、もとの英語では、「Though cowards flinch and traitors sneer」だから、文字どおり臆病と卑怯は同じものとして並置されている。そして、旗に死を誓い、それが出来ない臆病者を旗を裏切った卑怯者として指弾するこの歌を聴いた時、とてもいやな気持ちになった。死や傷つくことの痛みを押し隠し、命をかけた決起を称揚することは、革命あるいは解放とされる出来事に、いつもつきまとっている。あるいはそれは、反革命やファシストたちについてもいえることである。そこでは臆病は、押し隠さなければならないこととして、あるいは追放しなければならない存在として、ある。

またこうした臆病を嫌う傾向は、歴史や思想を解説する者たちにこそ、根深いのかもしれない。勇敢な非転向者はいつも歴史の主人公として祭り上げられ、臆病者は裏切り者の転向者として、乗り越えるべき歴史の障害物の位置におかれてしまう。だが臆病者の身体には、傷つけられること、あるいは傷つけることにかかわる想像力が満ち溢れているのではないだろうか。この想像力を押し広げることこそ、歴史や思想を考えるという作業なのではないか。そして、伊波普猷は臆病者なのだ。

先に言及した松田道雄は、アジア太平洋戦争において日本軍への兵役を拒否した人々の証言を読んだ上で、非転向を貫く硬い意志ではなく、痛みや死を何とか逃れたいと思う臆病こそが、兵役拒否を生んでいると指摘した。それは拒否というより、逃亡あるいは離脱といった方がいいのかもしれない。そしてこの臆病こそがまた、侵略戦争への加担をささえたのだと松田は述べている(4)。兵役からの逃亡と戦争参加。臆病は歴史を構成するどちらの勢力にもなり、そして多くの日本国民は戦争に加担する側に転んだ。

だが、思想的問いはここから始まる。加担した場所から離脱の契機を見出し、言葉として確保すること。臆病を追放し死の覚悟を誓うのではなく、臆病ゆえに傷つくことを恐れ、あるいは人を殺すことを恐れることこそが社会を構成していく、そんな可能性に賭ける端緒を見出すこと。まだ終わっていないのだ。

そして、総ての人は臆病者なのだ。だからこそ、決起した者たちが垣間見た未来を、決起した者たちの独占物にすることなく、その者たちからすれば裏切り者と見なされる存在において、確保し直すことが必要なのだろう。決起という力が未来を切り開く瞬間を生み出したとしても、その未来は、臆病者の身体を介して、たたみ広げられなければならないのである。思想とよばれる言葉の役割は、そこにあると私は考えている。したがって、逃げ出した者、屈服した者を、「臆病者＝裏切り者」として思考しようとしない思想は、その役割を忘れているといってよい。またそれは、決起の力が無意味だということでも断じてない。その死をかけた行動もふくめ、臆病者の連帯を考えたいのだ(5)。

伊波普猷の思想は、臆病者の思想である。そしてくりかえすが伊佐の評価は正しいと、私も思う。だがやはりそれが、別の真正な非転向の思想を希求することに向かうとしたら、思想を考えることにはならないだろう。正しい思想と間違った思想を選り分けることが思想を考えることなのではなく、無残にも翼賛知識人と化した臆病者の伊波が生きる別の未来を、言葉としていかに確保するのかということこそが、求められているのではないか。すなわち臆病者が兵役から離脱するかもしれない可能性を、希求すべき未来としていかに言葉にするのかということこそが、重要なのだ。

臆病者の伊波は、既存秩序の中で生きようとする。それは同時に日本という国家の中で、沖縄を代表しようとすることでもあるだろう。本章で検討しようとするのは、一九二〇年代、「沖縄問題」が構成されていく中で、伊波が沖縄をいかに代表しようとしたのかということである。かかる代表性は、当然ながら、日本帝国を前提にしたものであり、必然的にその追認にならざるを得ないだろう。しかし他方で臆病者の伊波は、代表と同時に、かかる代表性から離脱しようともする。それは、臆病者であるがゆえに、国家の非合法性を自らにふりかかる暴力として感知したからであり、冷汗をかきながらの必死の逃亡でもあるだろう。臆病者の伊波は、帝国を追認し、また同時に離脱するのだ。

「今や皇国民という自覚に立ち」という伊波の自己証明は、「皇国民」を拒絶する身体と紙一重なのだ。尋問の中では、結果的には後者の展開は、前者において打ち消されるだろう。だが、思想を考えることは、この消失した場所から始めなければならない。まだ終わってはいないのだ。本章では、「沖縄問題」において沖縄を代表した伊波から、同時にこの離脱の契機を見出したいと思う。それは文字通り、前章で述べた代表と表象の両者の齟齬や往復運動という政治空間を、伊波において確保することでもある。

(3) 精神分析の場所

本章で議論の軸に据えるのは、伊波が蘇鉄地獄のさなか執筆した「琉球民族の精神分析——縣民性の新解釋——」(沖縄県教育会『沖縄教育』第一三二号、一九二四年五月一日)である。内容への言及は後段に譲るとして、この伊波の文章を読む際、その前提として指摘しておかなければならないのは、動かし難い運命であり、それに抗うことの困難さである。この困難さが、臆病な身体から見出される思想において議論の焦点になる。すなわち、多くの場合この困難さを前にして、乗り越える決意の宣揚と、乗り越えることのできない者たちへの非難が開始されるだろう。そしてこの問題こそ、松田が肉体の問題として設定しなおした点である。

動かし難い運命を前にした抗うことの困難さ。人種や民族にかかわる言葉には、この困難さがまとわりついている。圧倒的な弱勢の位置から自らを名乗るとき、その名前が人種的であろうと民族的であろうと名乗ることにかかわって連動する二つの困難さが抱え込まれているだろう。すなわち、秩序に抗うことの困難さと同時に、抗うことの根拠をめぐる困難さである。臆病者は臆病であるがゆえに、秩序を確認しながら追認し、同時に抗う根拠を疑いながら、そこに問いを立て続けるだろう。臆病者の思想は、追認を決意において否定するのではなく、また疑いをかたい信念において否認し、思考することを停止さすのでもなく、困難を困難として抱え込むのだ。また代表と表象とは、かかる二つの困難さと関係する。

そしてそれは、フランツ・ファノンが引き受けようとした問題でもある。ファノンにおいては、力関係において抗い続ける対抗が、同時に抗う根拠を自己言及的に問い続けることと不可分に存在している(6)。また民族を名乗ることには、こうした対抗と自己言及的な遡行が同時に存在しているのであり、それがファノンの民族理解でもあるだろう。すなわち、「民族文化とは、民衆が自己を形成した行動、自己を維持した行動を、描き、正当化し、歌いあげるために、民衆によって思考の領域においてなされる努力の総体である」とするファノンにとって、民族を名乗ることは不断に更新される「努力の総体」なのだ(7)。その上で、こうした名乗りにかかわる困難さをめぐってこれから考えようとしている課題は、精神分析あるいは精神医学の問題である。すなわち抗うことの困難さが、抗う根拠の困難さに向かうとき、それはまずは病として登場する。

植民地主義は他者の系統立った否定であり、他者に対して人類のいかなる属性も拒絶しようとする凶暴な決意である故に、それは被支配民族を追いつめて、「本当のところおれは何者か」という問いを絶えず自分に想起させる(8)。

ファノンの『地に呪われたる者』に所収されている「植民地戦争と精神障害」の冒頭に登場するこの「本当のところおれは何者か」という問いには、まず「おまえは何者なのか」という植民者からの問いかけが先行する。すなわちそれは自己紹介を促すあいさつではなく、尋問であり、「他者の系統だった否定」としてある。その上でこの「本当のところおれは何者か」という問いにおいて重要なのは、「何者か」という問いにいかに回答を与えるのかということでもなければ、回答が与えられないという表象不可能性の一般規定でもなく、それがまずは尋問室における具体的な「精神障害」という困難として設定されている点にある。あるいはこういってもよい。この自己言及的な「本当のところおれは何者か」という問いに、「本当の民衆はどこにいるのか」という問いを重ね前者を打ち消してしまう者たち、すなわち他者としての闘う民衆を命名したい連中に対して、ファノンは、「精神障害」という臨床的領域を突きつけるのだ。それはこの闘う民衆を求める者たちの言葉が尋問の近傍にあることを、明示することになるだろう。

こうした議論においては、植民地解放闘争の中で精神科医として臨床に立ち続けたファノンが、浮かび上がることになる。また、闘う民衆はどこにいるのかという問いに答えを提示したり、それを解説したりすることではなく、とりあえず精神疾患という臨床的領域を起点に据えたファノンには、文学批評としてホミ・バーバが浮かび上がらせたファノンとは異なる、文字通り臨床的な実践において思考し続けるファノンこそが強調されなければならない(9)。また、この文学批評と臨床については、後段であつかう伊波普猷の「琉球民族の精神分析」における精神分析学の意味を考える際、大きな論点になるだろう。

名乗ることの困難さとは、理性的に黙り込む状態ではない。端的にいってしまえば、それは自己をめぐる言語秩序の混乱にかかわることであり、精神分析は傍らにあってその混乱に肉薄する強力な他者の言葉として登場することになる。まただからこそ、その分析的言葉を、徹底的に検討しなければならないのだ。くりかえすが、困難さをいかに治療するのかということが問題なのではない。人種や民族といった言葉にまとわりついている困難さが聞き取られ、再度記述されていくという言語化の工程の中で、この「精神障害」と定義された言語秩序の混乱を、精神分析の言葉をかいくぐりながら、しっかりと見据えておきたいのだ。

（4）困難な「個性」

日本帝国による韓国併合がなされた一九一〇年の翌年に刊行された伊波普猷の代表作である『古琉球』において、沖縄人、琉球人、琉球人種、琉球民族(10)の歴史と固有性を「個性」という言葉に込めた伊波は、その一三年後の一九二四年に刊行された『沖縄教育』（一三七号）における「寂泡君の為に」で、「個性を表現すべき自分自身の言葉を有つてゐない」という言葉にいきつく。それは同時に、伊波が南島人という言葉を使い始める起点でもあった。一九二六年八月二七日の日付がある『琉球古今記』（刀江書院）の「序」には、「この書に収めた十数篇は、私が一個の南島人として、主に内部から南島を見たもので、いはゞ南島人の精神生活の一記録ともいふべきものです」とある。琉球民族から南島人へ。周知のように、伊波の南島という言葉には柳田国男の南島研究や南島談話会の活動が関連しているとされている。だがここでは、伊波がいきついた「個性」が語れないという地点に、議論を集中したい。そして「個性を表現すべき自分自身の言葉」がないというこの伊波の呟きに、「本当のところおれは何者か」というファノンの問いを想起しながら、議論を進めたいと思う。

「只今申し上げたとほり一致してゐる点を発揮させる事はもとより必要な事で御座ゐますが、一致していない点を発揮させる事も亦必要かも知れませぬ」。これは、『古琉球』（沖縄公論社、一九一一年）の、「琉球史の趨勢」における文章である。ここでいう「一致してゐる点」というのは、日本人と沖縄人の共通している点、すなわち「同祖」ということである。そしてそれは、この『古琉球』が「日琉同祖論」といわれる所以でもある。だが、いま目を凝らしながら読むべきは、沖縄人としての自己を提示しようとする伊波が、「一致してゐる点を発揮させる事はもとより必要なこと」と慎重に断った上で展開する、「一致してゐない点を発揮させる事も亦必要かもしれませぬ」というフレーズだ。「一致してゐない」ということ、つまり違うということが、注意深く、そして凝固する決意とともに、ここでは差し出されている。「個性」とはこの自己提示の言葉の延長線上に存在しているのだ。

違うのだと伊波が言い放つこの瞬間に、すべてを集中させなければならない[11]。そこには、沖縄住民の武装鎮圧と虐殺を準備していた自警団の記憶がある。日清戦争の時に沖縄にいた日本人は、日清戦争に伴う沖縄での内戦状態を想定しながら、軍隊とともに自警団を結成し、住民鎮圧にのりだしていた。中学校でも、教職員、生徒により義勇隊が組織され、当時、沖縄尋常中学校の四年生であった伊波普猷も、義勇隊において射撃練習をしていた。いうまでもなく伊波が構えるその銃口は、自分の親族を含む沖縄の住民に向けられていたのである。

違うということは、鎮圧されるということであり、そして伊波は、自分たちを鎮圧し、殺す位置に、動員されていたのである。またこの中学時代の記憶には、傍らで継続中の植民地戦争が重なるだろう。日清戦争から台湾領有、さらには韓国併合という継続する一連の戦争状態の中にこそ、伊波の「一致してゐる」あるいは「一致してゐない」という言葉は、存在しているのだ[12]。いいかえれば、「おまえは何者か」という尋問の中で「個性」は主張されている。

したがって、「個性」を語る言葉がないという事態は、前に存在していたアイデンティティが喪失したということではない。また、「個性」から別のアイデンティティに移動したということでも断じていない。「一致してゐない」が「一致してゐる」に変わったわけではないのだ。凝視すべきはこの言葉が、集合を定義する平面における区分や共通性ではなく、殺す、あるいは殺されるにすぐさま連動する戦争状態あるいは戒厳令において、敵と味方を峻別しようとする尋問の中に、存在しているということだ。

またアイデンティティという言葉を使うなら、それは、エドワード・サイードがフロイトの『モーセと一神教』から見出した瑕疵にかかわる言葉としてある。「すなわちアイデンティティは、根源的に起源的な断絶あるいは抑圧されることのない瑕疵をともなうことなく、みずからを構成したりあるいは想起したりすることができない」のであり(13)、「個性」にしろ「同祖」にしろ、戦争状態の耐え難い現実を慎重に抑圧しながら構成された言葉に他ならない。「個性」において「琉球人の歴史」を描こうとする伊波の言葉は、戦争状態の現実を心の内部に抑圧しながら、生き延びる者の言葉でもあるのだ。また具体的歴史事象を戦争状態の現実として、すぐさま「個性」の説明の根拠に持ってきてはならない。先に私が台湾領有などの歴史的事象として説明してしまった戦争状態は、「個性」に即していえば隠された領域であり、瑕疵としてのみ存在し、かかえこまれている。始まりの場所はこの抱え込まれた領域なのだ。

サイードがこの瑕疵から、イスラエルとパレスチナのいまだ存在しない歴史を描こうとしたように、伊波は「琉球人の歴史」を描くのだ。まただからこそ、サイードに投げかけられたジャクリーヌ・ローズの、瑕疵が「硬直化」し「国家の暴力を正当化」してしまうという批判がやはり重要になるだろう。「個性」という言葉は、生き延びるための言葉であると同時に暴力を正当化する歴史とも無縁ではないのだ。またローズのいう硬直化は、琉球人の「個性」において入り込んではいけない否認すべき現実の淵を示す「生蛮」や「アイヌ」と「個性」との関係にもかかわる(14)。伊波は「個性」をもつ琉球人を、植民地主義の暴力を被る「生蛮」や「アイヌ」と種別化し、植民地主義の現実を他人事として回避しようとしたのだ。したがって「個性」を語る言葉がないということは、この言葉において否認し自分のことではないと回避していた現実が、現前に登場することであり、「個性」を入り込んではいけない領域の手前に縁取るために用意されたこうした「生蛮」や「アイヌ」たちが、新たな行動を開始する事態に他ならない。またそこには当然のことながら、ローズのいう硬直化への再度の危険性も存在するだろう。

以下では、沖縄を名乗ろうとする伊波普猷が、臆病者の身体を持つがゆえに抱え込んだ困難を、「琉球民族の精神分析」を読むことにおいて検討する。その際忘れてはならないのは、蘇鉄地獄を契機とした国家の変容である。「個性」の喪失の意味は、蘇鉄地獄という危機を契機に構成される「沖縄問題」において検討されなければならないのだ。すなわち「沖縄問題」からの離脱として。

Ⅱ　蘇鉄地獄の世界性と国家の再定義

(1) 国家と資本

国境を線とは考えないでおこう。それは、新たな面になるのだ。その時、国境という線において面であることを主張していた〈国内／国外〉は崩壊し、別の意味を帯びだすだろう。そしてこの変容への想像力が欠如する限り、沖縄の近代は、いつも国境線の淵なのだ。逆にいえば、この〈内／外〉の同時崩壊の予兆とともに、沖縄の近代は浮かび上がる。この淵を別物に変えるための、いいかえれば沖縄という淵が歴史を獲得するための、やや思弁的な努力をしたいと思う。先取りすれば、国家の南端として具象化された沖縄という淵は、近代において淵とは異なる世界性をもつのであり、まずはそのことを、やや理論的なフレームワークとして議論しておきたいのだ。本節では、歴史的事実の分析と思弁が入り乱れながら、沖縄の近代が抱え込んだ世界性を議論するための見取り図を描くことを目的とする。

「地中海」を描き出したフェルナン・ブローデルは、この淵が潜在的に確保している意味を、明確に理解している。

国家は、資本主義を優遇し、それを援助する――おそらくそうだろう。しかし、逆方向の見方をしてみよう。国家は、資本主義が国家の自由な行動を妨げるおそれがあるのでその躍進を妨げようとする。両方とも正しいのだ、それぞれ交互に、あるいは同時に。現実は、つねに予見の可能あるいは不可能な錯綜したものであるから、それが好意的であれ、非好意的であれ、近代国家は、資本主義がそのただ中に道を切り拓いて行った現実の一つであった。ある時は制肘をうけ、ある時は援けられ、そしてかなり多くの場合、そのどちらでもない地面の上を進んで行ったのである(15)。

資本の運動を軸に据えない近代史は、ありえない。そして資本は、国内という空間を組織し得ない。主権的制度により定義される領土と国民に対して、資本はいつも、定義されない非決定性（脱領土化）を生み出し続ける。そしてだからこそ、この非決定性を決定せんとして、国家は不断に新たな国家として再定義（再領土化）されることになる。国境線とは、この決定と非決定が反復される再定義の運動なのであり、線を越える資本でも線を引く国家でもなく、「そのどちらでもない地面の上を進む」動態なのである。

淵とはこの動態のことなのだ。だからこそブローデルは、地面を区切る国境線としての淵ではなく、動き続ける海に注目した。こうした動態は、とりあえずは国家の拡張でもある。たとえば陳光興は、「黒潮」というメタファーを東南アジアへ流れ出る台湾資本の動態ともに立ち上がる帝国として議論しているが(16)、それは、「南進」した日本帝国の問題でもあるだろう。また、こうした非決定性を国際関係や海域世界として具象化し、メタレベルで再決定しようとする試みも生まれるだろう。さらにこの再決定は、次の第四章で論じる広域経済という帝国ともかかわるのだ。だが陳光興が批判するように、こうした具象化は、資本の運動が持つ非決定性をあまりにも安直に固定化し領土化している(17)。そこでは沖縄は、いつまでも国境線の淵、あるいは場所を持たない国境そのものになるだろう。

そして海に向かったブローデルもまた、この記述の困難さを十分理解していた。資本の運動が商品世界という前提において構想されているように、この運動が生み出す関係性はまず持って商品と商品の交換関係、すなわち市場である。だがこの交換は社会ではない。そして同時に、交換は社会においてしか感知できない(18)。商品交換を社会構造に還元することも、社会の外部で作動する法則的な市場に投げ出すこともしなかったブローデルは、交換を「社会的なもの・政治的なもの・経済的なものの接点」として上で、それを記述することの困難について次のように述べる。

困難な点は、――市場という複合体は、年々変化する経済生活およびそれに劣らずに社会生活の総体の内においてしか理解できないこと。――この複合体はそれ自身発展し変形することを止めない。各瞬間において同一の意味と同一の重要さを持たないことである(19)。

商品交換が「社会生活の総体」においてしか理解できず、「各瞬間において同一の意味と同一の重要さを持たない」にもかかわらず、交換自体は独自に「それ自身発展し変形することを止めない」のである。このような意味において社会に対して外部性を有する市場を、にもかかわらず社会において理解しようとする困難さ。あるいは国家は、この困難を前にして、強引に社会を構成しようとするだろう[20]。

またこの困難さは、社会を定義しようとしても不断に裏切られるという不安の徴候でもあるだろう。ブローデルはそこに踏みとどまる[21]。そしてこのブローデルの記述者としての態度は、ブローデルの研究から世界システム論を導いたイマニュエル・ウォーラーステインと決定的に異なる点である。ブローデルは自らの歴史記述の困難さにおいて資本という論点をまずは確保したのに対し、ウォーラーステインはそれを世界システムと設定することにより記述の根拠に変えたのである。非決定を再決定せんとする新たな主権的存在のように。しかも世界システム論においてこの再決定は外部のない最終審の決定でもある。またそれは、世界システムを地理的な場所に具象化しようとする様々な試みが、結局のところ帝国の追認でしかないこととも無縁ではない。そこでは淵の潜在性は、新たな帝国につながっているのみである。

ウォーラーステインはなにを掴みそこなったのか。それは端的にいえば、商品と商品の交換という関係性である。重要なのは、この関係性を社会システムに置き換えてしまってはならないということだ。だが、周辺から中心への地政学的な富の移動に近代を見るウォーラーステインにとって、商品交換は地理的空間に具象化された富の移動を担う構造に還元されなくてはならなかった。だが、商品交換という関係性を社会においてどのような存在として想定するのかは、産業革命と周辺部との不等価交換のどちらが富の源泉かなどという量的な問いに置き換えてはならない問題である。

自分のみが定義できる患者の無意識を根拠にして患者の意識を裁断して見せる偽精神分析家のように、ウォーラーステインは、社会に対して外部性を持つ資本を社会の外部に世界システムとして定義し、その外部を知る唯一の存在として自らの分析を位置づけ、その外部を根拠にして社会を裁断して見せる。その時社会は、中心と周辺に地理的に区分けされた、地域と国家の鳥瞰図として描かれることになる。しかし社会において外部性を持つ資本を感知し、その力に抗う可能性も含めて記述することこそ、淵が求める記述ではないだろうか。

既存の社会が、社会に対して外部性をもつ資本の運動を文字どおり徴候的に表現する時、それは非決定を決定せんとする国家の更新、言い換えれば国境線の再定義にまずはかかわっているだろう。そしてこの徴候こそ、淵の領域なのだ。また決定せんとする権力は、不安定の源である外部性を、動かしがたい超然たる根拠にしながら因果律をつくりあげ、非決定を決定する知と制度とともに、登場するだろう。だがくりかえすが、資本は社会を組織し得ない。組織化されない社会の臨界に踏みとどまることは、国家の更新すなわち帝国ではなく、その臨界において別の世界を描くことでもある。

想像力が問われるのはこの時だ。ここで想像力が作動しない限り、淵を眼差す歴史記述は、海の帝国であれなんであれ、果てしなく帝国の追認様式に成り果てるだろう。ウォーラーステインの世界システム論が掴みそこなったのは、結局のところ資本の運動自体への批判であり、淵が示す帝国批判の潜在的可能性である。

（2）沖縄と植民地主義

ところで、沖縄の近代を考える時、琉球処分がしばしばその初発に持ち出される。そこでは、「処分」以前の琉球王国の政治形態をどのように捉えるのか、あるいは版籍奉還から廃藩置県のプロセスなどが、琉球処分の性格規定をめぐる争点となった。しかしいずれにしても、一八七九年の軍隊と武装警官による首里城占領という出来事が如実にしめすように、この「処分」が武力的な併合であり占領であることは間違いない。またこうした琉球を国内の「処分」として設定していくプロセス自体が、台湾への軍事的侵略と清国との対峙において開始されているのであり、近代日本が当初から有していた帝国としての軍事的拡張の中で、琉球は沖縄県として繰り込まれたのである。だからこそ琉球処分は、沖縄をめぐる植民地主義を象徴する出来事として、繰り返し登場することになる。

こうした象徴的な歴史的メタファーの意義を認めた上で、しかしながらここで注視したいのは資本である。そして、いわゆる経済史的な文脈で沖縄における植民地主義を検討しようとする議論は、琉球処分に比べ歯切れはよくない。一つ争点は琉球処分後に続く、「旧慣期」の存在である。沖縄に関わるいわゆる近代的な諸制度改革は、日本の他地域に比べタイム・ラグをもって進行する。たとえば地租改正にあたる土地整理事業は、一八九九年から一九〇四年の間に、秩禄処分は一九一〇年までかかっている。植民地主義ということをめぐっては、この近代的諸制度が整備されない「旧慣期」を沖縄に対する独自の収奪政策として理解できるかどうかが論点になり、その際、国税徴収と国庫からの還流の差額が問題になった。

だが、いずれにしても制度的な同一化は進むのであり、しかも最も重要な点は、経済活動の自由が制度的に保障されていくという点である。たとえば土地整理事業において特徴的なのは、これまでの甘蔗作付け制限の撤廃や土地の割替制度である地割制からの解放であり、これを期に沖縄の糖業は農民による小農経営として確実に拡大していく。この点は、原料採取区域制度が導入され、強制的に巨大製糖資本に農民経営が従属させられた台湾と、著しい違いを見せている。軍事占領と経済的自由。この両者が一体となって登場することが、沖縄の近代を考える際の、重要なポイントなのである。

くりかえすが、注目すべきは資本であり、商品交換、すなわち市場である。またその際より具体的には、沖縄における糖業が問題になる。次に詳しく述べるが、糖業に注目する理由は単にそれが沖縄の基幹産業であるということだけではない。砂糖をめぐる生産と労働こそ、沖縄の近代を基本的なところで規定しているという意味である。またこの糖業の展開を考える際、沖縄経済史研究において向井清史が示した枠組みは、極めて重要である(22)。

マルクスは『資本論』における「循環過程の三つの図式」において「産業資本の循環は、貨幣資本としてであれ商品資本としてであれ、きわめてさまざまな社会的生産様式――それが同時に商品生産である限りは――の商品流通と交錯している」とした上で、「それらの商品が出てくる生産過程の性格はどうでもよい」と述べ、「産業資本の流通過程を特徴づけるものは、諸商品の由来の多方面的性格であり、世界市場としての市場の定在である」と考えた(23)。向井はこうした商品流通の拡大を、レーニンが『ロシアにおける資本主義の発展』(一八九九年)で描いた「辺境の植民地化」と重ねて議論している。レーニンは領土の拡大と資本の運動を次のように述べる。

国内市場と外国市場との境界はどこにあるのか? 国家の政治的境界をとるとすれば、それはあまりにも機械的な解決であろう。……（中略）……重要なことは、資本主義は、その支配の範囲をたえず拡大することなしには、また新しい国々を植民地化し非資本主義的な古い国々を世界経済のうずの中に引き入れることなしには、存在し発展することができない、ということである[24]。

すなわちそれは、後にレーニンが唱える資本主義の最高段階としての帝国主義論とはさしあたり異なり、「産業資本の循環は、きわめて多種の生産様式の商品流通と交錯」するという経済的自由にもとづく植民地化である。沖縄の資本主義への包摂は、他方で軍事的に領土へ併合される一方で、基本的には経済的自由主義にもとづいた流通過程により展開したのである。

こうしたレーニンのいう「辺境の植民地化」の問題を、マイケル・ヘクターは国内植民地論として理解しようとしている[25]。またこうした「辺境の植民地化」は、あのギャラハー＝ロビンソンの自由貿易帝国主義論[26]においてアイルランドの動向が一つの論点になっていることともかかわらせて、議論することが可能であろう。国内植民地論は、自由貿易帝国主義論とともに再検討されなければならないのであり、そこではいわゆる国内の地域問題とされた場所が、帝国の拡張に関わって世界史的意味を持つことになるだろう。

だが同時に重要なのは、どこが国内植民地なのかという地理学的問いよりも、世界市場という商品交換の拡大と、その拡大に強い影響を受けながらも交換から見れば基本的には「どうでもよい」労働と生産のありようなのである。主権的存在に規定された機構的で政策的な支配構造や、法則的な展開のなかで植民地主義を理解するのではなく、商品交換と労働の偶発的、即興的な結合において植民地化が生じることを、この「辺境の植民地化」は意味しているのである。資本の自由の中に植民地支配の存在を承認すること、そしてその支配は計画的な機構や法則的なものではないということ。国内植民地論、あるいは自由貿易帝国主義論が提起する論点もまた、ここにある。

沖縄は、このような「辺境の植民地化」として資本にそして国家に包摂された。いいかえれば、国家においては暴力的に領土にされ国民にされたが、資本にとっては外部性を帯びた存在としてその土地と人は形式的に包摂されたのである。そしてくりかえすが、この包摂を担う交換は、ブローデルがいうように「社会生活の総体」においてしか理解できない。したがって問題は、社会において感知された資本から、何を描き、いかなる未来を求めるのかだ。帝国かそれとも別の道か。

ところで近代沖縄のこうした占領と資本の包摂は、自由ということをめぐって多様な意味を生み出すことになる。たとえば自由民権の「義人」として知られる謝花昇は、他方で琉球を併合し占領し続ける近代国家の権力の担い手としてのエリート官吏でもあった。自由はやはり、武力的併合と共に到来したのである。たとえば謝花昇とともに奈良原繁知事や旧支配者層を批判し、沖縄の自由民権運動の代表的な結社たる沖縄倶楽部のメンバーであった人物に、佐々木笑受郎がいる。彼は『大阪毎日新聞』の「那覇通信員」として活動していたが、同時に明治政府の内偵のような活動をした人物でもある。たとえば佐々木は、日清戦争のさなか軍と連携を取りながら、清国に呼応した沖縄住民の蜂起に対する武力鎮圧を準備したりした。佐々木は旧慣の廃止を強く訴えたが、同時にその活動は帝国の武力的占領とぴったりと重なっている。そして謝花も、自由の獲得において占領の近傍にいたのだ。

だが他方で謝花は、農業技術者として沖縄の糖業生産の振興を強く推し進めた。彼にとって自由とは、農民たちによる砂糖生産にかかわる経済的自由でもあったのだ。旧慣が廃止され、作付け制限が撤廃されて以降、甘蔗栽培と砂糖生産は農民経営として確実に拡大したのである。だがその糖業の拡大を牽引した自由に、謝花は当初から危惧を抱いていた。一八九八年に『琉球新報』に掲載した「本県砂糖の将来に関する意見概要」において謝花は、以下のように述べている。

以上の如く計算しくれば将来沖縄県の砂糖は増し（原文は益し――伊佐の指摘より重引）六拾五万五千挺内外なる巨額の産出額に達すべし産出高の将来巨額に達すること此の如し而して其需要如何を顧るに大阪市場に於ける黒糖需要高は毎年四拾万挺内外なりと云ふ故に此事実は将来沖縄の砂糖に向て一大恐慌（原文は恐惶――伊佐の指摘より重引）を来たすの原因たるを免れさるものなり(27)。

謝花にとって自由とは、農民的な糖業生産が砂糖の世界市場と直結することにより成長、拡大することを意味した。しかし同時に、その自由が、いつしか社会に破局をもたらすことも予感していたのである。自由は社会の富裕化を牽引するが、同時に社会崩壊への道でもあったのである。そしてこうした自由のありようは、具体的には沖縄の糖業の展開をどう理解するのかということに密接に関わってくるだろう。最大の論点は、沖縄の糖業が崩壊する一九二〇年代以降の事態をいかなる危機として理解するのかという問題である。

世界市場に流通する砂糖という商品の生産を担うことで拡大を遂げていた沖縄糖業は、一九二〇年代、一機に崩壊する。基幹産業のこうした展開の中で、国税滞納率は一九一八年では〇・二パーセントだったのが一九二一年には四七・四パーセントに跳ね上がり、金融機関は完全に機能停止して倒産し、毎年一万人近い人々が、外に流出していったのである。流れ出た人々は、当時東洋のマンチェスターと呼ばれた大阪の不安定な低賃金労働市場と、日本帝国が委任統治領として獲得した南洋群島の植民地経営に関わる労働力として再度包摂されていく。こうした事態を称して登場したのが、蘇鉄地獄という表現に他ならない。謝花の予感どおり、社会は崩壊したのである。そしてこうした危機は、まずは新たな国家の再定義に向かうだろう。

(3) 蘇鉄地獄の世界性と国家

この蘇鉄地獄とは、一体何か。一九二〇年までは黒糖価格が急上昇しているが、一九二〇年をピークに暴落する。黒糖を中心とする沖縄糖業は、前述したように、甘蔗作付け制限の撤廃以降、旧慣期も含め順調に拡大していった。だがそれが、一九二〇年以降の価格暴落の中で崩壊していくのである。そしてこの黒糖価格は、輸入砂糖価格の動向に牽引されていたのである。

砂糖には、甜菜糖と甘蔗糖がある。当初は甜菜糖が拡大し、一九世紀末において甘蔗糖の方は世界全体の四割にとどまっている。だが二〇世紀になると急激な勢いで甘蔗糖が拡大し、全体の七割を占めるようになる。この拡大を牽引したのが、キューバ、蘭領ジャワ、英領インドにおける甘蔗栽培の拡大であった。そして、アジアの国際砂糖市場において圧倒的な地位を占めたのが、ジャワ糖である。黒糖価格の暴落は、このジャワ糖の登場により引き起こされたものである。だが同時に、そこには砂糖をめぐる世界市場のブロック化と甜菜を中心とした国内農業保護が重なっている。砂糖市場は農業保護とあいまって世界的規模での再編の中にあり、それが更なる供給過剰とジャワ糖のダンピング輸出を生み出した。

この糖業再編をどう考えるのかについては後述するが、日本帝国の場合、台湾における甘蔗生産においては糖業資本がカルテルを結び、またベルサイユ条約において獲得した南洋群島（ミクロネシア）では、南の満鉄と呼ばれた南洋興発による甘蔗栽培が開始されたのである。帝国内における沖縄、台湾、南洋群島の三地域の糖業は、ジャワ糖の輸入拡大の中で、沖縄糖業は崩壊し、植民地である台湾と新たに獲得した南洋群島の甘蔗は、継続・発展していくことになる。またこうした市場による生産の再編過程の中で、沖縄から流出した人々が南洋群島における甘蔗栽培の農業労働者として包摂されていったのだ。

蘇鉄地獄とは、たんなる第一次大戦後の慢性的不況というだけではなく、世界的規模でのこうした生産の再編と労働力の再配置、さらには社会政策的な農業政策の登場が、複合的に関わっている。また国内（沖縄）、植民地（台湾）、委任統治領（南洋群島）、そして蘭領ジャワという地政学的な地域区分は、世界市場において連結し、連動しながら、同時に再編されていったのである。蘇鉄地獄という危機は、この再編の一つのあらわれなのであり、そして後述するようにこの再編こそが、危機に対する国家の再定義に深く関わっている。

こうした蘇鉄地獄を沖縄にそくして考えるならば、どのように理解すればよいのだろうか。この蘇鉄地獄とその後の展開については、とりあえず対立する二つの考えが存在する。その焦点は、一九三〇年代にある。すなわち、蘇鉄地獄の中で農村にとどまり、新たな生産力の担い手として形成されてきた層をどのように考えるのかという点である。確かにそのような層は形成された。そして、来間泰男がこれを新たな生産力の展開として積極的に評価したのに対し、向井清史は基本的にはそれは「アダ花」だとしたのである(28)。またこうした対立は、蘇鉄地獄を新たな動きへの再編とみなすか崩壊と考えるかの違いでもあった。両者の議論は、個別の史料の読み方から、分析手法に至るまで多岐にわたり、その中で生まれた豊富な論点の可能性は、いまだ放置されている感が強い。

両者の対立軸は、向井が蘇鉄地獄を世界市場の中でとらえたのに対し、来間があくまでも沖縄のいわば内発的な発展の可能性にこだわったところにある。またそこには、崩壊の中で流出した人々と、再編の中で生産にとどまった人々という二つの人間像が浮かび上がるだろう。歴史を担うのはどちらなのか。だが、どちらか、ではない。どちらも、なのだ。この両者をいかに重ねて考えるのか、いいかえれば、地理学的に断絶を強いられる両者を同時に思考する想像力が問われているのだ。

ところで沖縄社会の崩壊は、多くのルポルタージュや調査と共に、第一章で述べたように「沖縄救済論議」とよばれる沖縄救済をめぐる議論を生み出していった。またこうした流れの中で帝国議会ならびに県議会でも沖縄の救済が議論された。一九二〇年代を通じて蘇鉄地獄は、解決しなければならない「沖縄問題」として浮上してきたのである。そしてこうした救済論議は、既に述べた一九三二年に沖縄県振興計画として具体化していく。この振興計画という社会政策的な救済は、来間が指摘した一九三〇年代の新たな生産力の担い手の登場と少なからず連関していると考えられる。世界市場の中での崩壊と社会政策的な救済が重なり合う場所に沖縄は放り出されたのである。そこでは崩壊と再編のどちらかではなく、両者が重なっている。それはまるで、融解していく氷の上に必死で家を建てようとしているような、いいかえれば、とどまることと流れ出すことが一つのこととして重なり合うような事態である。

ではこの蘇鉄地獄を解決しなければならない「沖縄問題」として定義し、沖縄救済と振興計画という社会政策的な介入がなされていく過程において、いかなる沖縄が浮かび上がるのだろうか。社会政策の策定においてはまずは救済対象が確定されなければならないが、それは依然として国境線の淵なのか。先にも述べたように、蘇鉄地獄をめぐってその窮状を表現する多くの記述が登場した。たとえば救済論の代表的書である湧上聾人編『沖縄救済論集』（改造之沖縄社、一九二九年）に所収されている、東京日々新聞の記者である新妻莞の「琉球を訪ねて」では、新妻が沖縄の農村を歩きながら、その悲惨さを記述している(29)。そこでは、「はだし」、「身売り」、「借金」、「出稼ぎ」、「ボロ家」などにより、蘇鉄地獄が描かれている。こうした用語は、この蘇鉄地獄を描く慣用句として広範に流通した。そこには、あらゆる事例を救済されるべき沖縄の提喩として描き出さんとする欲望がみえるだろう(30)。

こうした記述に、善意にもとづいたオリエンタリズムを見出すことも可能だろう。だがそれだけではない。前述した『沖縄救済論集』に収録されている元大阪毎日新聞の松岡正男の「赤裸々に見た琉球の現状」では、食料生産額、移出入額、通貨量、金利、農地面積、国税未納額、県税未納額、生産力、生活程度、体格、などにより救済されるべき沖縄が描かれている(31)。沖縄は、補填されるべき様々な欠如量の集積として定義されていったのである。こうした悲惨さの慣用句と数値により構成された事実確認的でまた汎用性のある一般的な言説の中で、救済されるべき沖縄が構成されていったのである(32)。

ではこうした救済論の中で浮かび上がってきた救済対象をうけて策定された社会政策的な介入は、その対象をいかなる存在として定義したのか。前章でも述べたように、救済論議を受けて内務省においては沖縄県振興計画調査会が設置された。その第一回会合（一九三二年一〇月一一日）で、振興計画を説明した沖縄県知事の井野次郎に対して、当時斎藤実内閣において法制局長官であった堀切善次郎は次のように質問をしている(33)。

沖縄の方で台湾に負けないやうに経営が出来るかと云ふ、其点が十分に頭に這入らないのであります……(中略)……少とも日本の将来困らない産業にするには、台湾と競争して負けないと云ふ論拠がないと……(略)

これに対して井野は、「台湾には劣らないやうに出来るのではないかと思ひます」と応答しているが、さらに黒田英雄大蔵次官が次のように発言している。

他に適当の土地があつて其処で経済的に出来て行くと云ふものがあれば、さう云ふことに無理拘泥をして行くと云ふことは将来又それに就て苦しい経験をしなければならないと云ふやうな危険があるのではないか。

蘭領ジャワにおける砂糖輸出に牽引されて暴落した糖価の中で、沖縄は台湾ならびにその他の「適当の土地」と共通の平面において論じられ、そこではあえて社会政策的な介入をする必要があるのかという疑義が出されているのである。またこの「適当の土地」が意味しているのは、台湾や南洋群島のみならず文字どおり植民地に他ならない。沖縄の糖業はまさしく植民地として崩壊したのであり、あえてそれを国内農業のように救済する必要はないのではないかという訳である。だが他方で、沖縄県農会長、沖縄県各種産業団体、沖縄県農業者一同による『砂糖関税並附加税撤廃反対陳情書』（一九三五年）には、「他府県農村ニ対シテハ政府ハ米価ノ維持引上ゲ並蚕糸業ノ保護救済等ニ巨額ノ国帑ヲ投シアラユル方策ヲ講ジ居ラレ候処沖縄県民ハ何等之等ノ恩恵ニ浴セサルノミナラス……（略）」とある(34)。すなわちそこでは、米や繭などに見られる国内の農業保護として、沖縄糖業の保護が主張されている。植民地農業としての崩壊か、国内農業としての社会政策的な保護か。蘇鉄地獄をめぐる国家の新たな介入の中で、沖縄は、内でも外でもない、あるいはその双方が重なり合う場所に宙吊りにされたのである。

前述した伊波普猷における「個性」の停止は、この宙吊り状態と国家の介入にかかわる。そして伊波の「琉球民族の精神分析」で問われるのは、先取りすれば、この危機の中で宙吊りにされた場所の、日本国内でもなければ植民地でもない未来の可能性、すなわち帝国からの離脱の可能性である。

Ⅲ　南島人とは誰のことか――琉球民族の精神分析

(1)　危機の認識、あるいは認識の危機

沖縄県教育会の『沖縄教育』（第一三二号、一九二四年五月一日）に掲載された「琉球民族の精神分析――縣民性の新解釋――」は、蘇鉄地獄の渦中に執筆されてものであり、したがって、伊波自身が巻き込まれた危機状況への批評という基本的な方向性をもつ。また文中には伊波が沖縄から離れることが予告されており(35)、事実伊波は、一九二五年の二月にはそれを実行している。いわば、沖縄に到来した蘇鉄地獄という新しい事態の登場と、自らの沖縄からの離脱という伊波本人の展開の渦中で、同文章は書かれたといっ

てよい。

前述したように蘇鉄地獄という危機を契機に、沖縄の歴史は、法的救済の対象とされた留まる者たちと、外へと流亡していった人々の両者において刻まれていくことになる。先取りしていえば、伊波の「琉球民族の精神分析」は、前者の法的救済に深くかかわる内容を持つが、そこには後者の流亡する人々に通底する論点が既に準備されていたといえる。また重要なのはこうした危機が、沖縄を語る言葉の言語的秩序の危機でもあったという点である。何を根拠に歴史を語るのか、いかなる言葉で沖縄を意味づけるのか。伊波にとって「琉球民族の精神分析」は、こうした問いにおいて構成されていく認識論的危機の極北に位置しており、この極点において何が語られていたのかということこそが重要になる。ここでは、救済の法において沖縄が対象化され、沖縄を語ることが国内問題としての「沖縄問題」という枠組みに捕獲されていく中で、「沖縄問題」に収斂しない未来を、危機の渦中における伊波の言葉から引き出したいと思う。

本章の最初にも述べたように、かかる未来は、危機の中で伊波が抱え込んだ「個性」が語れないという困難において議論されることになる。それは臆病者であるがゆえに「お前は何者だ」という問いを尋問として受け止め、そうであるがゆえに「沖縄問題」とともに登場する国家を追認し沖縄を代表していく伊波が、この日本という国家に抗うことの困難さから抗う根拠を見出すことの困難さへと向かうプロセスでもある。「本当のところおれは何者か」。認識論的危機はこの内省的な問いとともに存在し、そしてそれは、まずは病として登場するのだ。

したがってこの「琉球民族の精神分析」にある「精神分析」は、表題にかかわるレトリックではない。次に説明するように、それは同時代に「新科學」(36)として登場したフロイトの精神分析学にかかわることであるが、他方でここでの論点は、一般的科学論や科学史の問題でもない。沖縄を語る根拠であった「個性」が言葉の世界から消失していくプロセスを、それでも沖縄を言葉にしようとする伊波にとって、精神分析が担った領域とは何かという問いこそが重要なのだ。また先取りしていえば、かかる伊波にかかわる精神分析への問いが、新たな国家の登場にともなう政治の可能性にかかわる以上、あくまでも個を分析対象とする精神分析学自体が批判的に問題化されることになるだろう。文字通り、「個人的なことは政治的なこと」なのだ。

ところでこの認識論的危機は、伊波においては彼の代表作である『古琉球』（一九一一年）に端的にみられる歴史認識の危機でもあった。すなわち、帝国による占領とともにはじまった沖縄の近代に琉球民族の蘇生を重ねるというこれまでの歴史認識は、この「琉球民族の精神分析」においては断念されている。この断念についてはこれまでの伊波普猷研究においても指摘され、ほとんどすべてが歴史認識の転換としてこの断念をとらえている[37]。たとえば安良城盛昭は、次のように述べる。

ここでは、かつての甘い琉球処分論は影をひそめ、したがってその甘い琉球処分観から導き出された伊波の啓蒙活動の双軸となっていた精神革命論と民衆衛生論に自己批判がなされ、さらに琉球処分観にも一定の事実上の修正がみられるところに、ソテツ地獄の渦中にあった伊波の変貌の一端が象徴的に示されているのである（傍点―原文）[38]。

安良城にとって歴史認識の根幹は琉球処分論であり、蘇鉄地獄の渦中にあった伊波はその「甘い」認識を「自己批判」し「変貌」したというのである。ここには、内省的な「本当のところおれは何者か」という問いに「本当の民衆はどこにいるのか」という他者への問いを重ねてしまう者たちの、典型的な姿があるだろう。そして重大な問題は、伊波の断念が歴史認識の変化というだけではなく言語的秩序の危機を伴っているという点が、すなわち病の領域が、安良城において消去されているということである。いいかえれば安良城による伊波の解説において、伊波の認識論的危機は病となり、歴史認識にかかわる意味世界の外におかれるのだ。これではやはり、思想を考えたことにはならない。

これまでの言葉が停止し、混乱し、また言い切れなさを抱えながら増殖し濫喩的に連鎖していくプロセスとして、危機は登場するだろう。蘇鉄地獄を歴史認識の転換ではなく認識論的危機の極北として確保するには、意味内容が明示されにくいこうした言語の領域を、文字通り徴候的にどのように読むのかということが問われるのだ。そしてこの点こそ、「琉球民族の精神分析」に多用されている精神分析学的な用語の論点がある。

ところでこの「琉球民族の精神分析」には、「今となっては、民族衛生の運動も手緩い、啓蒙運動も(な)《ママ》まぬるい、経済的救済のみが私たちに残された唯一の手段である」(39)とある。たしかにこの伊波の主張からは、先に引用した安良城の文章がいうように、これまで民族衛生にかかわる講話を各地で行い、個人の努力を啓蒙していた伊波が、蘇鉄地獄を前にして国家による経済的救済をもとめる立場へと転換したことが示されているといってよい。「個人的救済から社会的救済へ」。また伊波は、こうした救済と復興を希求する立場を、その後一貫して持ち続けていたと思われる。たとえば第二章の冒頭でも述べたように、死の直前である一九四七年に刊行された伊波普猷の『沖縄歴史物語』の末尾では、蘇鉄地獄を「島津氏の琉球入りよりも、廃藩置県よりも、もっと致命的なもの」とした上で、蘇鉄地獄以降の沖縄を、沖縄戦をはさんだ戦後においても復興途上とした。乱暴いえば、伊波にとって蘇鉄地獄以降の沖縄は、やはり救済と復興の歴史なのだ。しかしくりかえすが、こうした歴史認識の内容的変化だけをこの文章から読むとするなら、これから述べるような、伊波が用いる用語がある種の混乱をきたしたように見える多くの部分は、ただ混乱として議論の外におかれてしまうだろう(40)。

国家による救済を求めるということがこの文章の軸だとしても、啓蒙運動をおこなっていた伊波において国家とはなんだったのか、また国家によって救済されるべき状況をいかなる危機として伊波は認識したのか。こうした国家にかかわる問いが、この「琉球民族の精神分析」の内容を成立させる諸前提として存在するだろう。あるいは同文章における、「自分の国でありながら、自分で支配することが出来ず」(41)といった唐突に登場する国家への言及を、どのように理解すればよいのか。結論的にいえば、琉球民族としての主体化を帝国日本に重ねていた伊波が、国家への救済を押し出していくまさしくそのとき、その主体化は日本という国家から決定的に剥離していくのである。

かかる点を取りこぼさないために、この伊波の文章を読む者には、危機を契機にした国家による法的救済への転換とともに、伊波が抱え込んだ認識論的危機、すなわち言葉の混乱それ自体を注意深く読み取ることが求められるだろう。それこそが、危機において顔を出し法的救済において再度埋葬されていく未来の可能性ではないだろうか。まだ終わってはいないのだ。

（2）新科学

「琉球民族の精神分析」の冒頭には、「私は精神分析に關する數冊の著書を播いていくうちに、この新科學の光を琉球史の研究に差し向けたらどんなものであらう、といふことを考へた。そしてヒステリ患者の精神分析をすると同一の筆法で、悲惨な歴史を有する琉球民族の精神分析をして見る氣になつた」(42)と記されている。そしてこの「新科學の光」が伊波の「琉球民族の精神分析」にどのようにかかわっているかを考えるとき、伊波のこのテキストでのフロイトならびに精神分析への言及において、英文学者である厨川白村による一九二一年の『改造』（三巻一号）に掲載された「苦悶の象徴」からの長文の引用があることに注意したい(43)。この厨川の「苦悶の象徴」は、一九二四年には同名の本として改造社から出版され、また魯迅によって中国語に翻訳されている。厨川あるいは精神分析学を介した魯迅と伊波の関係性という重大なテーマについては、いずれ考えたいと思うが、とりあえず「琉球民族の精神分析」の精神分析は、この「苦悶の象徴」を媒介にして登場しているのである。また以下に述べるように、厨川の「苦悶の象徴」と伊波の「琉球民族の精神分析」の関係は、明示的に示された引用部分にとどまるものではなく、精神分析にかかわる用語をめぐってきわめて複雑に入り組んでいる。またそれは、同じ言葉を使いながら浮かび上がる、両者の亀裂にかかわる問題でもあるだろう。

まず、「インゼルシュメルツ」とルビが打たれた「孤島苦」という言葉をとりあげてみる。この「琉球民族の精神分析」において始めて登場する「孤島苦」は、南島人と並んで、その後の伊波の記述に頻繁に登場することになるのであり、これまでこの「孤島苦」をめぐっては、先に言及した南島人と同様に、柳田國男の影響が指摘されてきた。すなわち、一九二一年二月五日、柳田が来沖し、講演をした際、「諸君の所謂世界苦は、半分は孤島苦」と述べたのであり、それをうけて伊波が用いだしたというわけである。またこうした柳田の影響に加え、多くの場合、この言葉には経済的疲弊、すなわち蘇鉄地獄が重ねて理解されている。すなわち、「そのころソテツ地獄に直面して彼（伊波―引用者）は、啓蒙によって沖縄の覚醒と自立を目指すという方針の限界を痛感し、絶望感に浸され始めていた」のであり、「『孤島苦』は、そういう彼にとって、事態の総体を一語で表現し、それに明確な枠組みを与える言葉」だったのである(44)。

　こうした理解を念頭に置きながら、前述した「個性」が語れないという伊波がいきついた場所に、議論を集中したいと思う。くりかえすが、秩序に抗う困難さは、同時に、抗う根拠を語る言葉の困難さでもあるのだ。蘇鉄地獄という困難な状況に対して内部から抗おうとする者にとって、問題はやはり、悲惨さや絶望感の表明というよりも、名乗りにかかわっているのだ。それはまた、この「孤島苦」と南島人を、柳田から伊波に受け継がれた二つの言葉ということではなく、伊波自身の展開として考えていかなければならないということでもあるだろう。

　さて「琉球民族の精神分析」においては、その冒頭から「孤島苦」という言葉が登場する。それは、「琉球民族は大和民族の一支族であつて、天孫降臨後間もなく南島に移住したものであるが、彼等が食物の豊富な瑞穂の國を去つて、この不自由な孤島に逃げて來たところに深い仔細がなければならぬ」とした上で、「彼等は何らかのいきちがひで母國を追出されて、島傳ひ浦傳ひに南島におちのびて、所謂孤島苦《インゼルシュメルツ》を味わつたのだ。これはとりもなほさず彼等の生命が受けた最初の抑壓で、やがて彼等の心的傷害《プシヒッシェートラウマ》になつたのだ」というものだ(45)。まず前段の「琉球民族は大和民族の一支族」という理解は、よくいわれるように、この後の伊波の文章における南島人にかかわる記述の基本的枠組みである。そこでは南島人は日本人の一傍系であり、両者の共通性が前面に登場することになる。だがくりかえすが、「個性」を語る言葉がないという事態から日本との共通性を押し出す南島人への展開は、「一致してゐる」が「一致してゐない」に移行したわけではないのだ。人種的、民族的な分類上の区分けが問題なのではなく、重要なのは「個性」であろうと「同祖」であろうと、この言葉が、たえ難い現実を慎重に消去し、たえ難さを心の深部に抑圧しながら構成された言葉だという点にある。したがって凝視すべきは、名乗ることの困難さにかかわるあのサイードの瑕疵に他ならない。

そしてだからこそ、先に引用した部分の後段が重要になる。そこでは「大和民族の一支族」という自らを名乗る根拠が、歴史的根拠として再度言及されているわけだが、そのとき前面に押し出されるのは、「一支族」という分類上の問題ではなく、「孤島苦」なのである。すなわち「南島におちのびて、所謂孤島苦《インゼルシュメルツ》を味わつた」ことこそが強調されるのであり、さらにそれは「心的傷害《プシヒツシェートラウマ》」と言い換えられている。人種分類から名乗ることの困難さへと、思考が遡行していくのだ。そしてこの遡行を方向付ける言葉として、精神分析学の「心的傷害」が登場している(46)。

「孤島苦」は、たんに柳田からの引用でもなければ、「絶望の深さ」を示す悲惨さの表現というだけでもなく、「心的障害」をもつ者の言葉の困難さにかかわっているのであり、その困難さの領域において伊波は精神分析ににじり寄るのだ。いいかえれば、伊波にとって「孤島苦」は、悲惨さを強調して描くために柳田が用いた言葉ということではなく、名乗ることにかかわる自らの言葉の困難さとしてある。

それは、伊波普猷の中に刻み込まれながらも、歴史学や民俗学、あるいは人類学の文脈においては決して言葉の世界に浮かび上がらなかった瑕疵に、「新科學」である精神分析が接近した瞬間でもあっただろう。

くりかえすが、名乗ることの困難さを抱え込んでいる者たちにとって、その困難さとは理性的に黙り込む状態ではなく、端的にいってしまえば、言葉の秩序の混乱にかかわることである。またたからこそ精神分析は、その傍らにいながら混乱に肉薄する強力な言葉として登場するのである。この名乗ることの困難さと精神分析の遭遇は、「琉球民族の精神分析」を起点に始まる伊波の民俗学的な南島研究や「おもろ」研究を主とする国語学、国文学的な記述においては、表面上はかき消されていく。だが、名乗ることの困難さと精神分析の遭遇が生み出した場所は、いいかえれば病にかかわる場所は、南島人という言葉そのものの背後にまとわりついているのだ。

（3）心的障害

ところで厨川の「苦悶の象徴」は、フロイトの『ヒステリー研究』（一八九五年）と『夢の解釈（夢判断）』（一九〇〇年）を中心に取り上げながら、それを文学・芸術の批評理論にむすびつけていったものである。そしてこの「苦悶の象徴」は、伊波が明示的に引用している冒頭の箇所以外においても重要な意味をもつ。すなわち「苦悶の象徴」では、「心的傷害」、「無意識」、「抑壓」といった精神分析上の用語が議論されており、こうした用語は直接伊波の「琉球民族の精神分析」と重なる。さらに、こうした精神分析に直接かかわる用語だけではなく、「個性」や「奴隷根性」あるいは「暗示」といった、伊波にとって重要な意味を持つ言葉が、厨川のこの文章には登場しているのだ。

まず再度「個性」について考えよう。「苦悶の象徴」では、「個性」は生命の力の表現であり、内的な欲望に基づくものとされ、その「個性」が国家や社会において抑圧されるという構図が描かれる。すなわち、

「生活難の脅威を武器と競る機械や法則や因襲の強力の前に、人間はまず其の人間らしき個性生活を棄て、、多かれ少なかれ法則や機械の奴隷」になるのである(47)。そして厨川においては「個性」が強制的に抑圧された状態を「奴隷根性」とよび、そこからの解放こそが文学や芸術の世界だとされている。

こうした厨川の議論において、フロイトの『ヒステリーの研究』はこの「個性」が強制的に抑圧された「奴隷」状態にかかわって言及され、「個性」の抑圧は「奴隷」状態であると同時に「ヒステリー」状態であり、そこには「心的外傷」が存在するとされている。周知のようにフロイトの『ヒステリーの研究』では、リビドーの抑圧という考えと外傷からそれをとらえるという議論が混在しているが、「苦悶の象徴」では、外傷からとらえる後者を強調しており、そこでは制度が「個性」を抑圧し、それが「心的外傷」になり、「奴隷根性」を生むということになる。そしてその上で、この「心的外傷」からの解放として文学や芸術が設定されるのだ。では、かかる厨川の「心的外傷」を軸に構成された「奴隷根性」と文芸の世界は、伊波においてどのように読み直されたのだろうか。

ところでこの厨川の議論に登場する「奴隷根性」という言葉は、「個性」とならんで伊波が琉球人の歴史を語る上できわめて重要な用語でもある。『古琉球』が刊行された三年後の一九一四年、『琉球新報』に掲載された「廃藩置県は一種の奴隷解放なり」には、「本懸人も今後此の忌むべき奴隷根情の潜在を根本から一掃して自己内心の統一を計らなければ終に悲しむべき運命に陥るであろうと思ふ」とある。この文章はその後「琉球処分は一種の奴隷解放なり」として『琉球見聞録』（一九一四年）の序文になるのだが、この「奴隷根性」の克服は、伊波の歴史観の根幹をなす。そこには、島津の支配において培われた「奴隷根性」が「個性」の歴史において克服されるという歴史が、展望されているのである(48)。

そして、「個性」を表現すべき言葉がないと記した伊波は、「琉球民族の精神分析」において、島津の支配により培われた「奴隷根性」を、すなわち歴史記述の起点たるこの言葉を、「心的傷害」と呼び直すのだ。「島津氏の抑壓から受けた痛ましい傷害は、内攻して琉球民族の『潜在意識』の中に、液中の沈滓の如くに残つてゐる。そしてこの沈滓は彼等の意識状態を動かして病的ならしめ、甚だしくそれを掻き亂してゐる」(49)。「個性」を語る言葉が失われ、名乗ることが困難になる中で、克服すべき「奴隷根性」は動かし難い運命として「潜在意識」に内在化され、病となったのだ。そして伊波は、これまで自分が琉球人の歴史を描くために用いてきた用語である「奴隷根性」に、精神分析の言葉「心的障害」を重ねたのである。「琉球民族の精神分析」の末尾には、次のような文章がある。

最近の思想界の体勢は「自由を求め解放を求めて止まざる生命力、個人性表現の欲望、人間の創造性を強調しようとする傾向」である。すでにこの生命力、創造性を肯定するからには、それに反對して働くすべてのものを排斥して進まなければならぬ。暗示ばかりかけられて、一部の人々の都合のいゝ奴隷になつてたまるものか(50)。

この注のない引用文「自由を求め解放を求めて止まざる生命力、個人性表現の欲望、人間の創造性を強調しようとする傾向」は、厨川の「苦悶の象徴」から引かれたものだ(51)。文芸批評を論じる厨川の「苦悶の象徴」における精神分析は、伊波においては、歴史の停止と「個性」を名乗ることの困難においていきついた場所に他ならなかった。そして自らも困難を抱え込みながら伊波は、「暗示ばかりかけられて、一部の人々の都合のい、奴隷になつてたまるものか」といい放つ。この叫びは、「心的障害」を示す病状ではない。それは、言葉と瑕疵が最も接近した瞬間でもあるだろう。言葉を呑み込んでいく瑕疵を抱え込みながら、それでも言葉にかけようとする伊波が、言葉と瑕疵のギリギリの距離を確保せんとして用いたのが精神分析ではなかったのか。そこでは自らが、医者であり患者でもあるだろう。

前述したように、フロイトの『モーセと一神教』からアイデンティティにかかわる瑕疵を見出したサイードに対して、ローズは瑕疵にアイデンティティの硬直化する危険性を指摘した。このローズはまた、『モーセと一神教』に言及しながら、この危険性においては「論理的な異論など無力」（フロイト）であり、「精神病者の妄想」（同）としてのみ理解しうると述べている(52)。いいかえれば、アイデンティティが硬直化し始めるとき、論理的思考ではなく、精神分析的臨床においてのみ渡り合うことができるということに他ならない。またそれは、耐え難い現実に対する言葉の最後の砦として、精神分析があるということでもあるだろう。ローズはこのような精神分析の位置を、サイードの『始まりの現象』における次の言葉の引用ともに指摘する。すなわち、「壊滅的なあまりに、自分自身の視野のうちでは耐えることができず、精神分析的探求の主体としてようやく耐えることのできる」ような知識としての精神分析(53)。だがくりかえすがそれは同時に、硬直化への危険な一歩として、精神分析の領域が存在することでもあるだろう。

そしてこの領域は、伊波が立ち尽くし、ただ「奴隷になつてたまるものか」と叫ぶ場所でもあった。一九二六年に刊行された『琉球古今記』には、すでに述べたように、「私が一個の南島人として、主に内部から南島を見たもの」という序が記されているが、歴史が停止し、「個性」が言葉を失い、精神分析の領域に立ち尽くす伊波が、自分（たち）の場所として言葉にしたのが南島人ではなかったのか。この南島人は、始まりの場所であると同時に、硬直化の手前でもある。そしてくりかえすがそれは柳田の場所でも、厨川の場所でもない。あるいは歴史認識の転換や思想の正しさの問題でも、さらには絶望の表現でも断じてない。

（4）制度という問題

ところで厨川の「苦悶の象徴」は、先にも述べたように、文学や芸術の批評にかかわる理論的検討である。「胸奥の深きに潜める内容的生活即ち『無意識』心理の底には、極めて痛烈にして深刻な多くの傷害が蓄積せられる」のであり(54)、その「潜在意識の海の底の深いところに伏在してゐる心的傷害が象徴化されたもの」こそが(55)、文学であり芸術だとした。またこの厨川の議論は、フロイトの『夢の解釈（夢判断）』にもとづいているのであり、フロイトにおける夢の言語化にかかわる領域に、厨川は文学や芸術を設定したのである。

確かにこうした言葉の領域が、伊波の「個性」にかかわる困難と重なることは、容易に了解できるだろう。「心的傷害」が内在化する中で「個性」を名乗ることの困難に立ち至った伊波であるが、厨川によれば「心的傷害」は文学や芸術の始まりでもあるというのだ。そして厨川において全面展開されながらも、伊波においては直接には言及されていないフロイトの『夢の解釈（夢判断）』にかかわる論点は、この「個性」の困難さから始まる自己の再度の言語化という問題に、直接かかわっている。

ここで検討しなければならないのは、夢の言語化にフロイトが設定した精神分析学であり、より論点を絞れば、サイードがフロイトの『夢の解釈』に見出した、「夢を見る者と夢を分析する者との間の分析的関係」

である[56]。すなわち分析者と被分析者の分析的関係こそ、精神分析学を存立せしめる核である。またそれは、端的に転移にかかわることなのだが、ここで重要なのは、この分析的な関係こそ、南島人としての記述を開始する伊波と批評理論に向かう厨川の違いにかかわっているという点である。

「苦悶の象徴」において厨川は、夢の言語化としての文学や芸術を設定した後、その「鑑賞論」の問題に議論を移している。そこでは、文学・芸術における作家と鑑賞する者の両者を、「産出的創作」と「共鳴的創作」と呼んだ上で、「この二重の創作あつてはじめて文藝の鑑賞は成る」とし、「象徴の暗示性刺激性によって巧に読者を一種の催眠状態に導き幻覚の境に入らしめる」ものとして鑑賞を設定している[57]。乱暴にいってしまえばそれは、作品の鑑賞を通じて生み出される作者の批評家の共同性である。

この厨川が文芸における鑑賞において見出した共同性は、フロイトの晩年の「分析技法における構成の仕事」（一九三七年）あるいは「終わりある分析と終わりなき分析」（一九三七年）で展開した構成という論点を先取りしたものでもあるだろう。ここでフロイトは、分析行為を、症例の解釈（Deutung）ではなく、分析にかかわる関係性において考察している。フロイトが解釈ではなく構成（Konstruction）という用語をもちいるのは、この関係性の遂行においてであり、そこでは分析完了後に得られる解釈内容の真偽ではなく、未完の遂行的プロセスとして分析が設定されている。そしてフロイトが、「私には、患者の妄想形式は、われわれが分析療法に際して組立てる構成の等価物に見えるのである」というとき[58]、患者と医者は極めて近似した位置に置かれており、その上で関係を生み出す遂行的な行為として分析が設定されている。

厨川の鑑賞論は、文芸による心的障害から始まる象徴化を、関係生成的な行為として見出した。では伊波はどうか。「奴隷根性」を「心的障害」と呼び直した伊波は、奴隷を運命として押し付け、その運命を変更可能な存在として認識することを禁止する制度を、見出すことになる。

ところが三百年の間この大切な意思を動かす自由を與へられなかつた為に、彼等は恐らく世界の中で一番意思の弱い人民になつてゐるかも知れない。彼等は島津氏が與へた身動きも出来ない様な制度の中にぶち込まれたが最後、爾來この制度に對して絶對に疑問を發することを許されなかつた。いはゞ彼等は生まれてから死ぬまで強い暗示ばかりかけられたのだ。……（中略）……吾々沖縄縣人はこれ以上暗示をかけられてもよいのだろうか(59)。

この、「沖縄懸人はこれ以上暗示をかけられてもよいのだろうか」という「暗示」にかかわる箇所では、先の引用における「暗示ばかりかけられて、一部の人々の都合のい、奴隷になつてたまるものか」と同様に、「奴隷根性」を「暗示」にかけられている状態として言い換えている。またさらにそれは、前述した『琉球古今記』に所収されている、「琉球史上に於ける武力と魔術との考察」においても受け継がれている。すなわち自分達は一貫して魔術により暗示がかけられてきたということ、そして今も「古琉球人同様に魔術にか、つてゐながら、それを自覚しないのだから、天下は泰平なのである」と述べている(60)。すなわち「奴隷根性」は「心的障害」であると同時に、「暗示」の結果であり、そこには「暗示」をかけ「絶対に疑問を発することが許されない」制度が見据えられているのだ。

いいかえれば、絶えがたい経験を刻印してきた支配制度を問題にするだけではなく、その経験が経験として自覚されることなくそれを無意識へと抑圧し瑕疵として内在化させてきた制度をも問題にすることにより、経験から制度を批判していく回路を伊波は手繰り寄せようとしているのだ。逆にいえば、暗示の上に成り立つ経験ではなく、制度批判につながる経験の領域を確保しようとしているともいえるだろう。さらにいえばそれは、新たな経験を発見し獲得するということが生み出す、政治の可能性である。その経験は治療や救済の根拠となる悲惨さではなく、またその政治は、個人的な治療や法的救済に解消するものでもないだろう。

ここにおいて、伊波が法的救済を求めた「琉球民族の精神分析」において記されている、「個人的救済から社会的救済に眼を転ずべきである」という言葉の意味が明確になる。それは、同時代においてさかんになされた救済の法を求める沖縄救済論では、ない。また、単に歴史認識の転換ということでも断じてない。伊波は、抗うべき制度と抗う根拠になる経験を同時に見出そうとしているのだ。そして南島人とは、かかる経験の発見において登場する名前なのではないか。

そしてこの経験が「心的障害」の言語化にかかわり、「私が一個の南島人として、主に内部から南島を見たもの」である以上、その言語化は他者を対象とした一方的な治療や啓蒙ではありえないだろう。それはやはり、患者と医者は極めて近似した位置に置かれた場で紡ぎだされる言葉であり関係である。

それは新しい歴史なのだ。かつての『古琉球』に端的に看取できるように、「個性」の復活において描かれる歴史では、「個性」は琉球民族に初めから内在する存在として、すなわち歴史の前提としてある。だが抱え込まれた「心的障害」、すなわち瑕疵は、内在化を担う制度とともにある。内部にある前提ではなく、内部にあるということ自体が制度の存在を示す徴候なのだ。そこから開始される歴史は、内部の新たな発見と制度の発見が同時に進行する事態であり、抗うべき制度と抗う根拠になる経験を同時に見出しながら遂行される歴史であるだろう。経験は自然物のように前提とされる「個性」ではなく、この歴史の中で不断に更新されていくのだ。

Ⅳ　奄美という問い

(1) 近代、あるいは自由という問題

二〇〇九年、薩摩の奄美侵略から四百年と琉球処分から百三十年が並べられたときに、ザラッとした違和を感じた。それは私が近代や現代ばかりを考えてきたからだけではなく、伊波をはじめ琉球処分を解放だと言い放った者たちのことにかかわる。この者たちは、なぜ占領を解放といったのか。何をその「処分」に賭けたのか。成否はともあれ、未来を賭ける状況が到来したことだけは確かなのではないか。たとえ後に裏切られることが明白になったとしても、ただ、だまされていたのだというだけでは、なぜ占領に解放の未来を賭けたのかという問いに答えたことにはならない。そしてその賭けが、どのように裏切られたのかということこそが、重要なのではないか。琉球処分が、殺戮において領土化した奄美侵略と並置される時、この解放という言葉が落ち着かなくなってしまうのだ。

　前述したように、軍事占領と経済的自由の両者が一体となって登場することが、沖縄の近代を考える際の、重要なポイントであった。またこうした経済的自由という論点は、薩摩支配を継承する商人資本に対する奄美農民たちの、廃藩置県後の砂糖自由販売をめぐる闘争の重要性とも重なるだろう。国家と利害的ズレをもちながらも国家を後ろ盾にした鹿児島県という地方権力の制度的支配と、大島商社に見られる旧

支配者層による独占資本の存在は、近代における奄美に対する支配が沖縄における「旧慣期」や台湾における植民地経営と近似した側面を有していたことを、示しているといえるかもしれない。まただからこそ、丸田南里らの経済的自由をめぐる戦いは、文字どおり植民地からの解放と呼ぶにふさわしい。

そしてこの点において、明治政府の支配が薩摩の旧支配者層の解体としてとりあえず登場した沖縄と、薩摩の旧支配者層がそのまま鹿児島県に継承されていった奄美とでは、国家をめぐる温度差が生じているともいえる。「琉球王国が解体せられ沖縄県として日本に編入させられるという事態は、正確には、沖縄は沖縄県として、奄美は『鹿児島縣大隈國大島郡』として、日本に編入された事態を指すと言うべき」なのである[61]。

このことは、琉球王国をめぐる認識においても微妙な影を帯びさせる。すなわち、武力で侵略した日本帝国に琉球王国の夢を重ねてしまったのは、琉球処分交渉を行った伊江朝直だけのことではない[62]。処分されてもなお、日本帝国の中での琉球民族の復活を求めていた伊波普猷においても、同様である。すなわち侵略されたにもかかわらず、薩摩支配に終止符を打った帝国日本に期待をいだくというアンビバレントな心性が、そこには存在するのである。あえていえば、沖縄では薩摩支配からの解放とともに、占領は登場した。いいかえれば占領は自由と共に訪れたのである。それに対して奄美では自由は、帝国を構成する旧支配者層から闘い取られるものだった。

以下、琉球処分を薩摩の侵略と同列に置くのではなく、むしろこの入り組んだ自由の問題を検討することにより、奄美と沖縄の持つ同時代性を検討したいと思う。前述したように、たとえば謝花にとって自由とは、農民的な糖業生産が世界市場と直結することにより成長、拡大することを意味したが、しかし同時に謝花は、その世界市場が、いつしか社会に破局をもたらすことも予感していた。一六〇九年と一八七九年の同一性ではなく、この社会崩壊につながる自由において、奄美と沖縄の歴史は重なり合っていくのではないか。すなわち謝花が近代国家と共に手に入れんとし、そして丸田が薩摩―鹿児島と闘いの中で獲得しようとした自由こそが、一九二〇年を境に一つの危機に向かって動き出すのだ。そしてこの危機こそが、蘇鉄地獄なのである。

ところでこれまでに沖縄近現代史の性格規定にかかわって、三つの大きな論議があった。琉球処分論争、旧慣期論争、そして前述した蘇鉄地獄以降の歴史認識である（向井清史・来間泰男論争(63)）。今、これらの議論を沖縄における植民地規定の問題だといってしまえば、前二つは領土の占領、植民地体制による経済的搾取という一九世紀的な帝国主義にかかわるものとして議論されたといえるだろう。だがこうした議論が、薩摩の奄美支配に端的に見られるような、近世的権力や前期的商人資本による暴力的で強制的な収奪と、どのように関係しているのかについては、きちんと検討されているとはいいがたい。またこの二つに対して三つ目は、あえていえば現代資本主義、すなわち戦間期に顔を出し、戦後において拡大する新たな帝国にかかわる問題ではないかと私は考えている。乱暴にいえば、蘇鉄地獄において植民地主義は再定義されたのだ。

それは先に述べた蘇鉄地獄の世界性にかかわる論点でもあるが、ここで強調したいことは、この蘇鉄地獄を契機とした国家の再定義は、奄美と沖縄に通底するものだという点である。いいかえれば蘇鉄地獄の世界性は、奄美と沖縄の関係として具現化するのだ。すなわちその後の奄美と沖縄における救済論議と振興計画（大島郡振興計画あるいは沖縄県振興計画）の登場、さらに救済や振興と同時に進行する人々の大量流出といった極めて酷似した事態は、奄美と沖縄の植民地主義にかかわる共通のそして新たな展開として、まずは検討されなければならない。

ところで前述したように、沖縄県振興計画が議論される中で、黒田英雄大蔵次官は砂糖の供給が確保できる「他に適当の土地」があれば、あえて沖縄を救済する必要などなく、振興計画もまた不要だと述べた。沖縄は「適当の土地」と並列におかれた上で不適とされ、その社会は崩壊しても問題はないというわけだ。この「適当の土地」には、既に植民地である台湾や新たに手に入れたミクロネシア（「南洋群島」）という帝国の領土、そしてこれから手に入れようとするフィリピンやジャワ島などが想定されるだろう。また救済の法の申請資格として、「適当の土地」ではないということが、沖縄に求められることになる。そしてこうした大蔵官僚の発言には、奄美救済を議論した一九二七年の鹿児島県議会における、松本学鹿児島県知事の次のような発言も重なるだろう。

大島郡は国の宝庫であり、国防の第一線に位置しているがゆえに、まず国家が救済振興すべきものである。同島は国家の宝庫であると同時に、本県の宝庫であり、同島民が日本の国民であると同時に、本県の県民であるがゆえに、大島郡振興は国家の助成のみに待つべきではない。(64)

「他に適当の土地」があれば、あえて救済の必要はないという論理は、同時に国家において重要な地だからあえて救済するという論理と表裏一体である。そして松本は、この国家的重要性において奄美の軍事化と軍事動員を主張しているのだ。この一九二七年における「国防の第一線」という何気ない発言は、恐ろしいほどにその後の奄美と沖縄の歴史を予言しているといえるだろう。主権的存在からくりだされる社会政策的な救済と振興は、等しく生きる権利があるという生存権や人権に関わる命題ではなく、いつも日本という国家への帰属問題として存在し、また帰属は敵と味方が峻別される軍事動員ともつながっているのだ。また同時に、国防を主張する松本においては、薩摩の奄美支配の歴史が、「本県の県民」という一言で消し去られている。新たな帝国を導く蘇鉄地獄という危機は、かつての植民地支配の歴史の読み替えをともないながら、現出したのである。

さらに救済と国家帰属への絡まりは、奄美と沖縄において、戦後という共通の時間を構成していった。すなわち戦後の奄美と沖縄の「祖国復帰」という論点には、いつもこの救済と振興が背後に存在している。一九五三年の奄美の復帰は、すぐさま翌年の「奄美群島復興特別措置法」と同法に基づく復興計画として登場し、その後も振興開発計画として展開し続けて現在に至る。また一九七二年の沖縄の復帰にも、この救済と振興が深く関わっている

一九六九年末の「佐藤―ニクソン会談」と共同声明において正式に沖縄返還の日程が決まり、同時に依然として軍事基地の継続であることが明白になる。この会談と共同声明は、「復帰」に軍事的暴力からの解放を重ねていた者たちに、それが支配の継続と新たな支配の登場でしかないことを疑いようもない事態としてつきつけた。この中で、同年末、「長期経済開発基本構想」（琉球政府）ならびに「沖縄経済振興の基本構想」（総理府）が策定され、それは復帰後の沖縄振興開発特別措置法の公布、沖縄開発庁設置、沖縄振興開発計画の実施に結びついていく。またこの動きは、復帰運動以降の沖縄政治を牽引していく革新共闘が生んだ屋良知事における平和産業論とも、明らかにマッチしていた。琉球政府から沖縄県へという

制度の展開は、安保をめぐる自民党と革新共闘の対立にすぐさま還元されない、振興や開発に関わる法の登場でもあったのだ。それはまた、復帰にゆだねられた軍事的暴力からの解放の夢を、札束で買い取っていく新たな制度の登場でもあるだろう。

つづめていえば、奄美と沖縄の双方において戦後という時間を構成する最大の主体は、国家主権であった。そしてその国家への帰属問題は、同時に社会政策的な救済と振興にかかわる法や制度の問題でもあったのだ。かかる論点からすれば、奄美と沖縄の戦後は蘇鉄地獄から既にはじまっているといえるだろう。その結果、ある者はその地で生き延び、また同時にその救済の臨界では、多くの人々が流出していったのである。だがしかし、生き延びるために別々の道程を歩む両者はいずれも、蘇鉄地獄を契機に黒田や松本といった連中によって「適当の土地」であり「国の宝庫」と再定義された一つの場所の経験として、獲得されなければならないのではないか。

先にみたように、蘇鉄地獄による社会の崩壊が明白になる中で、伊波普猷の「琉球民族の精神分析」には、い、い、い、奴隷になるという危機感が表明されていた。「私たちは再び奴隷にはなりたくない」(65)。この伊波が「再び奴隷」になるというときの奴隷という言葉は、くりかえすが、まずはかつて伊波が「琉球処分は一種の奴隷解放也」(66)とのべたこととの延長線上にある。すなわち伊波は、琉球処分を解放とみなし、奴隷ということばで薩摩支配を表現したのだ。伊波は、解放が占領と共に訪れたことを知りながら、そして継続する暴力的鎮圧を不断に感知しながら、解放に古琉球再生の夢を賭けたのである。したがって、再び奴隷になるというのは、こうした賭けが蘇鉄地獄において裏切られたことを意味する。またそこでは過ぎ去ったはずの薩摩支配が、今も続く支配として想起されているともいえるだろう。

だが、奴隷が意味するのは薩摩支配だけではない。くりかえすが蘇鉄地獄は、謝花昇が気づいていたように、伊波が古琉球の再生を賭けた解放の延長線上にある。すなわちあえていえば、解放が実現されなかったのではなく、奴隷解放である琉球処分とともに到来した自由の延長線上に、再び奴隷が登場したのだ。ここに蘇鉄地獄によってもたらされた伊波の、決定的な旋回点があるだろう。占領に解放を重ね、自由に「個性」の蘇生を獲得しようとした伊波の賭けは、蘇鉄地獄において断念されたのだ。そして帝国と衝突するかもしれない「個性」の復活にかわって伊波が主張するのは、日本という主権的存在からくりだされる救済と振興である。あえていえばそこでは、民族の内実を示す復活すべき「個性」にかわって、「沖縄問題」の枠内で悲惨な沖縄を代表し国家に救済を請願する主体が、想定されているのである。奴隷はこの請願する主体にかかわっている。また、伊波が再び奴隷になるといったときに込められた薩摩侵略という歴史の再発見は、蘇鉄地獄を契機に構成されていく「沖縄問題」において新たに始まる支配への予感でもあったのだ。

だからこそ問わなければならないのは、同じく蘇鉄地獄の危機の渦中にあった奄美である。沖縄と奄美の関係は、過去の薩摩侵略の歴史の発見においてて見出されるだけではない。むしろこの再び奴隷になるということにおいて感知されたのは、その地を「適当の土地」あるいは「国の宝庫」と見なす国家であり、その新たな支配の展開ではないのか。大量の流民と共に始まる救済と振興こそが、再び奴隷になるということにおいて問われているのはないか。また奄美と沖縄は、過去の侵略の歴史というよりも沖縄振興、大島振興、奄美振興といった救済と振興の底流に潜む流亡の経験において重なっていくのではないのだろうか。そこで求められているのは、流亡の先に見だされる奴隷同士の新たな繋がりではないのだろうか。そして新たに登場した南島人に秘蔵されたのは、この繋がりではないのだろうか。沖縄に奄美という問いを立てることは、蘇鉄地獄の世界性とこの奴隷同士の繋がりを問題化する作業に他ならない。

(2) 古仁屋の伊波普猷

一九一八年、伊波普猷は奄美大島古仁屋尋常小学校で「沖縄島を中心とする南島史」と題した講演を行なった。この講演を準備し講演を筆記して、後に講演録をまとめたのは竹島純であり、瀬戸内にある篠川農学校の教諭である。そしてこの講演録は、一九三一年、私立大島郡教育会編『南島史考(琉球ヲ中心トシタル)』として刊行されている。この『南島史考』につけられた竹島の「南島史の講習と本書印刷につき経緯」には、この講演が奄美の地理や歴史に関わる郷土史に関することとして始まったこと、また当時の古仁屋小学校長で瀬戸内二部教育会長であった永井龍一と竹島によって準備されたこと、さらに講演に際しては当時沖縄毎日新聞の記者であった比嘉春潮が同行し、彼も講演を行なっていることなどがわかる。また同書には、一九二九年に警視庁特高係長から大島支庁長に就任した小林三郎による「序」もつけられている。そこでは、「わが奄美大島は遥かなる南海の一孤島ではあるが実に多くの研究資料を蔵し、我が国の文化史上重要なる位置を占めつつある」と述べられている。

この一九一八年の古仁屋での伊波の講演をまとめた『南島史考』は、極めて厄介な書である。まず同書の作成をになった竹島純の先ほど述べた「南島史の講習と本書印刷につき経緯」には、講演記録の「筆記がまずかったため講師著『古琉球』及び『琉球の五偉人』を参考にして書いた所もあります」とあり、また他の参考書も利用したとある。したがって同書は、伊波の講演記録そのものではなく竹島の手がかなり加えられていると思われる。すなわち、一九一八年に講演した記録が、竹島の手により一九三一年に同書として刊行されたのである。そして問題は、この講演から刊行までの一三年をどう考えるかだ。

同書には、伊波普猷による「序にかえて（南島人の精神分析）」が、冒頭に付け加えられている。そこではまず、伊波自身によって同書刊行の経緯が述べられており、「頗る要領を得てゐるが、自説に飽足らない点が多い為に、世に公にされることを恐れて、久しく篋底に秘めて置いた。ところがその後永井龍一君から屢々督促を受けたので、不承不承にお返ししたら、此頃印刷になつた稿本を送つて来て、其の序を求められたのは私にとつてかなりの災難であつた」とある。すなわち、伊波が刊行を遅らせていたということ、また竹島が手を加えたとしても、伊波はその文章に目を通し、「不承不承」ながらも、刊行に同意しているということがわかる。かかる点において、やはりこれは伊波の書なのだ。そして問題は、この「序に代えて」の内容である。伊波はここで、蘇鉄地獄の渦中に書いた前述した「琉球民族の精神分析」の内容を書き直し、加筆して、「南島人の精神分析」として同書の冒頭に「序に代えて」として据えたのだ。

前述したように、「琉球民族の精神分析」は、『古琉球』のように琉球処分を解放とみなし古琉球の蘇生を主張したのではなく、蘇鉄地獄の中で再び奴隷になるという危機感において執筆されたものである。したがってこの『南島史考』は、講演で話されたはずの琉球民族の復活を夢見ていた伊波にとっての奄美が、竹島の手によって本文の内容を構成し、蘇鉄地獄の中で再度出会った奄美は、この「序に代えて」に付加されているといってもいいかもしれない(67)。たとえば本文には、「結論」として次のような文章がある。

余は琉球処分は一種の奴隷解放なりと思ふ。ところが三百年間の奴隷制度に馴致された奴隷自身は却つて驚き又元の通り奴隷にならうと願つた。大島とても同様である。琉球処分の結果琉球王国は滅亡したが、琉球民族は新日本帝国の中に這入つて復活したのである。／又吾々の父祖は明治維新の大業を為すに当たり椽の下の力持ちとなつたのである。／薩長が徳川幕府を倒したのは兵力が強かつた為でもあるが実に経済問題に帰因する薩長其他勤王藩派は金力に於いて既に徳川幕府に優つてゐた。／それでは見様に依つては大島沖縄人が金を出して幕府を倒したとの結論にもなる此の意味に於て吾等は大に意を強ふして満足すべきである(68)。

「琉球民族」の他に「大島沖縄人」、あるいは「大島人」という表現からもわかるように、とりあえずそこには奄美も含めた歴史認識を示そうとする伊波の知識人としての欲望があるだろう。そして伊波がここで提示する「大島沖縄人」にかかわる歴史認識は、これまで彼が『古琉球』で描いた琉球王国あるいは琉球民族の歴史に従ったものである。すなわち、琉球民族は薩摩支配の中で奴隷になったが、琉球処分によって解放され、いま「新日本帝国」の中で自分たちは復活したというものである。伊波は本文では、この琉球民族の中に「大島人」を含めて語ろうとしたのである。あえていえば、前述した「個性」の構成要素として、奄美を包含しようとしているのだ。「大島とても同様である」。また自分たちの「金力」が「新日本帝国」を生み出したのだというくだりは、ある種の諧謔のようにも思えるが、すくなくとも既に支配から解放されているという現状認識が、前提にされていることは確かだ。過去にはいろいろあったが、現状には「満足すべき」なのである。

この引用部分に関して、いれいたかしは後に、日本への同化を教導する啓蒙家としての伊波の果たした役割を激しく指弾しながら、次のように述べている。

黒砂糖を中心に徹底的な収奪にあい、みずからは蘇鉄地獄で餓死した歴史を思い起こせば、伊波のような軽薄な言動ができるはずはない。これはただ聴衆をふるいたたせるための歴史講談ではなかったのか。この講演がはたしたであろう社会的役割を想像すると、私は身の毛がよだってくる(69)。

聴衆に「大島人」と呼びかけながら、過酷な薩摩の歴史を既に終わったこととし、解放された現状に満足すべきだと人々にうったえる伊波の姿は、確かに身の毛がよだつほどおぞましいものだったのかもしれない。しかし、講演が行なわれた一九一八年は、蘇鉄地獄に突入する直前であり、基本的に奄美経済は急成長している。またそれは沖縄経済も同様であり、こうした状況の中で伊波の講演は受け入れられたのかもしれない。だからこそ問題は、いれいが指摘するように蘇鉄地獄にあり、また伊波にそくしていえば、蘇鉄地獄以後に刊行されたこの講演録の冒頭に付けられた「序に代えて」、すなわち「南島人の精神分析」が重要になる。この「南島人の精神分析」は、前述したように一九二四年に『沖縄教育』に掲載された「琉球民族の精神分析」を書きなおしたものである。また「琉球民族の精神分析」では、解放ではなく再び奴隷になるという危機感が表明され、また琉球民族の復活ではなく、国家による救済を主張していた。だからこそ問題は、この琉球民族復活への断念の中で、伊波が奄美をどのように再発見したのかという問いに他ならない。

まず、「南島人の精神分析」において加筆された奄美にかかわる記述の中で、注目すべきは、その抵抗運動への注視である。たとえば、「島津氏の奴隷から解放された訳であるが、鹿児島県人は彼等を解放することは好まなかった」として、砂糖を独占する大島商社と闘った丸田南里とともに鹿児島県庁に自由販売の嘆願にいった人々に言及し、「私が古仁屋で講演した頃までは、その時の代表者がまだ二三《にさん》人生存してゐるとのことだった」（ルビ—引用者）と記している(70)。また一八六四年に起きた徳之島の「犬田布騒動」についで、「これやがて窮鼠猫を噛むの類で、『王国の飾り』てふ真綿で首を絞められた琉球で、三百年の間に、一度たりとも暴動が起こらなかつたに対して面白いコントラスト」と述べている(71)。すなわち、犬田布一揆を介して、暴動がなぜ琉球あるいは沖縄では起きなかったのかという自問が、ここではなされている。また次の文章にみるように、蘇鉄地獄という共通の危機において、「琉球民族の精神分析」で描いた沖縄の延長線上に奄美を捉えようとしているのだ。

日清日露の戦役後彼ら（沖縄人—引用者）の負担は激増して、昨今その経済生活はどん底まで行詰るに至つた。この点について、大島人が沖縄人と運命の類似者であるのは誠に同情に絶えない。私は南島今日の窮状——世に之を蘇鉄地獄といふ——の原因は、古くは島津氏の、近くは中央の、搾取政策にあると言い度い。折角島津氏の奴隷から解放された南島人は、今や兎に角生存の競争に疲れきつて、死に瀕している。もう助からないような気もするが、彼らは（南島人—引用者）たゞ「決然起つて、汝自らを救へ」とあつけない鼓舞ばかりされてゐる。彼等はさうして起上がるには余りに圧しつぶされてゐることを知らなければならぬ。何とかして今の中に根本的救済策を講じて貰わなければ取りかえしのつかない状態に陥ると思うふが、政党政治の世の中では、到底できそうもないから、悲しまざるを得ないのである(72)。

ここで開示されている歴史認識は、先ほど引用した本文のものとは大きく異なっている。島津支配に言及するが、支配は現在も続き、あえていえば現在の支配の中で、島津支配が想起されているのだ。またこうした支配の中で、いままさに蘇鉄地獄の渦中にあり、救済以外に生きる道はないことが主張されている。こうした歴史認識の中で、伊波は奄美に再度出会うのである。そこには、解放された琉球民族と「個性」の復活の中に奄美を包含しようとする本文とは異なり、今、同じ危機と支配を共有する同志として、奄美が見出されているといえるだろう。また先の抵抗運動の注視とともに考えるなら、伊波は琉球に奄美を包含しようとしているというより、奄美の闘いの歴史が沖縄においても潜在しているはずだと主張しているようにも読める。国家に救済を訴えると同時に、暴動を予感する伊波が、そこにいるのではないか。請願する主体を描きながら別の関係を探る伊波が、いるのではないか。

そして、このような蘇鉄地獄の中で見出された奄美と沖縄の関係を、伊波は、南島あるいは南島人とよんでいるのだ。『南島史考』という表題からもわかるように、本文においても南島という言葉は多用されている。しかし、果たして一九一八年の講演時に、伊波がこの言葉をどこまで使ったのかは疑わしい。周知のように伊波は、「琉球民族の精神分析」が掲載された一九二四年ごろから、南島という用語を多用するようになる。そこには、よく言われるように柳田國男が一九二一年に始めた「南島談話会」の存在があり、一九二五年に沖縄を離れ東京に移り住んだ伊波は、この研究会に参加していく。たとえば上京直後の講演で伊波は、「兎に角南島と日本本土との関係が非常に密接であったことは、こゝで断言することができますから、内地にあつた古代の生活が現に南島に保存されてゐるのが多いのは怪しむに足らないことです」と述べているが[73]、ここには以後多用されていく日本文化の源流としての南島という文脈があるだろう。民俗学や国語学における伊波にとっての南島とは、基本的にはこの文脈にある。

だがしかし、伊波自身によるこの「序に代えて」に所収された「南島人の精神分析」の南島は、こうした日本文化の源流としての南島ではない。それは、蘇鉄地獄の渦中にあって再び奴隷になるという危機を共有する者たちのことであり、国家による救済を訴えつつも、圧倒的な流民化の中で暴動を潜在させている存在なのではないだろうか。あえていえば柳田との関係において描かれる南島とは異なる地下水脈が、この言葉には入り込んでいるのではないか。私にはそれが、柳田の文脈とは異なる、竹島と伊波による、あえていえば蘇鉄地獄の危機を共有する者たちによる、日本文化の伝統に簒奪される柳田の南島とは異なる、南島の領域であるように思う[74]。またそこでは、国家による救済や振興を訴えつつも、圧倒的な流民化の中で別の政治の可能性が潜在しているのではないだろうか。

V　始まりとしての蘇鉄地獄——再び奴隷になること

伊波が奄美について文章を書き出したのは一九二〇年代以降であり、結論的にいえば、この危機とこれまでの「個性」を軸にした認識の破綻の中で、奄美が再発見されるのである。またその再発見において重要な点は、奄美においても蘇鉄地獄が深まり、伊波においてはこの蘇鉄地獄という危機の地平において、奄美と沖縄が出会うことになるという点である。いわば、再び奴隷になるという予感を連結器として、両者は出会うのだ。またそれは、その後の沖縄県振興計画、大島郡振興計画といった危機に対する救済と振興という国家の社会政策的な介入の展開において、沖縄と奄美は共時的な歴史を歩んでいくことを意味している。いいかえれば、両者は同じ琉球王国の中心と周縁というかたちでまとまるのではなく、近代における自由がもたらした危機と国家の再登場において重なるということであり、伊波にとっての奄美とは、こうした蘇鉄地獄を軸にして始まる歴史の登場と深くかかわっているのだ。

この沖縄と奄美の出会いは、伊波が『古琉球』で蘇生を夢見た琉球とは異なる。そしてその違いを確保しているのが、伊波が抱え込みながら「個性」という言葉において隠されていた、あの瑕疵に他ならない。古琉球の復活において描かれる歴史では、「個性」は琉球民族に初めから内在する存在として、すなわち歴史の前提としてあった。だが「琉球人の精神分析」においては、抱え込まれた「心的障害」、すなわち瑕疵は、前提として内在する存在ではなく、内在化を担う制度とともに指摘されていた。したがって瑕疵が瑕疵として歴史を歩みだすことは、これまでの「個性」を成り立たせていた制度それ自体への批判を伴うことになる。

繰り返すがそこから開始される歴史は、内部の新たな発見と制度の発見が同時に展開する事態であり、抗うべき制度と抗う根拠を経験として同時に見出しながら遂行される歴史であるだろう。救済の法において沖縄人を代表すると同時に、法自身にあらがい続ける経験が、ここには確保されているのだ。またあえていえば、「個性」とは〈home〉のことであり、したがって「個性」の停止ののちに開始される南島人は、内実を失った土着、すなわち流亡の先に見いだされるあの土着であり、バーバのいう非〈家＝故郷〉性としての土着といってもよいのかもしれない。沖縄と奄美は、この新たな土着の地平において、再び出会うのである。奴隷として。

そして蘇鉄地獄を契機とした、始まりとしての南島人は、琉球民族あるいは沖縄人といった民族的なカテゴリーの背後に張り付くことになる。くりかえすが危機は継続するのであり、決着はまだ付いていないのだ。いいかえれば沖縄人には、再び奴隷になるという歴史が潜在し続けているのだ。だからこそ奴隷の歴史が現勢化するプロセスもやはり、民族的なカテゴリーとともにある。民族は実体として横たわっているのではなく、かかる現勢化とともにあるのであり、いわば未来を獲得しようとして発せられる歴史の喩法としてある。

そして「琉球民族の精神分析」には、救済を求める申請者として沖縄人を代表せんとする伊波と同時に、未来をつかもうとして飛躍し続ける者が発する喩法としての表象が存在する。政治とは、法制度を前提にした代表性と、そこにかかえこまれながらまだ終わっていないと呟き続けるこの表象の間にあるのだ。伊波の「琉球民族の精神分析」は、蘇鉄地獄という危機の中で、かかる政治の場所を確保したのだ。

註

（1）魯迅「どう書くか」『魯迅評論集』（竹内好編訳）岩波書店、一九八一年、九〇頁。
（2）伊佐眞一『伊波普猷批判序説』影書房、二〇〇七年。
（3）松田道雄「転向と肉体」『共同研究　転向（上）通信第一号』平凡社、一九五九年、二頁。
（4）松田道雄「庶民レベルの反戦とは何か」『潮』一九七二年九月、一〇六頁。
（5）こうした問題については終章において、敗北者ということをめぐって検討する。また、臆病者の連帯については、冨山一郎「ナショナリズムと臆病者たちの未来」『ハンギョレ新聞』発行『LE MONDE diplomatiqe』（韓国語版二〇一一年六月号）を参照（その日本語版は、WAN〈Women's Action Network〉のホームページ http://wan.or.jp/ に掲載）。

（6）補章「対抗と遡行」参照。

（7）フランツ・ファノン「民族文化について」『地に呪われたる者』（鈴木道彦・浦野衣子訳）みすず書房、一九六九年、一三三頁。この「努力の総体」については、第四章で再度検討する。

（8）フランツ・ファノン「植民地戦争と精神障害」『同』、一四三頁。

（9）補章「対抗と遡行」参照

（10）とりあえず伊波においては、これらの言葉は種別化されずに使われている。

（11）冨山一郎『暴力の予感』（前掲）第二章を参照。

（12）この点に関しては、冨山一郎『暴力の予感』（前掲）の第三章、ならびに「伊波普猷を読むということ」『InterCommunication』（No.46、NTT出版、二〇〇三年）を参照。

（13）エドワード・W・サイード『フロイトと非‐ヨーロッパ人』（長原豊訳）平凡社、二〇〇三年、七二頁。

（14）当初伊波は「生蕃」を「生蛮」と記した。この点については、森宣雄「帝国史の趨勢とその地下にある夢と覚醒――冨山一郎『暴力の予感』と伊波普猷における「妖術者ワンド」の予感」『日本学報』二二号（大阪大学大学院日本学、二〇〇三年）を参照。同論文において森は、魔術からの覚醒を求め、歴史へと遡行する伊波を、今日にまで続く「南島論」をめぐる議論の内部に持ち込もうとしている。本章は、この森の問題意識と連動している。

（15）フェルナン・ブローデル『物質文明・経済・資本主義Ⅱ――交換のはたらき――』（山本淳一訳）みすず書房、一九八八年、三二〇頁。

（16）陳光興「帝国の眼差し――『準』帝国とネイションーステイトの文化的想像」坂元ひろ子訳『思想』八五六号、一九九六年。

(17)そして主権的制度と同様、歴史学もこの非決定性を決定しきることはできないのであり、まただからこそ、決定できない不安に耐えかねて新たな研究対象を措定しようとするのだろう。だが、この保身こそが、沖縄の近代を記述する際の批判すべき最大の障壁となる。

(18)それは商品世界に対して社会認識が遅れるという問題でもある。そしてその、ついていけないという遅滞感は、未来への不安とその不安を埋め合わせようとする運動の始まりであると同時に、予定された未来からの離脱でもあるだろう。この点については、次章でも議論するが、春日直樹『〈遅れ〉の思考』(東京大学出版会、二〇〇七年)が重要である。

(19)ブローデル『前掲』二七二頁。

(20)ドゥルーズとガタリの次の部分も参照されたい。「社会は交換主義者ではない。社会体は登記するものである」(ジル・ドゥルーズ&フェリックス・ガタリ『アンチ・オイディプス』(市倉宏祐訳)河出書房新社、三三五頁)。あわせて長原豊「〈セーの法則〉を維持する時間――空間装置―期待―規範をめぐる闘争」(『現代思想』二六巻三号、一九九八年)を参照。

(21)ブローデルと地域研究の違いは対象の問題ではなく、かかる不安を引き受けるか押し隠すかにかかわっている。

(22)向井清史『沖縄近代経済史』日本経済評論社、一九八八年。

(23)カール・マルクス『資本論　第二巻』資本論翻訳委員会、新日本出版社、一九九七年、一七三―一七四頁。

(24)レーニン『レーニン全集　第三巻下』レーニン全集刊行委員会訳、大月書店、一九五四年、六二九頁。

(25)Hechter Michael, *Internal Colonialism*, University of California Press, 1975, p.8.

(26)かかる点については、長原「前掲」ならびに「〈交通〉する帝国――多数性」(『現代思想』二九巻八号、二〇〇一年)を参照。

(27)謝花昇『謝花昇集』伊佐眞一編・解説、みすず書房、一九九八年、九〇頁。

（28）向井『前掲』、来間泰男『沖縄経済論批判』日本経済評論社、一九九〇年。
（29）新妻莞「琉球をたづねて」湧上聾人編『沖縄救済論集』改造之沖縄社、一九二九年。
（30）冨山一郎『暴力の予感』（前掲）二八八頁。
（31）松岡正男「赤裸々に見た琉球の現状」湧上聾人編『前掲』。
（32）冨山一郎『暴力の予感』（前掲）二八九頁。
（33）琉球政府『沖縄県史　資料編5』（前掲）六二一―六二三頁。原文はカタカナ。
（34）沖縄県『沖縄県史料　近代2』沖縄県沖縄史料編集所編一九七九年、四一二頁。
（35）伊波普猷「琉球民族の精神分析――縣民性の新解釋――」『沖縄教育』（沖縄県教育会）第一三二号、一九二四年、七頁。
（36）同、三頁。
（37）この転換を最初に明示し検討したのは比屋根照夫「啓蒙者伊波普猷の肖像――大正末期の思想の転換」（外間守善『伊波普猷 人と思想』平凡社、一九七六年）である。そこでは啓蒙運動から史的唯物論への転換を軸に、政治的・経済的制度への言及が議論されている。安良城盛昭の議論もこの比屋根の指摘を前提に立てられたものである。また両者の議論をふまえながら、鹿野政直はその転換のプロセスに焦点を当て、「絶望の深さ」を指摘する（鹿野政直『沖縄の淵』岩波書店、一九九三年、第五章）。本章では転換の行き先よりもプロセス自体を問題にする鹿野の議論に注目している。いいかえれば、遂行的で自己言及的なプロセスが確保されたということ自体に、政治的意味があるのだ。
（38）安良城盛昭『新・沖縄史論』沖縄タイムス社、一九八〇年、一九五頁。
（39）伊波普猷「琉球民族の精神分析」（前掲）一一頁。
（40）それはまた、鹿野のいう「絶望の深さ」の問題でもない。一貫した整合性が維持できない混乱したように見えるプロセスは、絶望の根拠としてのみ意味を持つのではないのだ。その濫喩的プロセスそれ自体の意義が、検討されなければならないのだ。

(41)伊波普猷「琉球民族の精神分析」(前掲)四頁。
(42)同、三頁。
(43)同、一—二頁。
(44)鹿野政直『沖縄の淵』(前掲)一九九頁。
(45)伊波普猷「琉球民族の精神分析」(前掲)三頁。
(46)孤島苦と心的障害の繋がりには、厨川の存在があると思われる。柳田の講演は一九二四年の『太陽』(三〇巻一〇号)に掲載されるが、そこには「ことうく」とルビが打たれ、「インゼルシュメルツ」ではない。他方、厨川の「苦悶の象徴」では、抑圧された苦悩を述べる際、レナウ・ニコラウスの「世界苦悩」に言及し、「ウェルトシュメルツ」とルビが打たれている。伊波の「孤島苦」という言葉が、「琉球民族の精神分析」で初めて登場し、しかも「インゼルシュメルツ」とルビが打たれ、それが「心的傷害」の中で論じられていることから、この用語は、たんに柳田からの影響でも、また伊波が独自に再設定しただけでもなく、この厨川の論文を介した精神分析学において伊波が再定義したものであることが想像できる。
(47)厨川白村「苦悶の象徴」『改造』三巻一号、一九二一年、二一頁。
(48)この「奴隷根性」ならびに「奴隷解放」については、冨山一郎『暴力の予感』(前掲書)の他に、冨山一郎「国境」『感性の近代　近代日本の文化史4』(岩波書店、二〇〇二年)を参照
(49)伊波普猷「琉球民族の精神分析」(前掲)四頁。
(50)同、一三—一四頁。
(51)厨川「苦悶の象徴」(前掲)三二頁。
(52)ローズ「前掲」九九頁。
(53)同、九八頁。サイードの引用部分はエドワード・W・サイード『始まりの現象』(山形和美・小林昌夫訳)法政大

学出版局、一九九二年、一二三四頁。ただ、訳については『フロイトと非‐ヨーロッパ人』（長原豊訳）に従った。
(54) 厨川「前掲」三三頁。
(55) 同、三八頁。
(56) サイード『始まりの現象』（前掲）二四〇頁。
(57) 厨川「前掲」四九頁。
(58) ジクムント・フロイト「分析技法における構成の仕事」『フロイト著作集9』人文書院一九八三年、一五〇頁。このフロイトのいう構成は、「構築主義／本質主義」といったくだらない議論や、歴史学者のいう「言語論的展開」とは、なんら関係はない。
(59) 伊波「琉球民族の精神分析」（前掲）一三頁。
(60) このテキストの重要性については森「前掲」から学んだ。すなわちこのテキストは、伊波の極めて初期の作品である「眠れる巨人」（一九〇一年）と『古琉球』の「琉球史の趨勢」の延長線上にある。森「前掲」を参照されたい。
(61) 喜山荘一『奄美自立論』南方新社、二〇〇九年、二二九頁。
(62) 同、一二二頁。
(63) こうした蘇鉄地獄をめぐる沖縄近代史の論争と関連付けて考えるべき奄美研究は、皆村武一『奄美近代経済社会論』（晃洋書房、一九八八年）である。同書における皆村の立論の一つの特徴は、流通あるいは移出入構造への注目であり、かかる点は向井の議論にも通じる。
(64) 『鹿児島県議会史　第1巻』鹿児島県議会、一九七一年、九四三頁。
(65) 伊波「琉球民族の精神分析」（前掲）一二頁。
(66) 伊波普猷「琉球処分は一種の奴隷解放也」喜舎場朝賢著『琉球見聞録』親泊朝擢、一九一四年。後に再版された『古琉球』にも収録。

（67）伊波と奄美の関係については、既に弓削政巳「伊波普猷の奄美観と影響」『新沖縄文学』（四一号、一九七九年）がある。伊波の奄美における影響や痕跡が、同論文により綿密に議論されている。ここでは、弓削の伊波と奄美の関係史にかかわる緻密な研究をふまえ、伊波自身の自画像としての琉球史にとって奄美が登場する意味を伊波の思想史的な展開の中で考えようとしている。
（68）伊波普猷『伊波文學士講演　南島史考（琉球ヲ中心トシタル）』私立大島郡教育會編、一九三一年、一〇六―一〇七頁。
（69）いれいたかし「南島人の歴史意識」いれいたかし『沖縄人にとっての戦後』朝日新聞社、一九八二年。『沖縄文学全集18巻』（国書刊行会、一九九二年）所収。同『全集』二一七頁。
（70）伊波『南島史考』（前掲）六頁。
（71）同、五頁。
（72）同、一〇頁。
（73）伊波普猷「古琉球の歌謡に就いて」『財団法人啓明会第十五回講演集』一九二五年一二月のちに『琉球古今記』刀江書院、一九二六年に所収。
（74）竹島純については、奄美郷土研究会により関係資料の収集が進められている（『奄美郷土研究会報』四二号、奄美郷土研究会〈名瀬〉、二〇一一年）。その中には、一九二四年に東京の友人への年賀状への返事として次のような文章がある。「駄馬だ駄馬だ、主人に飼われて、監督に鞭れて、えさを貰いて、目当てもなく進むのみ、そこに何の自由がある……（南島人）」（同、一一七頁）。また竹島は、関東大震災時には東京で教師をしていた。

第四章　帝国の人種主義

あんたはサルデーニャ人だから貧乏なんだ(1)。（アントニオ・グラムシ）

Ⅰ　奴隷と帝国

(1)　賃金奴隷

これまでにも述べたように、伊波普猷にとって奴隷という言葉は、克服しなければならない自己を示す言葉としてありつづけた。また、伊波の思想の底流に存在し続けたこうした奴隷へのこだわりは、乗り越えなければならない抑圧として近代が始まった者たちに通底する問いでもあった。たとえばトニ・モリスンが、「近代的生は奴隷制とともにはじまるのです」というとき、新しい時代の開始であるはずの近代が、初発から乗り越えなければならない障壁であったことが示されている(2)。またこのトニ・モリスンの発言を受けてポール・ギルロイが、「自らの近代性への幻滅とともに近代性への達成への熱望をも構成してきたのだ」と述べるように(3)、そこには確かに幻滅と熱望の入り混じった近代への情動があるだろう。

いまここで、奴隷という言葉で何かをひとまとめにしてしまおうとしているのではない。確かに伊波の奴隷という言葉は、黒人の公民権運動の指導者であったブーカー・ワシントンや梁啓超といった人々と共振している。しかし、だからといって米国内の黒人の歴史と沖縄が同じだということをいおうとしているのではない。むしろ逆に、近代という均質にみえる歴史が、重なり合う複数の奴隷たちの歴史でもあるということが重要なのだ。いやもっと正確にいえば、近代が近代として成立する条件として、この複数の奴隷の歴史が同時に存在し続けているということなのだ。

では伊波が蘇鉄地獄の渦中において発した、再び奴隷になるという警句の先に、いかなる未来を見出せばよいのだろうか。より正確にいえば、国家が救済の為に介入し、人々が流亡する中で再度感知された奴隷という言葉を、どのような抑圧と離脱の可能性として聞き取らねばならないのか。それは前章で「琉球民族の精神分析」を軸にして考えた、南島人の未来の問題でもある。

ところで伊波は、一九二八年から一九二九年にかけて、ハワイ、サンフランシスコ、ロスアンゼルス、メキシコを訪れ、各地で講演を行った。帰国後伊波普猷は、ハワイで農業労働者として働く日系移民について次のように述べている。

労働者を親として生まれ、反哺の義務まで負わされている日系市民が、貧乏線以上をでるにはハワイは余り（に）資本主義的色彩が濃厚になっていることを知らなければならぬ(4)。

河上肇の『貧乏物語』から引かれたのではないかと思われる「貧乏線」という言葉を用いながら、ここで伊波が描いているのは、まるで奴隷身分のように出自によって運命づけられた農業労働者たちである。いくら教育を受けても知識を持っていても、奴隷は生まれながらにして奴隷だというわけだ。あえていえば伊波は、資本主義に対して、自由ではなく、運命を押しつける強制力を発見したのだ。そしてこうした認識をふまえて、次のように述べる。

かうした土地柄に於て、無産者を親に持つ日系市民の前途は実に哀れなものと言わなければならぬ。彼等が如何に政治的に目覚めたとしても、現代の政治が経済的の集注表現である限り、彼等は到底被抑圧階級の運命から逃れることは出来まい。もし彼等に幾分前途があるとしたら、それは米国自身の資本主義の崩壊する秋でなければならぬ。／以上述べたことによつて、海外に無産移民を送り出すことを「海外発展」といふことの穏当で無いことが知れよう。布哇に於ける半世紀間の経験は、既にこの種の移民が永久に賃金奴隷であることを証明した。これは啻に布哇に於て事実であるのみならず、今後恐らく南米に於ても繰り返されるに違ひない。思ふに、この種の移民の送り方は、「海外吐出」とでもいふ可きもので、人口調整策以外の何物でも無く、真に「海外発展」とは、やがて一定の資本と共に移民を送出すことでなければならぬ(5)。（傍点—引用者）

この文章の背景には、まず米国における排日運動と、入国の禁止、土地所有の禁止を定める一九二四年の排日移民法制定がある。またそこには、ハワイのみならず、カリフォルニアなど米国に広がる排日運動、移民排撃運動があるだろう。「Keep California White!」というスローガンに端的に見られるように(6)、米国に登場したレイシズムこそ、この伊波のハワイにかかわる文章の背景として存在するのだ。そしてここで伊波が「日系」と述べる人々とは、まずもって沖縄からの移民たちである。ハワイ、カリフォルニア、メキシコの各地で伊波は、当該地で暮らす沖縄移民の人々と交流している。たとえばカリフォルニアで伊波を受け入れ、講演会を準備したのは在米沖縄青年会であり、この会のメンバーには、一九三二年一月一五日のロサンゼルス近郊で開催された米国共産党の大会に参加し、逮捕され弾圧された者たちも多数含まれている(7)。この者たちにおいても河上肇は、読まれていたようだ(8)。

この在米沖縄青年会が、日本における一九三〇年の衆議院選挙に向けて出したと思われる「声明書」には、「蘇鉄地獄の惨状を呈している沖縄の労働者農民の生活の現状」を指摘し、次のように述べている。

それ故に在米の我等労働者農民は我沖縄の労働者農民と連絡して我らの真の代表者を議会に送り我等の階級的利害に闘争を遂行せしめねばならない(9)。

蘇鉄地獄という危機は、地理的範域をこえた沖縄の自己認識と、深くかかわっていたのである。「蘇鉄地獄の惨状」の中で、「在米の我等」と「我沖縄」は連結し、「我等」になるのだ。またそれは、第一章で述べた沖縄青年同盟においても共有されている広がりだろう。そして伊波の一九二八年から翌年にかけての講演旅行は、このような広がりの中で沖縄を思考する契機であったに違いない。上記の賃金奴隷は、この「我等」の広がりに対して伊波が与えた呼び名なのである。伊波が再び奴隷になるという警句の先に見出したのは、こうした賃金奴隷の領域だったのだ。そしてそれは、すでに検討した「亡国の流民」（新川明）、あるいは「さまよへる琉球人」（広津和郎）にかかわる問題領域といってもいいかもしれない。

この賃金奴隷という伊波の言葉において本章で問題にしたいのは、賃労働が奴隷のようだということではない。資本制がまるで奴隷制のようだといったような、奴隷という言葉を搾取を強調するメタファーとして理解するのではなく、近代にかかわる決定的な歴史認識の要として、この奴隷という言葉をやや理論的に検討したいのである。すなわち資本の自由には、運命的な奴隷的存在が同時に存在するという認識であり、伊波はそこに再び奴隷となった琉球民族を見出したのだ。それは前述したように、近代が近代として成立する条件として、複数の奴隷の歴史が同時に存在し続けているということでもあるだろう。

そしてかかる賃金奴隷の解放を考える時、先に引用した伊波の文章からは、この賃金奴隷が「真」の「海外発展」において解消されていくという展望が描かれていることが、極めて重大な論点として浮かび上がるだろう。引用部分の最後の言い回しにあえてこだわれば、「資本と共に」賃金奴隷の未来が描かれているのである。そしてかかる点は、次に述べる帝国の新たな再編と深く関係するだろう。人々が流民化する蘇鉄地獄は、帝国再編の問題でもあったのだ。先取りしていえば、この帝国の再編に、未来を簒奪されてはならないのである。

（２）資本という問い

運命とは、抗えない自然的条件でもある。奴隷という自然が資本における条件であるということは、それが問われることのない、あるいは問うことが禁止された前提でもあるということだ。ギャヴィン・ウォーカーはこの前提条件の位置に、民族問題を据える[10]。民族はこの自然的領域を担うのであり、かかる意味で資本の前提なのだ。こうしたウォーカーが議論の起点として考えているのは、マルクスの『資本論』第一巻最終章の「近代植民理論」である。ここでマルクスは、資本とは実体ではなく関係であるとした上で、その関係であるはずの資本が社会的実体として存立しうる前提として植民地支配があることを描き出す。それをふまえウォーカーは、この資本存立の前提を維持し続ける機構として、今もなお「ポストコロニアルという条件」が重要であり、民族問題はこの条件にかかわる問題であるとした。

その上でウォーカーが重視するのは、土地の収奪とともに相対的過剰人口を生み出す工程であり、その機能不全である。それは資本の論理としての産業予備軍が作動しないという事態であり、まさしく労働力という範疇が所与の存在として定立できないという、資本が自然法則的に展開するための前提にかかわる機能不全といってもよい。この産業予備軍の機能不全については、後段で再度検討するが、この、前提が前提として成立しない領域に、ウォーカーは、そしてマルクスは、強制的な暴力と国家を設定する。「古くからの文明国家群においては、労働者は自由であるとはいえ、資本家に自然法則的に依存しているが、植民地では、この依存関係そのものが人為的手段を通じて作り出されねばならないのだ」[11]（傍点—引用者）。資本との関係が法則的に措定されていることの前提として、植民地における人為的関係があるのであり、自然化された民族とは、資本の前提である産業予備軍の人為的調達と暴力の作動にかかわる領域なのである。いいかえればそれは、帝国が資本の運動でもある以上、レイシズムを前提にせざるを得ないということであり、逆にいえば反レイシズムの運動は、同時に反資本の運動でもあるということだ。

あるいはこうした資本の論理の前提としての人為的領域は、足立真理子がローザ・ルクセンブルクに言及しながら述べた、産業予備軍の底流に想定されている「従順さの自然性」という論点とも深くかかわるだろう(12)。足立は、ローザ・ルクセンブルクが『資本蓄積論』の執筆動機として掲げる入門書である『経済学入門』をとりあげ(13)、そこにおける産業予備軍の記述に登場する労働者の従順さという前提に注目する(14)。すなわち産業予備軍が機能するには、資本との契約を待つ待合室でお行儀よく待機している存在が想定されているのだ。そしてこの従順さをローザ・ルクセンブルクは、アリストテレスに言及しながら「自然」と述べ、そこに「奴隷」を見出すのである。すなわちローザ・ルクセンブルクは、この従順さを「どんな搾取形態にたいしても責任を負わされている「自然」」と述べたうえで、この「自然」において「大量の人民大衆を奴隷状態の恥辱的地位にまで引き下げて」きたとする(15)。

もちろんこれらは、本源的蓄積、また労働力という範疇にかかわる問題であるだろう。この点については後段でルンペンプロレタリアートにかかわる問いとして検討したいが、その前に、今注目したいのは、資本の論理の完結性をめぐる議論ではなく、資本の論理的展開の前提が、人為的なものが自然的な運命として到来する者たちによって担われているという点である。すなわちそれは、やはり奴隷という問題だ。あるいは受け入れがたい奴隷としての自己を、脱出不可能なアポリアとして受け入れざるを得ない者たちと、それを論理として語る者たちの違いといってもよい。そしてそれは、ガヤトリ・C・スピヴァクが「批判しつつも密着している構造に『ノー』と言い、本来ありえない姿勢こそ脱構築の立場」であると述べたことにも重なるだろう(16)。スピヴァクは、脱構築を脱構築不可能な経験として設定する。また脱構築の起点であるアポリアとは、「根源的な他性の経験」であり「不可能なものの経験」であることを強調するのだ。

アポリアはディレンマやパラドクスといった論理的カテゴリーとは区別される。経験が前提とは区別されるように。アポリアは、それらの自体は通り抜ける出口のない状態のことであるけれども、通り抜けられているという経験において知られる。このようにしてそれらは魔性の中で開示されるのであり、かくして不可能なものの経験なのである(17)。

いまここで、デリダの議論に拘泥する必要はない。重要なのは、逃れ難い運命として到来した自然を、人為的なものとしていかに語るのかという問いである。すなわち、「不可能なものの経験」において、いかに語るのか。そして今重視したいのは、論理的説明ではなく、この不可能なものの経験とそれにかかわる言語の水準である(18)。その言葉には、同じことを言いながら別の次元に遡行していくような遂行性、あるいは対立ではなく対立を定義する土台それ自体が踏みぬかれるような敵対性が、帯電していくことになるだろう。

本章では伊波のいう賃金奴隷を、まさしくギャヴィン・ウォーカーのいうような、琉球民族の民族問題として検討する。その際、今述べた「人為的手段」あるいは自然として描かれる従順性が論点になるだろう。また本章で帝国の人種主義と呼ぶのは、この自然化された民族問題において構成される暴力にかかわっている。だが同時にこの奴隷という伊波の言葉が、奴隷を自然として、すなわち問うことが禁止された前提として受け入れざるを得ない者たちから発せられた言葉であることを忘れてはならない。くりかえすがそれは、乗り越えなければならない抑圧として近代が始まった者たちの言葉なのである。

再び奴隷になるという自らが自らに対して発した自己言及的な警句の先に伊波が見出した賃金奴隷は、論理的に定義された階級への還元ではないのだ。傍点は奴隷に打たれるべきであり、そこには前述したように、遂行性と敵対性が帯電するだろう。あるいは、「批判しつつも密着している構造」に対する奴隷解放の戦略には、幻滅と熱望、また否定性と肯定性が混在しており、その近傍には、肯定性を自らの再定義に結び付けようとする帝国が待ち受けているだろう。くりかえすが解放を帝国に簒奪されてはならないのであり、伊波が「資本と共に」賃金奴隷の未来を描いたことは、かかる分岐の最前線における接近戦を示しているといってよいだろう。

Ⅱ　帝国の人種主義

(1)　人種と社会防衛

ところでアジアにおける人種概念は、まずもってヨーロッパの世界認識の中で登場するのであり、その人種的認識においては、日本も含めて一括してアジアとして認識されている(19)。そして帝国日本にとっての人種概念は、こうした均質なアジア認識からの種別化の中ではじめて問題になるのである。たとえば高橋義雄の『人種改良論』(一八八四年)やそれへの加藤弘之の反論は、高橋の主張する「雑婚」の是非という問題を超えて、一方的に付与された人種概念を操作しうる存在として再設定し、その操作(改良)の延長線上に日本人を見出すという点では共通している。

あるいは、後に取り上げる大東亜共栄圏における構想を記した一九四三年の『大和民族を中核とする世界政策の検討』においても、「西洋文明を短時間に吸収して自己の文化の栄養となし得たのはアジア人の中で日本人だけである」[20]とのべられているように、そこには人種を開化という実践における強度の差として再設定し、その開化という競争の勝利者として自らをアジアから種別化するという帝国日本の人種概念の一貫した展開があるだろう。

またこの引用部における「自己の文化の栄養となしえたアジア人」という表現からも想像できるように、こうした屈折した受容の中で人種概念は、一部の学者をのぞいては生物学的な定義からはなれ、民族や文化、歴史意識といった社会的概念と交じり合いながら登場することになる。黎明期の日本人類学者として著名な鳥居龍蔵は、一九一三年の『東亜之光』（八巻十一号）において、西洋から輸入された人類学に変わって、日本独自の「東洋民族学」を唱え、かかる学において帝国内部の住民を記述するべきだと唱えたが[21]、そこには西洋から輸入された人種概念に代わる帝国日本における新たな概念形成があるだろう。日本における人種概念の受容は、人種概念のあいまいさと社会文化的要素の混入において理解されるのであり、それはまた人種主義という用語の曖昧さともかかわるだろう。

しかしこうした生物学的用語からは定義されきらない曖昧な人種概念は、別の形でコード化されることになる。人種を操作可能な文脈に置き換えその改良実践に日本人の優秀性を見出す中で、前述した高橋義雄は中国、朝鮮を「下級文明」であり「半開」とみなしているが、こうした文明論的な文脈における未開、半開は、しだいに別の文脈において科学化されていった。高橋から三十年近くを経て登場した海野幸徳の

『日本人種改造論』（冨山房、一九一〇年）においては、未開に対して「精神病者」や「犯罪人」といった言葉を重ねている。そこからは、精神医学や犯罪学が、曖昧な人種概念における未開を再度コード化していることが見て取れる。

それは、単に諸科学の新たな融合という学知の科学史的系譜の問題にとどまらない。一九〇七年の刑法改正やそれにともなう刑法学者牧野英一をはじめとする新派刑法学の登場、あるいは一九〇〇年の精神病者監護法に見られる「異常者」への保安処分にみられるような権力構造の変化が、この再コード化には対応している(22)。すなわち、社会防衛を優先させながら「犯罪者」や「異常者」と個人的資質を結びつけ、その資質を科学的に定義し、こうして定義された個人的資質を予防的に監視し、隔離する権力の登場である。こうした社会防衛の文脈の中で、あいまいな人種概念における変更可能な未開は、再定義されていったといえる。未開は、「犯罪者」、「異常者」の中に再発見されるのである。また新派刑法学に象徴される社会防衛論と治安管理を担う権力の重なりは、その後の保安処分をめぐる動向や心神喪失者等医療観察法など、今日まで通ずる現在的な問題でもあるだろう。以下、こうした社会防衛論と人種概念の重なりを念頭におきながら、日本帝国における帝国の人種主義を検討したい。

(2) 帝国の人種主義

ところで第三章で述べたように、蘇鉄地獄の中で沖縄は、植民地農業としての崩壊か国内農業としての社会政策的な救済かという議論の中で、内でも外でもない、あるいはその双方が重なり合う場所に放り出された。法的救済を申請する者と流出する者の重なりも、この内と外の間の場所に関わっているだろう。

そして内と外が重なり合い国境のデッサンがあやふやになる事態こそ、次の帝国の登場を招来することになるのだ。

この、蘇鉄地獄という危機を契機として登場する帝国を考えるには、その危機が持つ帝国における広がりを検討しなければならない。既に述べたように蘇鉄地獄は、植民地農業としての糖業の世界的規模での再編のひとつの具現化であり、日本帝国においては、台湾、南洋群島などを巻き込んだ植民地農業の展開とともにあった。こうした植民地農業の再編過程は、とりあえず経済の崩壊による相対的過剰人口の析出と社会政策的介入において構成されている。またその動きは、大東亜共栄圏の経済構想の中で、より明確になっていった。

たとえば糖業資本は、台湾領有にともない、早い時期からカルテル体制を完成させていたが、その連合組織である日本糖業連合会は、一九四二年に『大東亜共栄圏内における糖業に就いて』という文書を作成した。そこでは、ジャワ、フィリピンを日本帝国が制圧した後は、もはや沖縄、台湾、南洋群島の糖業は不要だという議論に対し、こうした地域における糖業の必要性を述べている。すなわち、台湾、沖縄、南洋群島における糖業が、砂糖生産というよりも、「統治・経済開発」や「地域産業振興」において、いいかえれば地域社会の安定において重要であることが、主張されているのである(23)。つまりここでいう「統治・経済開発」あるいは「地域産業振興」は、社会の崩壊を社会政策的にささえる必要性のことであり、それは文字どおり帝国による「統治」の問題だったのだ。ここでは沖縄は台湾、南洋群島と並置され、そのうえでこれらの地域は社会政策による救済、保護の対象として再設定されている。

そしてこの再設定の中で、ジャワ、フィリピンを文字通り糖業生産基地としてかかえこんだ帝国が浮かび上がるだろう。生産の崩壊に伴う社会の崩壊を維持することと、植民地農業を維持することの二つのモーメントの中で、帝国の再編が進んでいったのである。いいかえればそれは、社会秩序の維持は、生産崩壊に伴う流民たちに、不断に脅かされているということでもあるだろう。この『大東亜共栄圏内における糖業に就いて』は、統治にかかわるこうした帝国の不安を潜ませているのだ。

こうした帝国再編のモーメントは、当然ながら糖業にかかわることだけではない。そして乱暴にいえば、かかる流民たちへの帝国の不安こそ、社会防衛としてのレイシズムの問題でもあるのだ。だが同時に後段で検討するように、糖業が帝国再編の一つの典型として存在したのも事実であり、かかる点において、第三章で述べた蘇鉄地獄の世界性の、日本帝国における意味が、浮かび上がることになる。

先に少しふれたように、一九四三年に刊行された『大和民族を中核とする世界政策の検討』という文書がある。一九八一年に古本屋で発見されたというこの冊子は、百部だけ作成された機密書類であり、厚生省研究部人口民族部の四〇名の研究者が無署名で執筆した三千ページにもおよぶ長大なものである[24]。同冊子は基本的には膨大な事項と知識の集積であり、帝国をいかに学的に表現するのかということにかかわる学知の総動員の感がある。

この冊子の一つの軸は、表題からもわかるように、「大和民族」や「日本民族」（この二つは区別なく登場する）と他の諸民族を定義し、「指導民族」たる「日本民族」を中心とした世界民族地図でもって世界を描き出すことである。この作業においては、「民族は可変的なものであって固定的なものではない」[25]とした上で、民族の「要素」が列挙されている。すなわち生物学的条件として、（1）遺伝（2）変異（3）混血、地理的条件として、（1）気候（2）地形（3）食料（4）災害（5）疾病（6）、また民族的移動、社会的文化的条件として、（1）経済制度（2）政治組織（3）風俗習慣（4）家族制度（5）婚姻制度（6）育児（7）宗教社会事業（8）教育訓練（9）戦争、などである(26)。これを概観するだけでもわかるように、同冊子では、「生物学的」あるいは「文化的」なさまざまな要素の折衷的なカテゴリーとして民族が設定され、こうした設定の下で「日本民族」ならびに他の諸民族が定義されているのである。

帝国の膨張を民族という統一体でもって秩序付け、その秩序の中心に「日本民族」を描き出そうとするこうした営みにおいて、沖縄あるいは沖縄人はどこに存在するのだろうか。あるいは蘇鉄地獄が抱え込んだ歴史性は、この肥大化した帝国の夢の中にあって、いかなる軌跡を描くことになるのだろうか。たとえば、この冊子を全面的に検討したジョン・ダワーは、次のようにその内容を要約している。

まず第一に報告書は、教養ある日本人の専門職の手になる経験的な人種主義につていの非常に詳しい実例である。次に、日本の領土拡張政策と、その人種的、文化的な優越性という想定との関係についての率直きわまりない声明である―換言すれば、『汎アジア主義』とか『共栄』といったスローガンにより日本人が真に意味するものの核心をなす、諸民族・諸国家間の恒久的な階層性と不平等という想定についての声明である。最後に報告書は、日本人の人種主義と自民族中心主義が、時に言われるように他に類を見ない独特な現象とはほど遠いことを示している。日本人の至上性の主張は、西洋の圧力と同様に西洋の知的な影響を反映していた。最も興味深いかも知れないのは、日本人を『指導民族』としてきわだたせるために使われる言葉が、西洋の人種主義のモデルとは著しく異なるように見える場合でも、より詳しく分析すると至上主義のパターンは類似していることを示唆していることである(27)。

この冊子を考える上で重要な指摘が、ここにはある。またそれは同時に、さらに批判的に検討しなければならない諸点でもある。確かに「指導民族」としての「大和民族」「日本民族」の優位性を主張していく同冊子の作業は、ダワーが指摘するように人種主義と帝国の「階層性と不平等」の構造を対応させていくことであり、同時にこうした対応関係は、「独特」な日本的現象なのではなく、「西洋」からの人種概念や人種主義の受容、あるいはダワーが展開したような「西洋」と日本の人種主義の相互規定にかかわる問題でもあるかもしれない。だが、「諸民族・諸国家間の恒久的な階層性と不平等」という人種化された帝国の階層構造の中で、蘇鉄地獄を抱え込んだ沖縄は、どの位置を占めるのだろうか。階層構造が指示する地政学的な地図を広げ、「内地」と「台湾」の間あたりに、その場所を探せばよいのだろうか。

ところで同冊子では「混血」の忌避にかかわる記述が極めて大きな比重で存在するが、それはダワーが指摘するようにナチスの人種主義の学知的な受容でもあるだろう。たとえば同冊子では、「混血」にかかわって次のように述べている。

> 民族接触は民族移動から発生するものであつて、異なった種族の接触と交叉は二つの異なつた側面即ち生物学的現象と社会学的現象との変化を結果する。一つは以前分離してゐた血統の混濁であり、他の一つは文化傳伝の秩序の破壊である。前者は人種の純血性を毀損し、後者は隔離して前時代に確立されてゐた文化的均衡が多なり少なり撹乱されることを意味する(28)。

同冊子において、「混血」への排撃は繰り返し登場する。そしてそれは排撃というより、人種が重なり合うことへの、極度の恐れといったほうがよい。またそれは、人種化された帝国の階層構造の証左というより、「民族移動」の拡大において生じる「民族接触」に対する社会防衛として考える必要があるのではないだろうか。たとえば、異民族間の婚姻を同冊子では「雑婚」と表現し、「混血児はその両親人種よりも平均して劣等であり更に雑婚する夫婦はその一方が所属人種の平均よりも劣等なことが多い」(29)として、この「雑婚」を行う者たちに「売笑婦」「不良」「犯罪者」「飲んだくれ」「ごろつき」などを重ねている。こうした記述からは、欧米からの「混血」に関する知の受容というより、「混血」がたんに「混血」というだけではなく「不良」や「犯罪者」の「混血」であるがゆえに排除しなければならないという、社会への危険分子に対する恐れが、看取できるのではないか。すなわち階層構造というよりも、人が流動化し、「接触」する機会が拡大するなかで、その「接触」を危険とみなしながら社会の統一性を再度作り上げようとするところに、同冊子における「混血」や民族の設定が存在しているのではないだろうか。

ではこの流動化と、流動化のなかで増大する接触への恐怖とは何か。先取りしていえば、それは文字通り前述した生産崩壊の伴う流民たちの登場に対する社会防衛であり、かかる点にこそ帝国の人種主義が位置づけられるのではないだろうか。またそれは、蘇鉄地獄を抱え込んだ沖縄の問題でもあるだろう。

Ⅲ　階級の人種主義

（1）広域経済

ところで、民族政策におけるかかる流動化と流動化への恐怖という問題は、同冊子における大東亜共栄圏の経済構造に登場する広域経済という議論に深く関係する。すなわち同冊子における民族という概念において重要なのは、「西洋」からの概念の受容にあるのではなく、それがまさしく国民経済と植民地経済の新たな再編とセットになって登場しているという点にある。またそこにこそ、人種主義の概念上の受容や相互規定という問題を超えた、世界史的な同時代性が議論されなければならないだろう。同冊子において大東亜共栄圏の「経済的構成」は、以下のように「民族政策」として語られている。

今次の大戦は世界経済を数個の広域経済圏の分裂に導いた。われわれの周囲に於いては我國を中心とする大東亜共栄圏、独伊を中心とする欧州経済圏、南北アメリカを結ぶアメリカ経済圏、およびソ聯邦の四大広域経済圏が再編成されつゝある。然しこれらの四箇の広域経済圏はそれぐその経済的基礎を異にし、指導原理を異にしてゐる。／広域経済圏としての東亜共栄圏の政治的、経済的構成はいふまでもなく事変遂行のための高度国防國家の建設に目的が置かれてゐるものであるが、それが成功するためには東亜広域経済圏の構想の外に、それらの基底をなすところの内部的に分裂してゐる諸民族を有機的に結合せしめる民族政策の確立が必要である(30)。

広域経済の登場の中で、帝国の統一体としての再編制が求められ、その新（再）秩序の「基底」として、「日本民族」ならびに他の諸民族の設定があるのだ。いいかえれば広域経済を帝国の領土において実体化することが、同冊子における民族の設定だったのである。ではこの広域経済とは何か。

大学を去った宇野弘蔵が、日本貿易振興協会日本貿易研究所の調査部主任として編集した『糖業より見たる広域経済の研究』（栗田書店、一九四四年）は、この大東亜共栄圏の「経済的構成」として描かれた広域経済を検討するための、最も重要なテキストである(31)。同書の「序論・結語」において、宇野はナチス・ドイツの広域経済論を糖業において検討している。自由貿易を統制し、「アウタルキー」をめざさんとするナチス・ドイツの広域経済は、これまでの植民地経済あるいは自由貿易を越える理念として、大東亜共栄圏構想の中でもしばしば登場した。また宇野にとって糖業は、日本帝国をこの広域経済として検討する上で、重要な論点だったのである。

宇野の展開した広域経済は、「植民地自身で消費されない植民地生産物が生産制限しなければならないということは、すでに従来の植民地制度自体に対する深刻な批判をなすものである。広域経済は先ずこの問題を解決するものでなければならない」という基本的理解から出発している。そして宇野においては、「砂糖はかかる植民地特産物を代表するもの」として設定されている(32)。この宇野の議論は、「植民地特産物」の「代表」たる砂糖が、一九二〇年代に既に世界市場において過剰になり、価格の急落を契機にして国内経済と植民地経済の再編が余儀なくされるというものである。それはまさしく蘇鉄地獄という危機でもあるのだが、同書において沖縄糖業は、言及されていない。またこの危機への対応としての帝国の再編において、国内産業の保護を主張する保護貿易も、世界経済に媒介された自由貿易も批判され、無秩序な世界経済にかわって広域経済が主張されているのである。

　宇野において広域経済は、こうした国民経済と植民地経済の同時的再編とでもいうべき形で主張されるのであり、こうした再編の中で、「本国と植民地との経済関係に国内関係にも準ずべき不可分の協同関係」（強調―引用者）の構築が求められている[33]。また植民地経済の崩壊と国民経済の政策的維持の重なりは、まさしく糖業において顕在化したのである。そして繰り返し述べたように、植民地ジャワと世界市場において連結した沖縄糖業は、植民地経済として崩壊すると同時に、国内として保護された。言及されない蘇鉄地獄という危機は、宇野のいう新たな「国内関係」、すなわち広域経済という帝国への道程に据えられたのである。

　ところでこの広域経済においては、社会を組織し得ない資本の運動は統制され、商品と商品の交換関係は管理されることが、前提とされている。第三章では沖縄糖業が商品流通を介して資本に包摂されたと述べたが、このような、世界市場と共に偶然的に広がる「辺境の植民地化」は、広域経済には存在しえない。「砂糖はもはや世界商品としてではなく、『広域商品』として生産されなければならない」のであり[34]、「辺境の植民地化」において指摘したような「それらの商品が出てくる生産過程の性格はどうでもよい」のではなく、「広域商品」の生産でなければならないのである。そしてこうした商品世界の管理、世界市場の統制という理念は、広域経済のみならず、あえていえば、スターリンによる計画経済ならびにニューディールにも通低しているのであり、革命と反革命を問わず、一九三〇年代以降の世界性の中に存在する[35]。

　この「協同関係」という国内関係が、大東亜共栄圏において実現したわけでは決してない。だが新たな「国内関係」という新たな領土が構想されざるを得ない危機自体は、現実化していたのであり、その典型こそが糖業だったのだ。したがって前述した大東亜共栄圏における糖業再編と統治への不安は、広域経済が展望されていくプロセスに他ならないのであり、ここに帝国のレイシズムが必然化する根拠があるだろう。そしてそうであるがゆえに、世界市場により解体していった沖縄糖業の広域経済にとっての位置が、あるいは帝国の中核たる「日本民族」における沖縄の存在が、そこには暗示されているのである。直接的にはまったく言及されていないこの地が、そして蘇鉄地獄にかかわる歴史性が、この肥大化した帝国の構想からは感知されなければならないのだ。

一九二〇年以降の世界砂糖市場において、沖縄糖業の解体は既に現実化していた。ここに、一九四三年に刊行された同冊子や同時代の宇野の議論に内在する、ある種の奇妙な否認が存在するだろう。広域経済にしても、前述した日本糖業連合会の主張にしても、既に生じていた蘇鉄地獄という危機に直接言及することなく、市場を介した糖業解体の危機の将来的可能性を論じている。あえていえば、今後の大東亜共栄圏の建設にかかわる未来の課題として、既におきている蘇鉄地獄という危機を密かに設定しているのだ。すなわち、蘇鉄地獄という危機は、一方では法的救済において「沖縄問題」として対象化され、他方では直接言及されることのないまま、回避されるべき帝国の課題へと置き換えられたのだ。あえていえば広域経済は、こうした沖縄の消去と置き換えにおいて登場したといえるだろう。

帝国の新たな「経済的構成」において消されていった者たちを感知する作業は、危機を抱え込んだ沖縄の、帝国の中での位置を探り当てることでもある。そして広域経済において蘇鉄地獄とは、国内に存在しながら、植民地化され、結果的に解体していった国民経済の痕跡に他ならない。しかもこの植民地化においては、植民地経済が成立する可能性が既に閉じられている。台湾や南洋群島における植民地経済自身が再編されなければならない状況の中で、沖縄糖業はただ解体し、救済の対象としてのみ議論されたのである。国民経済の解体を最も集中的に表す糖業において牽引された蘇鉄地獄とは、国内に存在しながら植民地化され、さらには植民地経済も展望できないまま崩壊していく事態だったのである。そこでは人々はただ放り出されていくことになる(36)。またこの放り出された者たちは、既に存在しているにもかかわらず、帝国の構想においては回避されるべき課題として議論されている。広域経済を基底にした「協同関係」という領土には、蘇鉄地獄を抱えた沖縄は存在しないのだ。

ところで前述したように、広域経済が主張されているこの『大和民族を中核とする世界政策の検討』は、地政学的区分を越えて拡大する流民の群れを、「不良」、「犯罪者」として名づけながら民族政策において構成される社会秩序の危機として描こうとした冊子でもあった。帝国の人種主義は広域経済が前提とする危機において登場しているのであり、だからこそ流民の人種化が焦点になるのだ。それは同時に、社会防衛と予防弾圧こそが、すなわち尋問の形式こそが、人種主義の軸になっていくことでもあるだろう。またそれは、今日においてバリバールが階級の人種化とよぶ事態に他ならない。

バリバールは、一九世紀パリの民衆騒乱をパリに流れ込む流民たちの群れにおいて描きだしたルイ・シュバリエに言及し、この人々の流動状況を道徳的、あるいは治安問題として定義する際に用いられた「危険な階級」という用語が、「労働者階級」全体にかかわるものとして想像される事態に、階級の人種主義を議論しようとしている。バリバールにおいてはこの階級の人種主義は、今日のグローバルな人の流動化に顕著なレイシズムなのであり、そこでは、「集団として資本主義的搾取へと運命づけられている人々」と「経済過程によるシステムの直接的管理から引き離されていながらも、搾取のための予備軍として維持されなければならないような人々」が、「一般的な記号で一括」される(37)。またそれは、カーストのように地位が運命的に定義される社会的世襲と、放浪という労働力としての流動性という「矛盾した要請」(38)を、一気に実現することでもある。そしてこの要請を担い、危険な階級と労働者階級を一括していく記号の内容を、バリバールは、以下のような点を指摘する。

すなわちそれは物質的かつ精神的な惨状の側面であり、犯罪や先天的な悪徳（アルコール中毒や麻薬常習など）、肉体的道徳的欠損、身体的不潔、性的放縦、人間性に「退化」の脅威をもたらすような特定の病気の側面である(39)。

これらの諸点は、道徳的規範、治安維持、衛生学、人口学、病理学などが動員さて構成されており、バリバールはそれを「人種主義複合体《コンプレクス・ラシスト》」(40)とも呼ぶ。またこの複合体においても「混血」は、焦点になるのだ。そして、『大和民族を中核とする世界政策の検討』における民族政策の記述に驚くほど一致するこれらの諸点が意味しているのは、帝国日本の人種主義が「危険な階級」への怖れにもとづいているということであり、そこからはバリバールのいう階級の人種主義こそが、看取されなければならないのではないだろうか。

国民経済と植民地経済の「協同関係」を構想する広域経済は、生産の崩壊と労働力の再配置にかかわる経済政策であり、そこには流民化する人々を運命的に資本に繋ぎとめておくことが要請されている。かかる「矛盾した要請」において、大東亜共栄圏の民族政策、すなわち帝国の人種主義の、階級の人種化とし

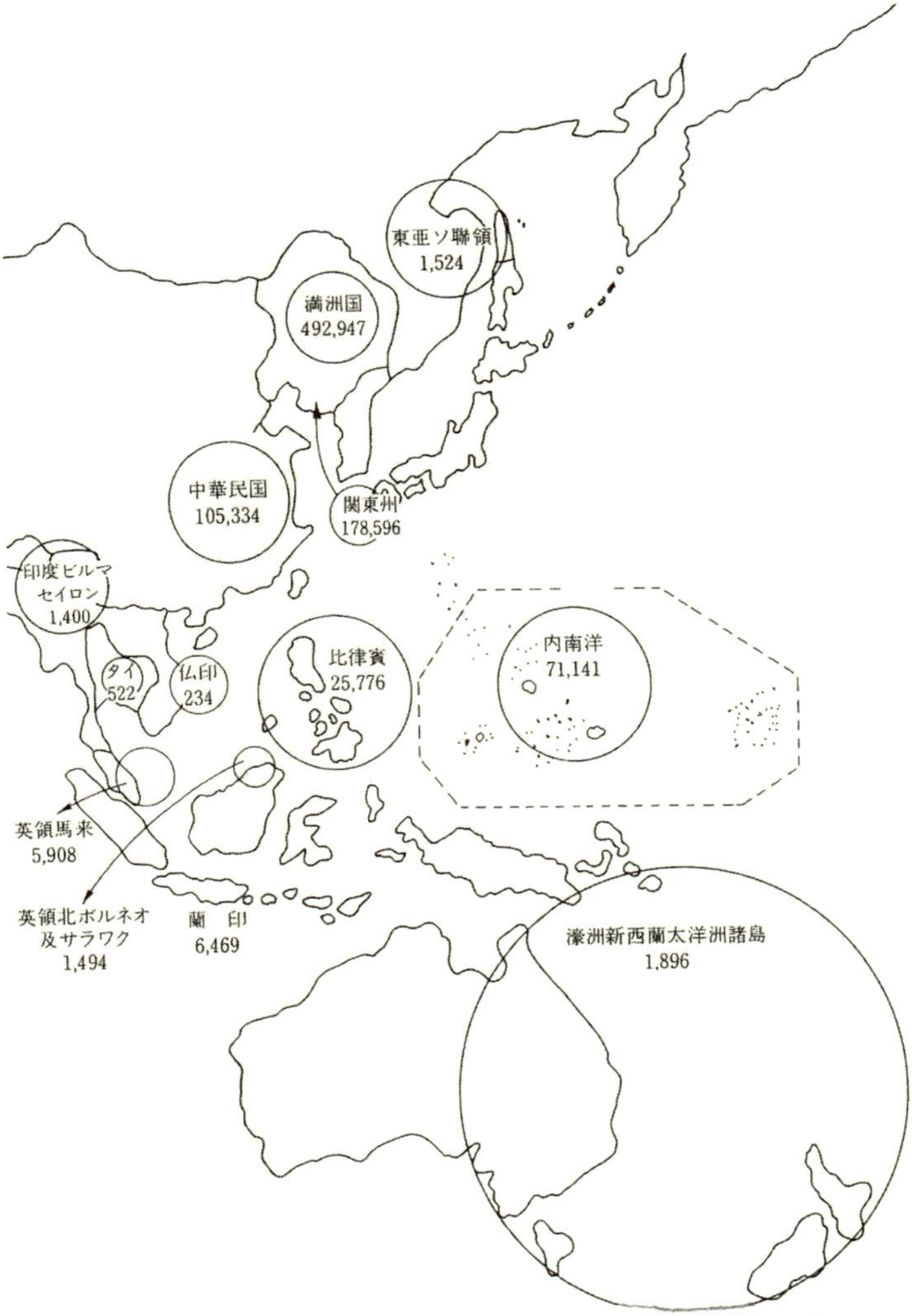

大東亜ニ於ケル邦人ノ発展（『大和民族を中核とする世界政策の検討』より）
数字は在留邦人　昭和13年1月1日現在

ての意味が明確になるだろう。このレイシズムは、流民を動因にしながら、それを存在しないものとして抹消し、広域経済が順当に成立するかのような自然的土台を確保するのだ。そして蘇鉄地獄を抱えた沖縄は、かかる大東亜共栄圏の領土では、新たな帝国の動因でありながら生産を担う場所として書きこまれることはなく、ただ賃金奴隷として存在することになる。

図1は、同冊子に掲載されている地図である。人々の移動は指導民族である大和民族としての「邦人の発展」として描かれると同時に、それぞれの地域における民族接触が問題になった。だがそこには沖縄の場所はない。この地図を見るものは、たとえば「内南洋　71,141」あるいは「比律賓　25,776」という記述に目を凝らしながら、蘇鉄地獄において放り出された人々の痕跡を、現前にあぶりださなければならないだろう。「内南洋　71,141」、「比律賓　25,776」と表記された者たちは、時には「ジャパン・カナカ」、あるいは「日本のバゴボ」とも表現されたのだ。それは賃金奴隷としての琉球民族であり、沖縄の場所はこの名前において指示されている。またそれは、まさしく「混血」の領域に他ならない。これは次に述べる、南方労働力問題に深くかかわっている。

(2) 南方労働力問題

ところで、『大和民族を中核としたる世界政策の検討』にみられるような帝国日本の自画像を考える時、それが統一的な統合体であるための軸となるような価値規範は、はたして存在するのだろうか。二章の生活改善運動にかかわっても言及したが、ホミ・K・バーバは、イギリス帝国のインド支配に言及しながら、一方で自由や民主主義という普遍的規範を掲げる国家が他方で帝国として他者を支配する際に、植民地や植民地住民が普遍的規範に満たないということが、専制的な統治を正当化する理由になっていること指摘する。そしてかかる支配を、「一に満たない、と同時に、二重である」（less than one and double）と述べている[41]。そこでは、「満たない」ことが同時に別の世界の比喩でもあるということであり、そこには「一」である帝国の崩壊への不安が、既に醸成されている。逆にいえば、既に存在する崩壊の危機は、まだ「満たない」という事態におきかえられることによって、不断に回避されているのだ。

またそこでは、分からないということが、計算可能（calculable）な量的理解に無理やりおきかえられているのであり[42]、この無理を遂行するのが、第一章で述べた尋問という形式に他ならない。何者かという問いが、不断にどう扱うのかという問いとして提出されるのだ。バーバはこうした問いの形式に、分かないという経験を分かったような物語に置き換える「遅延の文法」[43]（a syntax of deferral）を指摘し、そこに「ナルシスティックな権威の裏側には権力のパラノイアがある」と述べている[44]。すなわち、この尋問の形式と「遅延の文法」で作成される文書は、自らの見立てが崩壊するかもしれないという帝国のパラノイア的不安でもあるのだ。したがって「二重である」とは、帝国崩壊をどのような事態として想定するのかという重大な問いでもあるだろう。ここで再度、生活改善に焦点を絞りながら、その帝国の人種主義における意味を考えることにより、この問いを検討したい。

まずこのバーバの指摘にかかわって考えなければならないのは、こうした二重性が成立するには、前提として国家や国民を定義する普遍的コードが必要なのではないかという点である。では先述したように、日本帝国の場合この全体の統合の軸は、はたして存在するのだろうか。イギリス帝国に比べ日本帝国は、国民国家の成立と同時にその帝国としての支配の範囲を急激に拡張していった。そしておよそ九〇年にも満たない間に、琉球併合と同時にアイヌ民族の土地（アイヌ・モシリ）を北海道として獲得し、その後台湾、朝鮮、ミクロネシア（南洋群島）、中国東北部、そして東南アジアを含む大東亜共栄圏へと突き進んでいったのである。こうした経緯に対してとりあえず指摘できるのは、植民地支配をめぐる戦争状態が一貫して継続していたということであり、日本帝国においては暴力的な占領と統治が継続的に生起していたといえるだろう。

こうした展開の中で、日本の近代における学知は、日本人を文化的あるいは人種的に定義しようと躍起になった。それは前述したいわゆる人種概念にかかわる人類学を中心とした学知のみならず、国文学や国語学、あるいは歴史学においても同様である。すなわち、占領と統治の拡大の中で、支配されるべき他者を定義する作業と支配者としての日本人の自己を発見する作業が、近代日本の学知において遂行的になされていったのである(45)。

そしてだからこそ、拡大し続ける植民地戦争と暴力的な統治において、誰を日本人とみなすのか、あるいはみなさないのかという学知の問いは、そのまま統治技術における尋問の形式としても展開したのである(46)。それは、具体的な尋問という方法を指しているのだけではない。あの連中は何者なのかという問いが、すぐさまあの連中をどう扱うのかという統治技術的な合理性に直結する事態ともいえるだろう。

たとえば沖縄における人類学の展開は、こうした統治技術の中で登場した。伊波普猷は、台湾領有直後に沖縄を調査した人類学者である鳥居龍蔵の沖縄調査に、植民地統治にかかわる尋問の形式を感知していたのである。国内のひとつの県として併合された沖縄であったが、日本人とは異なる沖縄人の文化的差異を主張することは、すぐさま植民地統治の対象とされるのではないかという暴力への予感と直結していたのである(47)。普遍的な正当性が前提となった統合というより、尋問の形式の中で人々を監視し管理しながら遂行的に展開する統治が、日本帝国の場合、重要な論点になるのではないだろうか。

また、こうした植民地統治にかかわる尋問の形式は、第二章でのべた一九三〇年代における生活改善の問題でもあった。すでに述べたように沖縄は、蘇鉄地獄を契機に、内でも外でもない、あるいはその双方が重なり合う場所に宙吊りにされた。この宙吊り状態を救済されるべき日本国内に再定義していく作業として、先にふれた生活改善の実践を理解することは出来るだろう。既に何度も触れたように、生活改善という実践において改善すべき対象として言及されたのは、沖縄語をはじめ、はだし、葬送儀礼、サンシン、服装など、日常生活の諸点にわたっており、これらが「日本人になる」ための払拭すべき沖縄の風俗や文化として主張された。またそこでは公的な政治領域というより、日常的でドメスティックな領域における実践が、「日本」あるいは「日本人」の証として集中的に取り上げられたのである。宙吊り状態を救済されるべき日本国内に再定義し、国内問題としての「沖縄問題」を構成していく作業は、生活改善において言及されるこうした日常的でドメスティックな「日本人になる」という実践として、展開したのである。かかる意味で「沖縄問題」は、植民地統治にかかわる尋問の形式の延長線上にある。

だがこの生活改善は、極めて多様な側面を持つ。まずこの生活改善は、沖縄においては、一九三〇年代後半の翼賛体制構築をになった国民精神総動員運動において盛んに取り上げられた運動であった。それはまた、同時期に知事であった淵上房太郎が「沖縄文化抹殺論」を掲げ、沖縄語の撲滅を主張したこととも重なる。この沖縄語をめぐる文化政策は、後で言及する「沖縄方言論争」とよばれる論争を生みだすが、いずれにしても生活改善は翼賛文化運動とも重なり、後に日本への同化において検討されることになる。

そこには、他の植民地と同様に、民族的な階層構造を前提にした帝国による同化政策が沖縄においても展開したという前提枠組みがあるだろう。だが先にも述べたように、広域経済と階級の人種主義において構成される帝国の人種主義において沖縄の位置を考える時、こうした「大和民族を中核」として同心円状に広がる地政学的帝国の一つの地域として沖縄を位置づけるだけではない議論が、必要になる。すなわちそれは、一方では法的救済において「沖縄問題」として対象化され、他方では直接言及されることのないまま、回避されるべき帝国の課題へと置き換えられた、危機の領域の問題だ。

先ほども述べたように、生活改善において最も強くそして激しく言及されたのは、日常世界における沖縄語の使用であった。渕上知事が「方言撲滅」を掲げる中で、一九四〇年の一月、民芸運動をになう柳宗悦らの日本民芸協会のメンバーが沖縄を訪れた。柳らはその際、この「方言撲滅」に疑義を唱え、文化としての価値を主張する。これをきっかけに、沖縄における『琉球新報』、『沖縄日報』、『沖縄朝日』といった新聞メディアや、民芸協会が刊行する雑誌『月刊民芸』において、いわゆる「沖縄方言論争」が行われることになる。柳らの民芸運動における沖縄の位置については、ここではふれない。ただ民芸協会がどこまでも文化の問題として沖縄語を扱おうとしたことは重要な論点である。柳によれば文化とは、「正しきもの、誠なるもの、美しきもの、健やかなるもの」であり、どこまでの美的判断に基づくものであった(48)。だが、沖縄におけるドメスティックな文化の領域は、すでに「沖縄問題」という政治の舞台の中にあった。したがって文化という柳らの主張は、政治的なものを非政治化しているのであり、逆にいえばそれは、非政治的に思える文化が既に政治であるということの証左でもあるだろう。

こうした中で注目すべきは、むしろ沖縄語の払拭を語る者たちが何を目指したのかということであり、それこそ帝国の統合の軸にかかわる問いであるだろう。結論からいえば、沖縄語の払拭を語る者たちが目指していたのは、文化的な意味での日本や日本語の価値ではない。また先に述べたような「沖縄問題」の枠内において法的救済を求めることでもない。この「沖縄方言論争」の中で沖縄語の払拭を主張する者たちが思い描く未来とは、あえていえば領土としての沖縄からの離脱である。自分たちの未来は地理的に囲い込まれた沖縄では描くことができず、大阪や当時南洋群島とよばれた地域において生きる他ない。その未来において、沖縄語を払拭し日本語を手に入れることが必要だというわけである(49)。そこでは離脱と帝国への新たな統合が同居しているのだ。またこうした生活改善を考える時、それが沖縄のみならず、多くの沖縄出身者が居住する大阪や南洋群島の沖縄人コミュニティや組織においても展開したことが、重要である。この、沖縄という地理的範囲を超えた生活改善の横断的な広がりは、「沖縄問題」からの離脱と新たな統合を意味しているのである。

国内なのか植民地なのかという恫喝の中で、「日本人になる」ことを目指す人々は、同時に日本という国家が定義する「沖縄問題」としての沖縄から密かに離脱を開始したのである。それは第三章で検討したように、蘇鉄地獄の渦中における伊波普猷の「琉球民族の精神分析」においても看取できることである。すなわち、国家の法に依存することが、同時に法を見限り離脱することと併存しているのである。そしてどちらも、生き延びるための道筋であるだろう。生活改善は、こうした生の道筋にかかわっていた。

そして蘇鉄地獄を契機として、多くの人々が県外に生きる道を求めた。かかる側面から生活改善を考えた時、そこに怠惰の克服と勤勉さということが掲げられている点が、極めて重要になる。この怠惰と勤勉には、第二章で言及したように、一つには沖縄県振興計画の中で石黒忠篤がいったような、救済の法の適用を受ける「県民諸君の精神上の緊張肉体上の勤労知識の上昇」という自助努力の意味があるだろう。しかし、沖縄方言論争から浮き上がるのは、あえていえば、労働能力の測定の問題だ。すなわちそこでは、沖縄語を話すことは怠惰として、すなわちそれが一人前の労働者としてはみなされないという指標として了解されるという状況が、想定されているのである(50)。怠惰や勤勉は、蘇鉄地獄を契機にした国家の介入において定義される「沖縄問題」と、個々の身体にかかわる労働の二つの領域において、意味をもったのであり、これが、蘇鉄地獄という危機の表現としての生活改善という実践だった。生活改善の舞台である〈home〉は、国家が定義する「沖縄問題」と労働の世界の双方において、一つのアリーナとなったのである。

そして、「危険な階級」の登場と階級の人種主義において構成された帝国の人種主義において沖縄を考える時、この労働の世界における〈home〉こそが、すなわち土着的で自然化された領域こそが、重要になる。そこには、言語をはじめとする日常生活を構成する文化的差異を労働の能力において序列化していくという、置き換え作業があるだろう。そしてそれは、最初に述べたように、〈home〉に向けられた、あの連中は何者なのかという問いが、すぐさまあの連中をどう扱うのかという統治技術的な合理性に直結する事態でもあるだろう。そして何者なのかという文化的差異にかかわる問いと、どう扱うのかという技術合理的な問いの重なりは、日本帝国の南方侵出の実験場であった、南洋群島（ミクロネシア）においても、明確に見ることができる(51)。そこはまた、沖縄から多くの人々が農業労働者として流入した場所でもあったのだ。

第一次大戦後、日本帝国はミクロネシアを、委任統治領として獲得し実質的に植民地支配を行った。この、はじめて手に入れた熱帯地域において、多くの研究者たちが熱帯科学を同地において作り上げていったが、そこには二つの問いが混在している。ひとつはそこに住む「島民」たちとは何者なのかという問いであり、いま一つはこの人たちをどの様に処遇するのかという問いである。前者では人類学や人種学、後者では労働科学、衛生学、植民学が軸になった。そして両者の重なりの中で、文化的差異は労働能力の差におきかえられ、労働訓練が植民地経営の課題として設定されている。

たとえば労務監督官である鈴木舜一は、『南方労働力の研究』（東洋書館、一九四二年）において、ミクロネシアの住民に対し、「彼ら土着民には、労働の意志がないのである。又労働する意欲、労働しなければならぬ必要性もはなはだ薄いのである」としたうえで、この怠惰に対しては、労働科学にもとづく職業教育の必要性を主張している(52)。その一方で鈴木は、この「土着民」の鉱山労働への導入に関しては、強制労働の必要性も述べているのだ(53)。すなわち、文化的差異の労働能力への置きかえにともない、怠惰と定義された「島民」にたいしては、教育と暴力的強制が連続的に重なり合いながら同時に登場しているのである。

そしてこの「島民」をめぐる文化的差異と労働能力への置き換えの中で、同地にやってきた沖縄人たちの文化が、位置づけられるのである。前述した「ジャパン・カナカ」とは、当時南洋群島にやってきた沖縄人に命名された別名であり、この言葉では、「島民」である「カナカ」の近傍に沖縄人が定義されている。すなわち文化的差異は、「島民」の近傍において定義され、同時に教育と強制が重なり合う怠惰の指標とみなされるのである。いいかえれば、沖縄文化を払拭することは、この怠惰からの脱出であり、近傍に迫る暴力的強制から身をはがす営みとなるのだ。ここに生活改善の意味は明確になるだろう。この南洋群島という植民地統治の実験場でドメスティックな沖縄文化は、労働能力をめぐる「ジャパン・カナカ」という指標として設定されたのだ。

この設定では、人類学、あるいは人口学や衛生学などが総動員されており、まさしくそれは前述した社会防衛論と人種概念の重なりであると同時に、バリバールのいう「人種主義複合体」そのものである。蘇鉄地獄という危機を抱え込んだ沖縄は、階級の人種主義において再定義されていったのだ。同時期に植民学者矢内原忠雄は南方労働政策について「日本人の海外移民問題は沖縄問題である」(54)と述べたが、そこには救済の法において設定される「沖縄問題」ではなく、この階級の人種主義において定義される沖縄があるだろう。

帝国崩壊の直前に南洋群島を訪れた、戦後日本の著名な人類学者になる若き梅棹忠夫は、以下のように記している。

島民はなぜ日本人になれないのだろうか。島民をなぜ早く日本人にしてやらないのだろうか、内地人の島民も沖縄県人も半島人も日の丸の旗のもとで働いているものはみな日本人ということにならねばならないのじゃないだろうか(55)。

この差別的用語にまみれた梅棹の発言には、日本人をめぐるある種の混乱がある。まずこの南洋群島の地には、沖縄のみならず他の植民地からきた多くの人々がいるということが前提になっており、そこには個々の文化的差異をこえて、労働能力という共通平面が存在している。梅棹が指摘したように、働くものなら誰でもいいのであり、あえていえばそこでは、人種分類や文化的差異をこえて、労働力としての共通平面が形成されているのである。そして梅棹はその平面を、「日の丸」と呼んだのだ。だがしかし、「日の丸」は目指すべき普遍的コードや価値規範ではなく、働くことにかかわる経験においてたえず想像されるだけの対象なのではないか。国家や国民にかかわる統一性を担うはずの「日の丸」よりも、労働力にかかわる経験の共通平面こそが、文化的差異を横断していると考えるべきではないか。そしてこの労働にかかわる経験は、「日の丸」を裏切るかもしれないのだ。ここに帝国のパラノイア的不安が醸成されるだろう。

また、あらゆる文化的差異を労働力という共通平面に置き換えた上でそこに「日の丸」を立てるというこの梅棹の主張からは、労働と生産を管理し組織する、労務管理的な帝国がうかびあがる。それは、『大和民族を中核としたる世界政策の検討』が描いた広域経済の帝国でもあるだろう。またこうした帝国の植民地統治は、先にも述べたように新たな「国内関係」でもあり、したがって外部としての植民地に限定されず、その内部に侵入する側面を持つ。しかもそれは、地政学的に区分けされた集団間の階梯の流動化というより、労働力という個々の身体において展開するのだ。帝国の人種主義は階級の人種化として、国民国家の内部に持ち込まれ、社会防衛の文脈においても登場するのである。ここに、新派刑法学に象徴される社会防衛論と植民地経営における南方労働力問題の、帝国の人種主義としての重なりがあるだろう。

結局、バーバのいう「一に満たない、と同時に、二重である」という帝国の統合は、日本帝国においては労働力をめぐって構成されているのであり、それこそが広域経済を基底においた『大和民族を中核とした世界政策の検討』が示す帝国の自画像なのだ。また沖縄は、この広域経済の領土においては、地理的領土ではなく、「一に満たない」労働者として存在している。そしてだからこそ、「一に満たない」存在が二重になり、別の世界に動き出す事態を検討しなければならないのだ。帝国の中で沖縄を考えるとは、かかる検討作業のことに他ならない。それは文字通り脱植民地化をどのようなプロセスとして考えるのかという問いであり、依然としてそれは、自然化された〈home〉の問題だ。

Ⅳ　労働力という自然

（1）産業予備軍

「一に満たない」労働者という存在が、二重になり、別の世界に動き出す事態を思考するには、「一に満たない」という定量的定義を、別の世界を構成していく関係生成的な定義へと変えておく必要がある。先取りしていえば、労働力とは能力の定量的意味ではなく、関係概念なのだ。またこの問題は、前述したローザ・ルクセンブルクの産業予備軍の設定における「従順さの自然性」という論点とも、深くかかわる。すなわち産業予備軍が機能するには、資本との契約を待つ待合室でお行儀よく待機していることが想定されているのだが、いまだ労働者ではないというその待機状態を、自然な存在として設定するのではなく、別の世界への端緒として確保することが、ここでは問題になっているのだ。

産業予備軍は実在概念ではなく、無理を承知の論理的概念である。ヤン・ムーリエ・ブータンは、的確にも、産業予備軍を「誤った一般化」であり「論点の先取りと論理的悪循環」であると指摘したうえで(56)、「産業予備軍の実在を証明する試みによって実際に証明されるのは、実現が非常に困難であるというその性格なのである」と述べている(57)。またさらに、ブータンはこうした「論理的悪循環」の困難さは、労働者の流動性において露呈していくとする。すなわちマルクスにおいて論理的概念である産業予備軍の実態的表現は、相対的過剰人口において議論されており、そこでは周知のように「流動的」、「潜在的」、「停滞的」という形態が与えられ、さらにその底に救護貧民が想定されている。こうした相対的過剰人口は、失業や地理的移動だけを指しているのではなく、そこで重要なのは、産業予備軍において想定されている論理的道筋からの逃亡が現勢化するということなのだ。この流動（＝逃亡）は、産業予備軍という「論点の先取りと論理的悪循環」が破たんし、別の未来が登場する事態であり、それは労働者が「危険な階級」へと表情を変えていく歴史的プロセス（論理的ではなく）でもあるだろう。

第三章では沖縄糖業が商品流通を介して資本に包摂されたと述べたが、「それらの商品が出てくる生産過程の性格はどうでもよい」。すなわちこの流通過程を媒介とした包摂において重要な点は、基本的にはその生産過程は「どうでもよい」のであり、流通過程を通じて連関している以外は、資本にとってその労働の内容は「どうでもよい」という点にある。資本にとっては、市場を媒介にして獲得される商品としての生産物のみが重要なのであり、その労働の形態は、ある意味資本の外部におかれている。したがって産業予備軍の前提、すなわち、文字どおり産業資本に包摂される手前に備蓄されているという外部性が、そこでは、生産過程の外部性、すなわち別の生産様式に重なることになる。こうした重なりは、生産様式の接合として議論されてきたことでもあるが、かかる外部化された生産様式においても、先述した流動性と逃亡は想定されるだろう。だが、この流動性が一気に本格化するのは、やはり蘇鉄地獄を契機とする生産過程それ自体の崩壊である。この崩壊において、どうでもよかった労働は、一気に流動化し、放り出された。それは相対的過剰人口の潜在的な形態から流動的な形態へ移行したといえるが、重要なことは、この流動化において産業予備軍という論理からの逃亡が現勢化するという点である。

蘇鉄地獄という危機を前提にしながらそれを抹消した広域経済と、階級の人種主義として構成された帝国の人種主義は、かかる逃亡を事前に予測し、「論理的悪循環」にとどめておこうとする企てでもあるだろう。そしてこの企てと逃亡において、生活改善が焦点化するだろう。問題はやはり、〈home〉なのだ。改善すべき対象としての〈home〉が、資本の論理において要請されているのであり、かかる改善すべき〈home〉の登場は、自然が人為的な対象として変態する事態であるだろう。したがってそれは、「論理的悪循環」に押しとどめようとする企てであると同時に、そこからの逃亡が現勢化する端緒でもある。〈home〉が「二重である」存在へと表情を変える潜在的な可能性と、その可能性を「一に満たない」として未然に圧殺する帝国の人種主義こそが、生活改善を構成するのだ。そして繰り返すが、生活改善は労働の問題であった。「一より少なく、同時に二重であるようなありかた」は、「自分の生きた身体の中に存在している労働力自体を商品として提供」(58)すべく待機していることが期待されている人々が、突然その期待を裏切り、逃亡を開始する可能性の問題でもある。

この点に関連して、マルクスが労働力を自然化された実態ではなく可能性としてとらえたことは重要である。労働力の価値規定、すなわち商品化は、その可能性の商品化であり、重要なのはその可能性が、労働過程においてのみ現勢化するという点である。「労働力はその表出を通じてのみ現実となる」のだ(59)。資本が興味を持つのはこの現実のみであり、表出というプロセスがなされなければ、その価値は無である(60)。また『資本論』第一巻第五章「労働過程と価値増殖過程」の冒頭は、次のように始まる。

労働力の使用は労働そのものである。労働力の買い手はその売り手を働かせることによって労働力を消費する。それまで可能性(potentia)としての労働力、労働者にすぎなかった労働力の売り手は、これによって現実に(actu)活動する労働力、すなわち労働者となる(61)。

すなわち労働力という力は徹底的に関係概念なのであって、労働過程において、生産手段も含めた労働にかかわる諸関係が結ばれていくプロセスの中で、その力は生成する。いいかえれば労働力は、労働過程において初めて現勢化するのであり、かかる意味で潜在している「可能態」なのであり、「非現実的な、あるいは、非実在的な何か」なのだ(62)。あえていえば「現実に活動する労働力」は、まずは非現実的な何かなのだ。だが資本主義においては、この非現実的な何かをめぐって売買が、すなわち商品化がなされることになる。そして、労働過程というプロセスの中でのみ現勢化する「可能態」を商品交換するといったとき、すぐさまそこにズレが存在することが明確になるだろう。すなわちマルクスがいうように、「労働力というこの特殊な商品の独特の性質は、買い手と売り手のあいだに契約が結ばれても、まだ現実にはその商品の使用価値が買い手の手中に移行しない」のである(63)。

ここには、ある種の事後性とも言うべき時間が存在する。すなわち、労働力という力は、労働者が実際に労働過程に入り、関係が展開して初めて力になるのであり、いいかえれば関係が展開しない限りは何も生み出さない。マルクスがいうように「力の譲渡と力の表出すなわち使用価値としての存在の間には時間的ずれが生じる」(64)のであり、この「時間的ずれ」の中で、いわば「労働者は資本家に信用貸し」(65)をしているのである。

あえていえば、資本を資本たらしめる等価交換を前提にした価値の搾取には、すでに信用貸しという関係が内在しているのであり、この貸しつけられた信用をいかにもっともらしくごまかすのかという難題が、そこには既に抱え込まれているといってよい(66)。すなわち生成する関係性と力の表出という遂行的な展開を、事後的に契約関係に置き換える際、信用を貸しつけられた側が「こういう約束だったはずだ」とすごむ、未来への予定調和的なごまかされた信用が、要請されるのである。生成する関係においてのみ現勢化する力をめぐって、それを事後的にあたかも予定されていたことであったかのようにみなす、この未来の先取りこそが、労働力が商品として買い取られる際の前提として設定されていなければならないのである。

この労働力をめぐる未来の先取りは、産業予備軍という「論理的悪循環」の実態概念としての相対的過剰人口を、いかなる可能態として、すなわち逃亡の可能性として、発見するのかという問題に直結する。実態としての相対的過剰人口は、資本が必要とする時はいつでも、「労働力自体を商品として提供」(67)すべく待機していることが期待された存在である。資本にとって相対的過剰人口は、今は力ではないし、まだ関係を取り結ぶ約束もしてはいないが、既に予定通りに事が進むことが想定されているのだ。

そしてこの予定調和、あるいは先取りされてしまった未来こそが、資本が資本として存在するために前提として要請される運命であり自然に他ならない。また階級の人種主義が意味を獲得するのは、まさしくこの前提においてである。だがしかし、この基盤的な前提は、崩壊するかもしれない。力の表出を予定調和的に契約関係に置き換える未来への信用は、裏切られるかもしれないのだ。

(2) ルンペンプロレタリアート

そしてマルクスはこうした信用の外に、ルンペンプロレタリアートを描いている。いいかえればそれは、外部に想定されながら信用においてささえられている相対的過剰人口のさらなる外であり、資本のためには決して力にならない存在である。「相対的な過剰人口の最下層に沈殿する」(68)、救護貧民の更なる淵に、「浮浪者」、「犯罪者」、「売春婦」としてルンペンプロレタリアートを位置づけているのである。だがこの実態的な記述は、職業の問題でも、収入額の問題でもない。社会学的に定義される階層や集団としてルンペンプロレタリアートが、存在するのではないのだ。すなわちルンペンプロレタリアートとは、いまだ表出されていない関係生成的な力を先取りする信用関係の可能性と不可能性にかかわる問題なのであり、あえていえば資本にとっての労働力の可能性が不可能性に転ずる臨界、いいかえれば別の可能性が現勢化する端緒を意味している。実態としての階層や集団ではなく、どこまでも力をめぐる関係においてルンペンプロレタリアートは定義されなければならないのだ。また重要なことは、このルンペンプロレタリアートの領域において、産業予備軍という理屈は歴史として登場せざるを得ないのである。それは、労働者が「危険な階級」へと表情を変える可能性であり、また同時に、階級の人種主義が社会防衛として立ち上がる場所でもあるだろう。

　ところでマルクスのいう「浮浪者」、「犯罪者」、「売春婦」としてのルンペンプロレタリアートは、論理的不可能性あるいは別の歴史への可能性を実態化している。ここに、ルンペンプロレタリアートのある意味厄介な問題が浮上するだろう。産業予備軍において論理的に指摘される潜在的可能性（論理的悪循環）と、相対的過剰人口において描かれる実態化された存在という二つの文脈が、そこには存在するのだ。それは「従順な自然性」という論点や、階級の人種主義という問題においても等しく通底している厄介さであり、また第二章で述べたような流亡に沖縄人の未来を重ねた新川明のいう土着の問題でもあるだろう。新川明の流亡には、ブータンのいう産業予備軍という論理からの逃亡と、実態的に描かれるブラジルにおける沖縄移民が重なっていたのである。ルンペンプロレタリアートは、社会秩序の実態においては、産業予備軍という論理的可能性が消去されている存在であり、そこに内包された異なる論理的可能性が歴史として現勢化するプロセスは、論理的説明ではないのだ。

かかる概念上の混乱を回避するための一つの方策は、論理的文脈においてのみルンペンプロレタリアートを定義することかもしれない。たとえばジジェクは、ルンペンプロレタリアートを「集団ではない」とした上で、次のように説明する。

それはあらゆる社会階層から除外されることによって、他の集団のアイデンティティを強化するだけでなく、他のあらゆる階層・階級が利用できる浮動性の要素となる。そう、それは労働者闘争の急進的な「カーニバル的」要素となって、労働者を妥協的で穏健な戦略から開かれた対抗運動へと向かわせる可能性もあるし、あるいは、反体制運動の本質を内側から変えるために支配者階級によっても利用される要素にもなりうるのだ(69)。

どの集団にも実態化していない存在、すなわち社会において除外され、圧倒的な欠如として位置している存在が現勢化するプロセスは、要素としてあらゆる集団に関係し、そのすべての集団の再定義において結果的に登場する。その集団は、労働者の対抗運動かもしれないし、支配者階級かもしれず、どうなるかは理論的に定式化されるものではない。理論的に指摘しうるのは、ルンペンプロレタリアートがあらゆる集団から除外されており、そうであるがゆえに、すべてにかかわるという点のみであるというわけだ。

このジジェクの指摘は正しいだろう。だがこの指摘は、相当屈折したものだ。ジジェクのこの議論は、ラクラウのポピュリズムの政治におけるルンペンプロレタリアートの意義に向けられたものだ。ラクラウはジジェク同様に、どの階層にも属さない絶対的な外部としてルンペンプロレタリアートを設定し、その上でポピュリズムにおける異種混交性（heterogeneity）を確保する理論的な起点として、それを位置づける。すなわちポピュリズムにおける同質性・均質性（homogeneity）に対して、たえず異種混交性を持ち込み、同質化に対抗してく運動を、ラクラウはどこにも属さない絶対的な欠如としてのルンペンプロレタリアートから理論的に導き、定式化したのだ[70]。そしてジジェクは、このルンペンプロレタリアートをポピュリズム政治に結び付けるラクラウの理論的定式化に対して、それは理論的に導かれるものではないと、理論的に批判したのだ。

だがジジェクの議論が屈折しているのは、この理論への拘泥にあるだけではない。ジジェク自身も、ルンペンプロレタリアートに未来を見出そうとするのだ。すなわちジジェクは、今日の大都市におけるスラム街に言及しながら、「スラム街住民を新革命階級へと祭り上げ、理想化するといった安易な誘惑には抵抗すべき」[71]として上で、「われわれがこれから探すべきなのは、スラム街の集団から発生するであろう、新たな形の社会形態の徴候である。それは未来の兆しとなるだろう」[72]と述べる。

ジジェクにとって、ルンペンプロレタリアートとはラクラウのように理論的に定式化された新しい政治の根拠なのではない。くりかえすが、産業予備軍という論理が破綻をするという、ルンペンプロレタリアートが内包する論理的可能性が、歴史として現勢化するプロセスは、論理的には説明できないのだ。またジジェクに於いてその現勢化は、まずもって「支配者階級によってでも利用される要素」としてのルンペンプロレタリアートなのであり、かかる側面においてマルクスの『ルイ・ボナパルトのブリュメール一八日』に言及しながらジジェクは、ルンペンプロレタリアートを、「あらゆる階級の対抗的な『くず』として分類されるべき」(73)であるとも述べる。だがしかし、それだけでもないのだ。そこには探すべき「新たな形の社会形態の徴候」、あるいは「未来の兆し」がある。と同時にそれは、理論的に定式化されるものでもない。未来は説明されるのではなく、言葉において探りあて、獲得されるものなのだ。したがって問われているのは、論理的の定式化された理論というより、未来を探す言葉の在処なのである。

やはり再度、再び奴隷になるという警句の先に伊波が見出した、賃金奴隷という言葉に戻らなければならない。この伊波の言葉が、奴隷を自然として受け入れざるを得ない者たちから発せられた言葉であることを忘れてはならないのだ。くりかえすが、産業予備軍の論理的不可能性としてのルンペンプロレタリアートの論理的可能性へ、伊波のいう賃金奴隷は還元できないのだ。前述した「従順な自然性」に刻印される「不可能なものの経験」(スピヴァク)こそ、言葉の始まりの場所に据えなければならない。そしてこの言葉の領域こそ、民族にかかわる、自然化された〈home〉の問題だ。

ここにおいて、第二章において検討したバーバのいう非〈故郷=家〉性(unhomeliness)が、労働力という自然にかかわる問いとして、再度浮かび上がるだろう。バーバに倣っていえば〈home〉が〈unhomeliness〉を帯電し始める事態こそ、文化の場所である。また「不可能なものの経験」にかかわって、序章でのべた藤田省三のいう「物事との遭遇・衝突・葛藤によって恣意の世界は震撼させられ、其処に地震が起こり、希望的観測は混乱させられ、欲求は混沌の中に投げ込まれ、その混沌のもたらす苦しい試煉を経て、欲求や希望の再形成が行われる」というプロセスが、思い起こされなければならない。すなわち自然として経験している事柄を、その経験のただなかにいる者たちが、自然ではない経験として語るということが問われているのである。あるいはそれは、非〈故郷＝家〉性（unhomeliness）を言葉において確保する作業といってもいいかもしれない。ルンペンプロレタリアートという「新たな形の社会形態の徴候」あるいは「未来の兆し」において問われるのは、かかる言葉の領域であることを確認しておこう。

くりかえすがそれは、理論的にいいあてればいいという問題ではないし、わかったような顔して経験を解説し、知識人の役割という名目において、人々を教導することでもない。前述したように、バーバは、二重になるかもしれないという兆候を「一に満たない」存在に事後的に書き直し、分からないという経験を分かったよう置き換える統治言説として「遅延の文法」を指摘し、そこに自らのみたてが崩壊するかもしれないという権力のパラノイアを見出したが、それはまた、経験を他者化し個人化した上で、解説を施す学知の問題でもあるだろう。いくら良心的であろうと、また学術的であろうと、知識人の解説はこの帝国の文書ファイルの近傍にある。今ルンペンプロレタリアートにかかわって求められているのは、こうした「遅延の文法」による言葉ではない。検討しなければならないのは、個人化され、他者化され、ファイルに収まった者たちが沈黙を破って再び言葉を語り始める別の言葉の水脈だ。自然化された者たちが、「敵意を含んだ自然、根底から叛逆的で手に負えない自然」(74)へと表情を変えていく中で生まれてくる言葉たちが、「危険な階級」の言葉として作動することこそが、検討されなければならないのだ。「死霊や生霊の言葉を階級の言語」として聞き取らなければならない(75)。

だからこそ、帝国の人種主義によって自然化された領域からはじまる事態が重要なのである。民族という言葉は過去の伝統にあるのではなく、この自然が変態し始める場所に、ある。そして伊波が琉球民族の未来にかかわって奴隷という言葉に拘泥し、賃金奴隷にいきついたように、たとえばフランツ・ファノンは、民族という言葉においてルンペンプロレタリアートを受け止めようとしている。

V　ルンペンプロレタリアートの民族

(1)　民族を語る言葉

ところでフランツ・ファノンは、『地に呪われたる者』における「民族文化について」の章において、被植民者を劣ったものとみなす植民者による人種化された他者認識を覆し、植民地支配以前の過去に自らの文化を描き出す原住民知識人の役割に注目する。だがその評価は、極めて限定的なものだ。たしかに「一に満たない」存在としてファイル化されている文化に対して、土着の文化の高い価値を突きつける作業は必要だ。すなわち、「植民地主義は被抑圧民族の過去へと向かい、それをねじ曲げ、歪め、これを絶滅する」のであり、そうである以上、「過去が決して恥辱ではなく尊厳であり、栄光であり、盛儀であることを発見する」ことは重要なのである[76]。だがそれは、運命的に存在する過去に対する、評価をめぐる戦いであり、過去を動かし難い前提として受容している点では、植民者も原住民知識人も同じ土俵にあるといえる。そしてファノンはこの土俵自体を、「思考の人種化」[77]とよぶのだ。またそれだからこそファノンは、運命としての過去それ自体を、別の領域へ移動させようとする。ファノンが民族文化を語るのは、この移動においてであり、文化は過去に存在するわけではない。

しかし原住民知識人は早晩理解するだろう——人は文化を出発点として民族を証明するのではなく、

占領軍に抗して民衆の行う闘いの中で文化を表明するのだ、ということを。いかなる植民地主義も、それが支配する国土に文化が存在していなかったからとて、正当化されるわけではない。知られざる文化財を鼻先に突きつけたところで、決して植民地主義を恥入らせることはできないであろう(78)。

文化は過去に根拠を置く民族の証明ではなく、今の闘いの表明なのだ。こう主張するファノンにとって、民族文化の要点は、表明する、決意する、運動するという動詞において表現される現在進行形の行為にあるのであり、文化の内容を過去にさかのぼって説明し定義することにあるわけではない。すなわちファノンにとって「あること」という内容ではなく、「行うこと」が重要なのである(79)。また民族文化の内容は、あえていえば行為遂行的に表出されるのであって、どこまでもプロセスとしてある。だからこそファノンは、次のようにいうのだ。

民族文化とは、民衆が自己を形成した行動、自己を維持した行動を、描き、正当化し、歌いあげるために、民衆によって思考の領域においてなされる努力の総体である(80)。

「努力の総体」において遂行的に表出される民族文化。このファノンの民族文化にかかわる叙述には、物質化された過去や自然化された人種的カテゴリーを、言葉において乗り越えようとする強い意志に満ち溢れている。「思考の人種化」を、言葉において内側から食い破ろうとしているのだ。そこでは、「筋肉が概念にとって代わらねばならなかったのだ」(81)。同テキストに登場する驚愕すべきこの表現は、決して単なる比喩ではない。それは、語られる対象であった物質的な領域が、言葉ににじり寄っていく事態を表現しているのだ。

　このファノンの民族文化をめぐる自然化された領域と言葉との関係を、少し理論的に検討してみたい。筋肉が概念にとって代わるとは、いかなる事態なのか。ジュディス・バトラーは言葉にかかわる身体に関して、「自己の発話可能性をとりしきっている規範を自らが身体化することによって、自己は、発話主体というみずからの地位を完成させる」（強調―原文）とする[82]。すなわち、規範が物質的な身体として自然化されることは、発話主体としての社会的地位を獲得する主体化でもあると、バトラーは指摘しているのだ。逆にいえば言葉の領域が成立するには、その言葉を発話する主体の主体化においては承認されることのない、ただ物質的な音や身体的動きとしてのみ意味を持つ非社会的な言葉の、「予めの排除《フォアクロージュアー》」[83]が存在するのである。またこの「予めの排除」を問うことのない表層的解説や安易な反対言説は、その排除を問題化し得ないのみならず、不断に追認することになる。したがって真の批判的作業とは、「発話が自由であるための特権的な場所があるかのごとく」解説するのではなく、「予めの排除によってひかれた境界」を引き直すことなのだ[84]。

　では、この境界を引き直す作業を担う言葉とは、いかなるものか。バトラーは人種やジェンダーにかかわって存在している差別的言辞やヘイト・スピーチに言及し、そこに身体という自然に対する言語的表象ではなく、言葉による身体の生産を見出す。レイシズムやセクシズムは、たんなる表象ではなく、生産なのだ。すなわち人種差別にかかわる言葉は、不断に既存の「予めの排除」を確認しながら更新し、問われることのない自然的身体を生産し続けているのだ。そこでバトラーは、ブルデューのハビトゥス概念における身体的知に言及しながらそれを、「身体化された歴史の貯蔵庫」(85)としての身体と言い換えたうえで、次のようにいう。

> ここで唯一考察しなければならないことは、いかに人種やジェンダーにまつわる誹謗が、それを投げつけられた人の肉体のなかで、肉体として生き、繁茂しているか、そしていかにその誹謗が時をつうじて蓄積し、その歴史を偽り隠し、自然なものという見せかけをとり、「現実」とみなされるような思い込み《ドクサ》を形成し、限定しているかということである(86)。

このバトラーの指摘は、ファノンが「思考の人種化」と呼ぶ事態と極めて近似している。人種は運命として存在し、身体化され、言葉の前提になっているのだ。だがバトラーの闘いは、この身体を前提した政治ではない。過去の肯定的評価が民族文化になるわけではないとしたファノン同様、バトラーにとっては身体の評価が問題なのではなく、問題なのは身体そのものなのだ。すなわちバトラーは反復される人種やジェンダーにかかわる言説において、身体が別物に変態する可能性を引き出そうとする。すなわち、次のように続ける。

> そのような身体の生産の中にこそ、行為遂行性の沈殿した歴史が住まっている。つまり、いかに沈殿した言葉の用法が身体の文化的意味を——決定しないで（without determining）——作っていくのか（come to compose）、また身体が、身体自体を生み出す言説手段を奪う瞬間に、いかにその文化的意味の向きを

変えるかということである[87]（傍点―引用者）。

「予めの排除」による境界線が、言葉において引き直される時、排除され自然化された身体は生産の過程の中におかれることになる。この過程において身体と言葉は、きわめて近接することになる。すなわち、身体が身体自体を生み出す言葉を手に入れるというのだ。いいかえればそれは、肉体が概念を超える瞬間であり、バトラーはそれを「過去との断絶をつうじて未来の基礎を作る契機」[88]と呼ぶ。あるいはそれこそが、非〈故郷＝家〉性（unhomeliness）を言葉において確保する作業なのだろう。

（2）敵対性

次に、かかるファノンの民族文化と言葉の関係を念頭に置きながら、ルンペンプロレタリアートという「新たな形の社会形態の徴候」（ジジェク）を検討しよう。ファノンの民族解放闘争におけるルンペンプロレタリアートをめぐる記述は、一貫して二重性を帯びている。たとえばファノンが、「土地なき農民はルンペン・プロレタリアートを構成し、都市の方へと押し寄せ、スラム街にひしめきあい、植民地支配から生まれた港と大都会とに浸透しようと試みる」[89]と述べるとき、そこでは「土地なき農民」という実態と、「浸透」という流動的プロセスが指摘されている。そしてこの流動的な存在形態は、さらに次のように言い換えられている。

形成されたルンペン・プロレタリアート、全力で都市の「安全」にのしかかるルンペン・プロレタリアートは、逆行させることのできない腐敗を、植民地支配の中心に根を下ろした壊疽を意味している。そのとき、淫売屋の主人たち、浮浪者、失業者、普通法の犯罪者たちが、懇請されて屈強な労働者のごとくに解放闘争の中にとびこんでくる。これら仕事にあぶれた者、階級の脱落者たちは、活動家としての決定的な行動を通じて、民族の道を再び見いだしていくのである(90)。

それは「腐食」であり、「壊疽」であり、「犯罪者」が解放闘争にとびこんでくる事態なのだ。この喩法に満ちた表現の中で重要なのは、社会階層としての「浮浪者」や「失業者」がルンペンプロレタリアートであるという点にあるのではなく、それがどの階層や集団にも居場所を持たず、ただ流動としてのみ存在し、社会においては濫喩的表現においてのみ言及される者たちだという点である。それはいわば「あぶれた者」であり、「脱落者」であり、「飢えたる階級離脱者の群」(91)という外部なのだ(92)。そしてこの者たちこそが、民族主義と解放闘争を構成するのである。いいかえれば、いかなる集団でもない集団としての民族主義である。この民族主義とは何か。

集団ではないということを集団と言い換えるこの民族主義については、再度、ルンペンプロレタリアートを根拠にしてポピュリズムを論じようとしたラクラウが、参照されるべきだろう。ラクラウは、ここで引用したファノンのルンペンプロレタリアートの記述に言及し、そこに、どの階層の利害にも属さない異種混交性を生み出す政治を設定する。ラクラウはルンペンプロレタリアートを実態化した存在ではなく、理論的に定式化された可能態として設定し、その可能態の具現化としてポピュリズムを議論しているであり、かかるラクラウにおいては、ファノンのルンペンプロレタリアートの記述は、全面的に首肯されている。しかし他方で、ファノンの都市下層社会をルンペンプロレタリアートとみなす実態的記述や、同引用部が所収されている『地に呪われたる者』における植民者との対立を強調する記述は、ラクラウにおいては異種混交性を打ち消してしまうとして批判されているのだ。すなわち、ファノンが強調する植民者と被植民者の敵対性は、異種混交性を均質化することになるのであり、「その周辺にはジャコバン主義がある」(94)というのだ。

たしかに「非植民地化とは常に暴力的現象である」という書き出しから始まる『地に呪われたる者』の暴力論は、武装闘争を激しく呼びかけるものとして受け止められた。「禁止事項だらけの狭められたこの世界を否認しうるものが、絶対的に暴力のみ」であるとファノンがいうとき(95)、そこでは間違いなく武装の問題として暴力が語られているだろう。だが前述したように、暴力はたんなる武装の問題ではない。いま考えたいのは、武装というよりこの暴力という力の登場を前にして、既存の世界の前提が激しく「ノン」を突きつけられていくという否定性である(96)。

この否定性は対立ではない。それは対立する力を定義する構造自体に対する否定性であり、対立する力を力として成立せしめる問われることのない土台自体が融解し、土台の上にあった既存の対立が別物になるような契機である。そしてファノンの記述の中には、こうした否定性が満ち溢れているのだ。それは敵と味方、植民者と被植民者の暴力的対立を徹底的に描いたこの『地に呪われたる者』においても、例外ではない。

たとえば同書の第五章に所収されている「植民地戦争と精神障害」には、「一三歳と一四歳の二人のアルジェリア人少年による、遊び友だちのヨーロッパ人の殺害」という事例が登場する(97)。それは文字通り、敵対関係が具体的に登場する場面だ。「ある日、ぼくたちはあいつを殺すことに決めたんだ。ヨーロッパ人がアラブ人をみんな殺そうと思っているからさ」。そしてファノンは、こうしたアラブ人対ヨーロッパ人という対立構図に至る直前の状態に、個人と集団という設定自体が問われる植民地状況を見出そうとする。すなわち個人が、既存の枠組みではいかなる集団にも属することのない非社会的存在へと変態する事態である。精神科医として戦場という臨床に立ち続けたファノンにおいて、精神疾患の問題は、この点に深くかかわっているのだ。

このファノンの記述に対して、ファノンの著作を現象学において検討しようとするルイス・R・ゴードンは、敵対関係の登場というよりも既存の秩序からの離脱と匿名化というモーメントを指摘している(98)。すなわち、アラブ人、アルジェリア人、ヨーロッパ人、フランス人という敵対関係を構成するナショナルな共同体にかかわる名前の手前には、まずは匿名化という日常世界の融解とでもいうべきプロセスが存在するのであり、ファノンは個人の融解と敵対関係を構成する共同体との間の領域を、精神疾患の問題として確保しようとしているのだ(99)。

ラクラウがジャコバン主義といって批判したファノンの否定性は、ラクラウが危惧したような均一な同質化に向かうとは限らないのである。むしろ、かかる敵対的な関係にこそ、秩序の自然化された前提を踏みぬいていく力が作動しているのであり、この力の領域こそが、『地に呪われたる者』におけるファノンの暴力と民族主義にかかわる要点になるのだ。さらに付け加えるなら、それは、否定性において土台が問われる既存世界が、再度承認されていく秩序化の問題でもあるだろう。そして、自然化された前提の融解とその再度の秩序化の渦中において、新たな未来への兆しを確保することこそが、このファノンの否定性において問われているのだ。この民族にかかわる新たな未来への兆しという問いこそが、ルンペンプロレタリアートの可能性をめぐる言葉の問題に他ならない。そしてこのような土台自体を問う否定性を、ジジェクは根源的敵対性（radical antagonism）として次のように述べている。

この根源的な敵対性の政治的表現、すなわち、既存の政治空間において経験される、〈除外されたもの〉の圧力には、つねにテロルのおもむきがある(100)。

そしてこのテロルの恐怖（terror）において感知されるのは、「主体そのものの深淵、それがもつ、恐ろしい、自己関係的な否定性の力」(101)なのだ。いいかえれば、土台が問われる力は、土台を前提にして成立していた主体自体が融解し別の存在に変態していく事態なのであり、したがってかかる恐怖は、思ってもみない未来への予兆、あるいはその到来に対する驚きでもあるだろう。そしてこの恐怖にかかわる経験領域こそ、序章で述べた藤田省三のいう、「恣意の世界は震撼」し「希望的観測は混乱」する経験であり、また自然化された領域が変態をし始める非〈故郷＝家〉性(unhomeliness)にかかわる経験なのではないか。すなわち、「恐怖とは、『自然は存在しない』ということを完全に受け入れることである」(102)。そしてジジェクは、今日のグローバル資本主義の内部において未来への兆しを見出すために、かかる恐怖の経験を受け入れることを主張する。

われわれは今日、そうした破壊的な否定性をふたたび必要としているのではないか。いいかえれば、今日の真の選択が、恐れ（fear）と恐怖（terror）とのあいだの選択であるとしたら、どうだろうか。「恐れとおののき」という表現は、この二つの言葉がまるで同一の現象の二つの側面であるかのように、両者の同一性を前提にしている。しかし、おののき（恐怖＝テロルを経験すること）が、そのもっとも根源的な面において、恐れに対する唯一の真の対抗項となるように、両者のあいだにギャップを導入しなければならないとしたらどうだろうか。いいかえれば、われわれは、安全を必死に求めるのではなく、反対に最後まで進むことによって、つまり、われわれが失うのを恐れているもののつまらなさを受け入れることによって、この恐れを打破できるのである(103)。

だがしかし、これは提言命令であり、理論的な定式化ではない。そしてだからこそ、このジジェクのいう恐怖が、他者への恐れに置き換えられ、安心を求める心性にも転化しうることを、やはり指摘しなければならないのだ。土台が問われる事態は、安心が脅かされる事態であり、脅威を与える敵から身を守る保護を求める動きにもなりうるのだ。そしてその保護を求める心性は、国家を再定義していくだろう。それはまさしく藤田省三が「私的『安楽』主義」とよんだ、不快なものを問答無用に排撃し続ける全体主義に他ならない。また問われることのない土台が震撼するという点において、恐怖は非常事態であり、文字通り従来の法が停止し、国家の非合法性が顔を出すことでもあるだろう。端的にいってそれは、一章で検討した戒厳令の問題である(104)。

ラクラウがあらかじめ回避しようとしたのは、ポピュリズムのかかる展開なのだろう。そして、にもかかわらずやはり、恐怖の経験を受け入れる必要があるのだ。なぜなら力の領域は、そこにあるからだ。ファノンの民族をめぐる叙述が暴力をめぐって展開されていることの意義も、この点にある。また同時にそれは、この恐れと恐怖の間の問題として、民族が存在していることでもあるだろう。

Ⅵ　独立ということ──帝国からの離脱と代表性

ルンペンプロレタリアートをめぐるジジェクのいう根源的敵対性とラクラウのポピュリズムは、どちらが正しいかということではなく、民族をめぐる政治が、恐れと恐怖の間において成立する政治であることを示している。また、前述した帝国の人種主義も、この恐れと恐怖にかかわっているのだ。そして賃金奴隷である琉球民族において担われるべき帝国の人種主義からの離脱は、こうした民族をめぐる政治としてある。そこでの最大の論点は独立である。

次章で具体的に検討するように、独立という問いには、国家主権の獲得というだけではなく帝国からの離脱のモーメントが存在する。帝国という国家から離脱することと国家を獲得することが重なり合っているところに、独立があるのだ。日本からの独立は、日本という国家から降りるという脱国家化のプロセスでもあるのだ。したがってそれは、国家主義やナショナリズムの問題でもなければ、どちらの国家がいいのかという選択の問題でもない。またジジェクのような、「恐れ（fear）と恐怖（terror）とのあいだの選択」という提言命令ではなく、両者が重なり合うところに、独立をめぐる民族の政治の領域があるということでもあるだろう。民族主義とよばれるものは、まさしくこの領域にかかわる問題である。最後にこの点に触れておきたい。

いそげいそげ。独立を与えよう。コンゴがアルジェリアにならぬうちに独立を与えよう。アフリカの基本法に賛成投票をしよう。〈共同体〉を形成し、その〈共同体〉を刷新しよう。だが、誓ってもいい、まず独立を与えてやることだ、独立を……(105)。

これは、ファノンが植民者の口をまねて記した箇所である。記述からわかるように、この植民者は複数の独立国家を越境する統治者でもある。またこの植民者は、「アルジェリア」といういい方において表現される何かを恐れている。そしてその何かが現実化するのを回避し、怖れを解消するために独立を語っているのである。またここでいう基本法とは、一九五六年に実施された仏領アフリカにかかわる基本法であり、植民地に自治を与えながらコントロールしようとするものだ。この〈共同体〉とは植民地の独立を認めた上でフランスの地域共同体につなぎとめておくというものであり、「フランス型コモンウェルス」ともよばれている。すなわち、次章でも述べるように、第二次大戦後において米国がさまざまな主権にかかわる諸形態を媒介に軍事的ヘゲモニーを拡張していったこととときわめて類似した展開が、ここでも指摘されているのである。こうした展開においては、民族主義に対しては、「植民地主義者は国家主権尊重の立場から、基本法設定の戦略を以って応ずる」のである(106)。第二次大戦後の民族独立の中で明確になっていくかかる越境的統治者は、次章においては米国の問題として検討するが、民族主義を主権の中に位置づけ、秩序を形成していくプロセスの一方の当事者に、この植民者の系譜を有する越境的な統治者が存在することを、忘れてはならないだろう。

またこの独立を与えるという越境的統治者の他方には、この統治者と対立しまた交渉を行う民族主義政党とその政治家たちがいる。独立は、この両者において交渉のテーブルにのせられるのだ。独立はここでひとまず交渉のプロセスという時間を獲得するだろう。そしてこの交渉を担う民族主義政党やその政治家たちは、蜂起した民衆に対して次のように述べるのだ。

たいへんです! どんなことになるか見当もつきません。解決を見つけなければ。妥協策を見つけなければ(107)。

まだ今なら殺戮をやめさせることができる。大衆はまだわれわれを信頼している。いそいで下さい。もしすべてをだめにしてしまいたくなければ(108)。

これはファノンが、民族主義政党とその政治家をまねて記した箇所である。政治を担うこの人々は、「たいへんです!」と慌てふためいている。それは予定が予定として成り立たなくなる時間の危機でもあるだろう。そしてここで民族主義政党が語りかけている相手は、交渉相手である植民者に他ならない。またこの民族主義政党の政治家たちは、民衆の蜂起に対して、「せいぜいあの「野蛮な行為」の理由を説明し、それを許すくらいが関の山」なのだと述べる(109)。だからこそこの政治家たちは、蜂起に対して次のように述べるのだ。

いったい何を用いてコロン（植民者）と闘うというのか。短刀か。猟銃か(110)。

ここでは暴力は、武器の問題に完璧に置き換えられている。そしてかかる置き換えにより、暴力は展望のない「野蛮な行為」として了解されるだろう。この暴力の手段的な理解は、植民者との交渉における妥協策とともにあるのであり、それはまた、民族主義が国家主権という秩序にはまり込んでいくプロセスでもあるのだろう。「まず独立を与えてやることだ」。

そしてこの文章において、暴力を武器の問題におきかえることにより民族主義政党が説得しようとしている人々こそ、ファノンがルンペンプロレタリアートと呼ぶ人々に他ならない。独立をめぐる交渉の政治は、この人々を恐れているのだ。その恐れはまずもって暴力の問題なのだ。そしてファノンは、民族主義政党が武器の問題に置き換えたこの人々の暴力を、再定義する。「暴力とはそもそも何か」という問いを立てた後、ファノンは次のように述べるのだ。

自分たちの解放は力によってなしとげねばならず、またそれ以外にあり得ないと見なすところの直感である(111)。

それはあえていえば、自らの未来への兆しを現前に知覚することであり、その未来を自らの力によって作り上げることができるという確信である。暴力とは、この知覚された未来を、民族主義政党や国家主権の手前にある力として確保しつづけることに他ならない。それは単に武装の問題ではなく、未来にかかわる終わることのない問いかけ、すなわち否定性の確保なのだ。

民族主義とは、均質な集団性を希求する運動なのではない。すくなくともそれだけではない。今検討したように、ファノンが『地に呪われたる者』において描きだした民族主義は、三つの位相において構成されているといえる。一つはかつての植民者であり主権を越えた統治を行う者において主張される民族主義。すなわち「独立を与える」ことにより民族主義を地政学的に分割された国家主権群に吸収し、その主権的存在に対して依然として統治権力を維持する者が主張する民族主義である。二つ目はこうした「独立を与える」統治権力と交渉する民族主義エリートや民族主義政党の主張する民族主義。そして一つ目と二つ目の両者は対立しているようで、交渉という政治空間をつくりあげるという点においては一致している。そして第三にファノンが描くのは、こうした前二者において構成される政治空間を脅かし続けるルンペンプロレタリアートの民族主義である。

そしてこの第三の民族主義が持ち込むのは、単なる階層間の対立ではない。くりかえすが重要なのは否定性であり、根源的敵対性の確保なのだ。すなわち民族主義政党と植民者の共犯関係において維持される政治空間に対して、政治そのものが崩壊するのではないかという恐れをいだかせる力こそが、第三の民族主義なのである。この民族主義を前にして前二者は、「たいへんです！　どんなことになるか見当もつきません」と叫びながら互いの顔を見合わせ、何とか事態の収拾を図ろうとする。だが同時にこの恐れは、根源的敵対性にかかわる感知力と未来への予兆の入り混じった恐怖とも重なるだろう。

したがって、実態的に描かれるこの三者は、結局のところ階層の問題ではないのだ。そうではなく、自然化された存在が敵意を含んだ自然に変態し、「自然は存在しない」ことが次第に露わになり、既存の秩序が、恐れと恐怖、武器と暴力の入り混じった力の関係に入り込んでいくプロセスの中にこの三者は存在するのであり、だからこそそのプロセスは、重層的に構成される「努力の総体」なのだ。

そして、かかる恐れと恐怖の絡み合う、力の現勢化のプロセスとしての民族主義こそ、ルンペンプロレタリアートの可能性をめぐる政治のアリーナに他ならない。ファノンは、三者において構成される民族主義の領域においてルンペンプロレタリアートの政治を発見したのであり、それを階層間の対立ではなく、個と集団の秩序が融解する「努力の総体」として確保し続けるために、否定性、すなわち暴力を、恐怖とともにかかえこんだのだ。そこでは、ファノンが民族文化について述べた筋肉が概念を超えるという遂行的展開は、民族主義政党と植民者への否定性として設定されている。あえていえばそれは、濫喩的で遂行的な展開が政治だというよりも、ルンペンプロレタリアートの根源的敵対性において構成される政治であり、またバトラーのいうような言語行為の遂行性というよりも、前提として放置してきた自然的領域が変態し続ける中で構成される代表性の問題として、まずは浮上している(112)。

民族主義は、どこにも居場所をもたないルンペンプロレタリアートにかかわる根源的敵対性をめぐる代表性の問題なのである。それは帝国の人種主義において自然化された労働力が別物に変態しはじめる端緒であり、文字通り賃金奴隷こそが担う政治に他ならない。根源的敵対性は、かかる民族主義においてはじめて現勢化するのである。そしてくりかえすが、この現勢化は、戒厳令という事態でもあり、そこでは、未来への知覚と未来を獲得する力への確信が、すなわちファノンに倣っていえば暴力が、重要になる。

この暴力は、理論的定式化の問題ではなく、また恐怖が他者への恐れに置き換えられ、安心を求める心性にも転化しうる危険性をただ指摘し、解説してすむことでもない。そして自分の運命を自分で決定することが出来ず、それを動かし難い運命として受け入れざるを得ない者たち、すなわち奴隷たちから始まるべきは、この未来への知覚と力への確信ではないだろうか。また民族とは、固定的に定義された集団ではなく、この知覚と確信により遂行的に生成し続ける人々のありようなのではないか。

それは、日本という帝国からの離脱であり、人種化された階級からの離脱であり、「危険な階級」としての琉球民族の登場である。そしてその中で構成される代表性の問題こそ、民族主義にかかわっているのだ。くりかえすが独立とは、国家を悟性的に解説し、設計することではない。この、離脱の中で重層的に構成される代表性の問題なのだ。

註

(1) アントニオ・グラムシ「南部問題に関するいくつかの主題」『グラムシ選集2』(山崎功監修)合同出版、一九六五年、二九一頁。

(2) Paul Gilroy, *Small Act*, Serpent's Tail, 1993, p.178. このトニ・モリスンの言葉は、次に「女性の視点からいえば」、「黒人女性は一九世紀あるいはそれ以前からポスト近代の問題に取り組まなければならなかったのです」と続いている。本文にあるギルロイの応答が、「ジェンダーレスな黒人一般の問題に普遍化してしまっている」という竹村和子の指摘は(竹村和子「ディアスポラとフェミニズム」赤尾光春・早尾貴紀編『ディアスポラの力を結集する』松籟社、二〇一二年、二二三頁)、正鵠を射ているといえよう。この点については、第二章でも議論したように本書では、〈home〉にかかわる問題として考えようとしている。

(3) ポール・ギルロイ『ブラック・アトランティック』(上野俊哉・毛利嘉孝・鈴木慎一郎訳)月曜社、二〇〇六年、四三二―四三四頁。

（4）伊波普猷「布哇産業史の裏面」（一九三一年）『伊波普猷全集　第十一巻』（平凡社、一九七六年）所収。引用は『全集』三六八―三六九頁。
（5）同、三七〇頁。
（6）北米沖縄クラブ『北米沖縄人史』一九八一年、六三頁。
（7）同、七五―九八頁。
（8）一九三四年に発足した在米沖縄県人会の初代理事でもあり、長らく同県人会の活動を担った小橋川次郎氏の兄、小橋川惣助氏の遺品に、ロングビーチ事件で逮捕された照屋忠盛氏から贈られたと思われる河上肇の『経済学研究』があった。惣助氏は、南カリフォルニア州・インペリアル平原で、若くして自死された。小橋川・D・次郎『ひとめぼれ』（私家版）一四頁。
（9）在米沖縄青年会の声明書のビラは、小橋川・D・次郎氏所蔵の資料。
（10）ギャヴィン・ウォーカー「現代資本主義における『民族問題』の回帰」（葛西弘隆訳）『思想』一〇五九号、岩波書店、二〇一二年。
（11）カール・マルクス「近代植民理論」『資本論　第一巻下』（今村仁司・三島憲一・鈴木直訳、筑摩書房）二〇〇五年、五八五頁。
（12）足立眞理子「『従属』の取引」『現代思想』三三巻一〇号、二〇〇五年。
（13）ローザ・ルクセンブルグは、『資本蓄積論』執筆の動機として次のように述べている。「私にとってこの労作への動機になったものは、私が久しい以前からその出版を準備しながら、党の学校での活動により、あるいはアジテーションによってその完成を絶えず妨げられたところの、国民経済学への入門書であった」（ローザ・ルクセンブルグ「序文」『資本蓄積論上』（長谷部文雄訳）岩波書店、一九三四年。『経済学入門』は、ローザ・ルクセンブルグの死後、パウル・レヴィがその遺稿を編集し、このかなえられなかった入門書として刊行したものである。この経緯については、長谷部文雄「解説」『同』を参照。
(14) 足立「前掲」一四九頁。
(15) ローザ・ルクセンブルク『経済学入門』(岡崎次郎・時永淑訳)岩波書店、一九七八年、四〇〇頁。
(16) ガヤトリ・C・スピヴァク『ポストコロニアル理性批判』(上村忠男・本橋哲也訳)月曜社、二〇〇三年、二七四頁。このスピヴァクのいう脱構築については、ウォーカー「前掲」、ならびに竹村「前掲」を参照。
(17) 同、六〇三頁。竹村は、このスピヴァクのいう脱構築不可能な経験を、「ディアスポラ」という分析概念における新たな学知の可能性としても指摘しながら、スピヴァクの批判的地域主義に言及している。竹村「前掲」。
(18) スピヴァクがこの不可能なものの経験の延長線上に、トニ・モリスンの『ヴィラヴド』の守るために娘を殺す母親の経験に言及する。その中でスピヴァクは、この不可能なものの経験について、「構造のない構造は美学的にはさまざまな仕方で形象化することができる」と述べる(同六〇八頁)。美学的形象化の政治性は、まさしくこの点にあるといえよう。それはまた、表象の背後に既存の政治構造を読み解こうとする表象研究が、何を台無しにしているのかということでもあるだろう。異なる文脈からではあるが、ランシエールの次の著作を参照されたい。ジャック・ランシエール『感性的なもののパルタージュ』(梶田裕訳)法政大学出版局、二〇〇九年。
(19) 山室信一『思想課題としてのアジア』(岩波書店、二〇〇一年)参照。
(20) 厚生省研究部人口民族部『大和民族を中核とする世界政策の検討』一九四三年(復刻一九八一年　文生書院)三二九五頁。
(21) 鳥居龍蔵『鳥居龍蔵全集 第一巻』朝日新聞社、一九七五年、四八二頁。
(22) たとえば、芹沢一也『〈法〉から解放される権力』(新曜社、二〇〇一年)を参照。
(23) 社団法人糖業協会編『近代日本糖業史 下巻』勁草書房、一九九七年、三八二—三八四頁。
(24) この冊子は、『民族人口政策研究資料』(文生書院、一九八一年)の三巻から八巻として復刻されている。同冊子はこれまでにも、日本における人種主義の基本的史料として、言及されている。John W. Dower, *War Without Mercy*, Pantheon Books, 1989. 邦訳、ジョン・W・ダワー『人種偏見』（猿谷要監修、斉藤元一訳）TBSブリタニカ、一九八七年、第一〇章、一九九四年、小熊英二『単一民族神話の起源』新曜社、一九九五年、二五三―二五八頁、山室信一『思想的課題としてのアジア』岩波書店、第一部第五章など。ここではダワーの議論を引用しているが、同冊子における「混血」にかかわる記述を当時の人種主義、民族政策の中で検討作業、さらには人口学、優生学、人類学の中で位置づける作業については小熊を参照。また山室はこうした作業を更にアジア認識においてまとめようとしている。これらに対して本書でここで提示しようとしている論点は、この長大な冊子を、資本主義は国家を組織しえず国家もまた完全には資本主義を支援し得ないという国家と資本主義の不安定な関係性の中で問題化するということである。

(25) 厚生省研究部人口民族部『大和民族を中核とする世界政策の検討』一九四三年、三五頁。

(26) 同、三五―三六頁。

(27) ダワー『前掲書』三一七―三一八頁。

(28) 厚生省研究部人口民族部『大和民族を中核とする世界政策の検討』（前掲）三〇七頁。

(29) 同、三二八頁。

(30) 同上、二二九六―二二九七頁。

(31) この論文は、『宇野弘蔵著作集　第八巻』（岩波書店、一九七四年）に所収されている。引用は『著作集』よりおこなった。また同論文は、同時期に執筆された宇野の未発表論文「ナチス広域経済と植民地問題」（降旗節雄編集）『季刊クライシス』二五号、一九八六年）も含めて、宇野の同時期の広域経済を宇野の思想に即して、更に検討しなければならないだろう。降旗節雄にみられるような「みごとなファシズム経済批判」（降旗節雄「解題」『同』）という評価でもなく、またたんに翼賛体制への転向として批判する議論でもなく（小倉利丸「社会科学者の転向――平野義太郎と宇野弘蔵」池田浩士・天野恵一共編『転向と翼賛の思想史』社会評論社、一九八九年)、重なり合う状況の中で個別具体的になされる帝国批判の可能性として、この広域経済をどのように読み直すのかということが問題なのだ。宇野の広域経済については、カツヒコ・マリアノ・エンドウ氏に教示を得た。またこの問題は、植民地朝鮮においてこの広域経済論に何らかの解放の可能性を議論しうる余地があるかどうかという問いでもある。かかる点については、洪宗郁『戦時期朝鮮の転向者たち――帝国/植民地の統合と亀裂』(有志舎、二〇一一年)が重要である。是非とも参照されたい。

(32) 宇野『著作集 第八巻』(前掲)三五六頁。

(33) 同、三九六頁。宇野「ナチス広域経済と植民地問題」(前掲)ではさらに踏み込んで、「広域経済は強化され確立された国民経済の集団的経済に他ならない」(一四五頁)と述べている。

(34) 同、四〇二頁。

(35) この巨大な権力こそ、宇野が戦後直後に雑誌『世界』(一九四六年五月号)において発表した「資本主義の組織化と民主主義」において問題にしようとした点に他ならない。そこでは広域経済を資本の組織化として捉え直し、労働者による組織化を対峙させ、そこに民主主義の重要性を述べている。宇野弘蔵「資本主義の組織化と民主主義」『著作集 第八巻』(前掲)所収。

(36) それはマルクスのいう「経済的定住」にも重なるだろう。すなわち「この関係(貨幣諸関係-引用者)は、なるほど一面では、労働者の経済的定住からの労働諸条件――これらはますます流通からやってくるようになり、流通に依存するようになる――の自立化、引き離しをわれわれに示している。しかし他方では、労働者の経済的定住はまだ資本の過程のなかに包摂されていない。それゆえ生産様式はまだ本質的には変えられていない。」(マルクス『経済学批判要綱』『マルクス資本論草稿集二』大月書店、一九九七年、所収、『同草稿集』七五五頁)。いわば流通への依存の中でかつての労働を成り立たせている条件が既に奪われているにもかかわらず、新たな生産様式は存在しない事態を、「経済的定住はまだ資本の過程の中に包摂されていない」とマルクスは述べたのだ。この箇所にかかわって、植村邦彦『マルクスを読む』（青土社、二〇〇一年）所収の「『世界史』の可能性」を参照。
(37) エティエンヌ・バリバール／イマニュエル・ウォーラーステイン『人種・国民・階級』（若森章孝・岡田光正・須田文明・奥西達也訳）大村書店、一九九五年、三一五―三一六頁。
(38) 同、三一六頁。
(39) 同、三一〇頁。
(40) 同、三一五頁。
(41) Homi K. Bhabha, *The Location of Culture*, Routledge, 1994, p.97.
(42) *Ibid*. p.99.
(43) *Ibid*. p.95.
(44) *Ibid*. p.100.
(45) 冨山一郎『暴力の予感』（前掲）の第一章を参照。
(46) 冨山一郎「熱帯科学と植民地主義――『島民』をめぐる差異の分析学」酒井直樹／ブレッド・ド・バリー／伊豫谷登志翁編『ナショナリティの脱構築』（柏書房、一九九六年）を参照。
(47) 冨山一郎『暴力の予感』（前掲）の第二章を参照。
(48) 柳宗悦「沖縄人に訴ふるの書」『月刊民芸』（一九四〇年三月号）那覇市『那覇市史　資料編二中―三』（那覇市、一九七〇年）所収。
(49) たとえば、沖縄県学務部「県民に訴ふ　民芸運動に迷うな」『沖縄日報』（一九四〇年一月十一日）『那覇市史』（前掲）所収。
(50) この点については、冨山一郎『近代日本社会と「沖縄人」』（日本経済評論社、一九九〇年）の序章ならびに第三章を参照。

(51)冨山一郎「熱帯科学と植民地主義――『島民』をめぐる差異の分析学」(前掲)参照。

(52)鈴木舜一『南方労働力問題』東洋書館、一九四二年、二八五頁。

(53)同、二七七頁。

(54)矢内原忠雄「南方労働政策の基調」『社会政策時報』二六〇号、一九四二年、一五六―一五七頁。

(55)梅棹忠夫「紀行」今西錦司編『ポナペ島』彰考書院、一九四四年、四八八頁。

(56)ヤン・ムーリエ・ブータン「あらゆる壁の敵意と敵意の壁の間」(箱田徹・市田良彦訳)『トレイシーズ』二号、岩波書店、二〇〇一年、一〇三頁。

(57)同、一〇七頁。

(58)カール・マルクス「貨幣の資本への変容」『資本論　第一巻　上』(今村仁司・三島憲一・鈴木直訳)筑摩書房、二〇〇五年、二五〇頁。

(59)同、二五三頁。

(60)またマルクスの『経済学批判要綱』の「機械についての断章」では、労働過程における固定資本との関係の中においてこそ可能性が具体的な流動資本として登場する有様が、見事に描かれているといってよい。

(61)マルクス『資本論　第一巻 上』(前掲)二六三頁。

(62)パオロ・ヴィルノ『マルチチュードの文法』(廣瀬純訳)月曜社、二〇〇四年、一五〇頁。ヴィルノは、この「可能態」をあらかじめ確保しようとする政治として、ミッシェル・フーコーの「生政治」を設定し直す。このヴィルノの議論は、極めて重要である。本書では「生政治」という設定において議論はしていないが、確保された「可能態」としての労働力と、そこからの離脱をめぐって国家を問題化しようとしている点において、ヴィルノの問題意識を共有している。

(63)マルクス『資本論　第一巻 上』(前掲)二五七頁。
(64)同、二五八頁。
(65)同、二五八頁。
(66)この問題は、マルクス『経済学批判要項』における「一般的知性(general intellect)」をどのように理解するかということにもかかわるだろう。とりあえずそこには、未来をめぐる予定された先取りと、予定調和を払いのけ別の可能性を発見しようとする交錯した知のありようが、浮かび上がるだろう。
(67)同、二五〇頁。
(68)カール・マルクス「資本制的蓄積の一般法則」『資本論　第一巻 下』(今村仁司・三島憲一・鈴木直訳)筑摩書房、二〇〇五年、三九八頁。
(69)スラヴォイ・ジジェク『大義を忘れるな』(中山徹/鈴木英明訳)青土社、二〇一〇年、四二九―四三〇頁。
(70)Ernesto Laclau, *On Populist Reason*, Verso, 2005, pp.139-156.
(71)ジジェク『前掲』六三六頁。
(72)同、六三八頁。
(73)同、九章の注(四)参照。
(74)フランツ・ファノン『地に呪われたる者』(鈴木道彦/浦野衣子訳)みすず書房、一九六九年、一四三頁。
(75)石牟礼道子『苦海浄土』講談社、一九六九年、六一頁。第二章の注2に同じ。
(76)フランツ・ファノン『前掲』一一九頁。
(77)同、一二〇頁。
(78)同、一二七頁。
(79)ジュディス・バトラーが、ニーチェに言及しながら述べた次の主張を念頭に置いている。「ジェンダーはつねに「おこなうこと」であるが、しかしその行為は、行為の前に存在すると考えられる主体によっておこなわれるものではない」。ジュディス・バトラー『ジェンダー・トラブル』(竹村和子訳)青土社、一九九九年、五八頁。

(80)ファノン『前掲』一三三頁。

(81)同、一二五頁

(82)ジュディス・バトラー『触発する言葉』(竹村和子訳)岩波書店、二〇〇四年、二〇八頁。

(83)同、二一〇頁。

(84)同、二一八頁。

(85)同、二三六頁。

(86)同、二四五―二四六頁。

(87)同、二四六頁。一部訳し変えてある。原文は次の箇所。Judith Butler, *Excitable Speech: A Politics of the Performative*, Routledge, 1997, p.159.

(88)同、二四六頁。

(89)ファノン『前掲』六五頁。

(90)同、七五頁。

(91)同、七八頁。

(92)良知力は「一九四八年にとってプロレタリアートとは何か」という問いにおいて、オーストリアの当時の文書から、次のようなプロレタリアのありようを描き出している。「この連中ときたら、農民層にはいるのか、それとも市民的身分に属するのかさっぱりわからない、戦野にある兵士のように明日をも知らぬ暮らしを続けており、二日も食べないでいればたちまち泥棒の仲間入りをする、その数はヨーロッパのどこの国でもおそろしいほど増えている、彼らの大多数は放浪癖が体にしみつき、たえず奉公口を変えては転々とし、稼ぐためならどんな仕事もいとわない、かせいだ金は飲み屋や女郎屋で使いはたす、等々」。良知力『向う岸からの世界史』筑摩書房、一九九三年、一一〇頁。この良知の記述の要点は、いかなる階層にも属していないという点にあるのであり、それはファノンの「あぶれた者」というルンペンプロレタリアートの記述と重なる。

(93) Laclau, *op.cit.*, p.152.

(94) ファノン『前掲』一二三頁。

(95) 同、一二四頁。

(96) バーバはファノンから、既存の秩序を否定し続ける行動（negating activity）を見出し、それを「実在に創造を導きいれること」と述べる。そこでは対立構造を支える前提として自然化された土台自体が否定され、すべてが別物にかわり始めることが想定されている。バーバにとってそうした可能性の端緒こそが、文化の場所なのだ。Bhabha, *op.cit.* pp. 8-9.

(97) ファノン『前掲』一五五―一五七頁。

(98) Lewis R Gordon, *Fanon and the Crisis of European Man*, Routledge, 1995, p.81. また、本書の補論を参照。

(100) この精神疾患の問題は、バトラーが予めの排除において同様に精神疾患に言及していることと正確に重なる。バトラーは発話主体の地位を確保する中で非社会的とされる発話として「『精神病患者』の呻き声」をあげ、「そういうものこそ、発話可能な領域をとりしきる規則によって生産され、またそういった規則に絶え間なく憑きまとっている」と述べる。バトラー『前掲』二〇八頁（翻訳は少し訳し変えてある。原文箇所は、次のとおりである。Butler, *op.cit.*, p.133.）すなわち発話主体の位置から予め排除され、その発話はことごとく内部に存在する病状として精神疾患こそが、バトラーのいう「過去との断絶をつうじて未来の基礎を作る契機」として、またファノンのいう否定性として、確保されなければならないのだ。

(100) ジジェク『前掲』六四三頁。

(101) 同、六四五頁。
(102) 同、六六二頁。
(103) 同、六四九頁。
(104) 戒厳令はまた、原発事故という危機の問題でもある。ジジェクはチェルノブイリ原発事故に言及し、その恐怖を、見えないが「何かがとてつもなくおかしい」ということはわかるという事態と述べ、「生態系の危機における最大の不安は、暴走する可能性をもった、いわゆる「現実界における知」にかかわっている」と指摘する。それはやはり恐怖と恐れにかかわる問題だろう。ジジェク同、六八〇—六八三頁。
(105) ファノン『前掲』四三頁。
(106) 同、四三頁。
(107) 同、三八頁。
(108) 同、三九頁。
(109) 同、三九頁。
(110) 同、四〇頁。
(111) 同、四五頁。
(112) この問いこそ、党という問題にかかわる。ギャヴィン・ウォーカー「資本のプロレタリア的零度」(長原豊編『政治経済学の政治哲学的復権』法政大学出版局、二〇一一年)参照。

終章　戦後という問い

いったい　僕はたれなのか
いったい　僕は〈戦前〉にいるのか
いったい　僕は〈戦中〉にいるのか
いったい　僕の〈戦後〉はどうなっているのか[1]（新城兵一）

沖縄の解放は、沖縄が本土に復帰するのではなく、本土が沖縄に復帰するのでもなく、あるべきアジア、あるべき世界に復帰しなければならない[2]。（宮城島明―傍点引用者）

Ⅰ　帰還と脱出

一九六九年末の「佐藤―ニクソン会談」と共同声明において、正式に沖縄返還の政治日程が決まった。第三章でも述べたように、復帰に軍事的暴力からの解放を重ねていた者たちにとって、この会談と共同声明は、その解放が裏切られていくことが明確になる出来事だった。またこうした中で、復帰後の沖縄振興開発計画の実施に結びついていく動きも加速化されていく。琉球政府から沖縄県へという制度の展開は、軍事的暴力の継続と、振興や開発に関わる法の登場でもあったのだ。

この、一九六〇年代末から一九七〇年代の沖縄をめぐる政治過程において重要なのは、社会運動における復帰というスローガンは制度として実現するが、そこに込められた内実は裏切られるという重層的プロセスである。またそれは、日本への帰属を訴える復帰運動を担っていた政治の言葉が無効になっていく事態でもあり、したがって、日本という国家を拒絶する新たな政治を生み出すプロセスでもあったと、とりあえずいうことができるだろう。そして問題は、何をもって拒絶といい、それがいかなる言葉とかかわるのか、という点である。

この一九七二年五月一五日における沖縄の日本復帰に対して、日本という国家を拒絶する潮流は、しばしば反復帰論と呼ばれてきた。またこの反復帰論は、後にこの復帰運動を批判的に考える際、重要な論点として言及される。しかし、なぜ論なのだろうか。七二年に向かう社会運動のスローガンとしては圧倒的に「復帰」が主流であったことは疑い得ない。反復帰、あるいは独立を正面に掲げ主張した人々は、明らかに少数である。この七二年に行きつく復帰の潮流を批判的に考えることは、復帰運動にこの反復帰を論として対峙させることではないのではないか。そこには、知識人において構成される論壇の鳥瞰図をすぐさま政治だと思い込む、今日まで続く勘違いがあるのではないか。

反復帰が論として登場したのは、沖縄の論壇を構成していた『新沖縄文学』における二つの特集である。一九七〇年一二月の同一八号の特集は「反復帰論」であり、次号の一九七一年三月の一九号でも「続・反復帰論」が組まれている。そしてこの特集も含め、復帰ということへの拒絶や違和を言語化し、思考しようとした人々は、新川明、川満信一、岡本恵徳をはじめ少なからず存在する。しかしこうした思考を反復帰論としてひとくくりにし、復帰運動の潮流に対峙させしてしまうことと、それを運動の中に置き直して読み直すこととは異なる作業であろう。したがって問題は、思考にすぐさま論をくっつけて地図を描き、自らの居場所を探そうとする者たちの問題といえるかもしれない。誤解のないようにいえば、いま民衆の声や、声なき声を拾うべきであるということを、いおうとしているのではない。この復帰をめぐって残されている多くの文書を、いかに読み直すのかという今の問題だ。

たとえば私が、反復帰論に違和を覚えるのは、次の清田政信の「帰還と脱出」という文章にかかわっている。この文章には、一九六八年九月の日付が打たれている(3)。一九五〇年代、清田は沖縄の地において「島ぐるみ闘争」と呼ばれる土地闘争を闘い、その闘いの終息の中で運動を担った沖縄人民党を離党した。この土地闘争はその後の復帰運動の源流とされ、沖縄人民党はその運動の前衛組織として登場していくことになる。

復帰というからにはどこかに帰ることだ。それがたとえ自ら脱出した故郷や国だとしても、あるいは自らえらぶ行為とはかかわりのない外的な力による理不尽な分断にしても、現在おかれている情況からの脱出として志向されるかぎり、故郷や国からの脱出と見まがうほどの相貌を呈するとき未来に加担する行為となるだろう。復帰と脱出というさかむきにはじき合う情況をV字形につきささる支点にひきしぼって発動する論理が、母のふところに帰るという「民族感情」を止揚し、変革する視点となるだろう(4)。

復帰には脱出というモーメントが存在する。現状からの脱出が、結果的に日本という国家への帰属、すなわち復帰として制度化されてしまうのであり、日本という国家への帰属が脱出を意味するのではない。復帰というプロセスの単線的時間を微分するような、この清田の思考において見いだされる脱出は、あえていえば、日本への復帰を希求する運動が国家主権の獲得として制度化される中で、消失していく何かである。すなわち、日本の一部になるというプロセスを推し進める運動の内部に、一部ではないという拒絶が潜在的に生成するのであり、それはいわば復帰運動の動因になりながら、復帰が完了した時に表面的には消されてしまった未来への可能性の問題なのだ。たしかに一九七二年以降、沖縄は沖縄県という日本のひとつの地域になった。しかし日本の一部になるというプロセスにおいて沖縄は、日本という全体には収まらない、別の潜在的可能性を抱え持ったのであり、清田はこの可能性を、まさしく復帰の中に確保しようとしたのだ。金城正樹は、こうした清田の思想について、そこに運動に裏切られたという敗北への徹底した内省的思考を指摘する。

復帰運動が挫折していくなかで、沖縄県内では「沖縄崩壊」が叫ばれ、それに条件反射するかのように「反復帰論」や「沖縄自立論」がにわかに活気を帯びてきた。復帰論はもちろん、崩壊論にも、自立論にも加勢することがなかった清田は、敗北を文字通りに崩壊や欠如としてしか捉えきられないところに、こうした思想の限界を早い段階で見抜いていたと言えよう(5)。

清田にとって復帰を考えることとは、「運動のプロセスで解放の夢を見てきたということと、また解放の夢に託された主体によって裏切られてきたということ」(6)という軋み合う二方向の経験を、敗北の経験として、思考の基底に据えることだった。帰還と脱出は、かかる二方向を示す言葉でもあり、またその結節点には敗北が据えられている。またこの敗北は、これまで政治を構成してきた言葉の敗北でもあるだろう。そして、かかる言葉の敗北において問われたことには、民衆と知識人といったおなじみの構図も当然ながら含まれるはずだ。反復帰論が条件反射だという金城の指摘は、自らの言葉においてこうした言葉の敗北を抱え込むことなく、政治解説を早々と開始する人々の問題であり、それは今日まで続く沖縄や沖縄戦後史をめぐる論壇の問題でもあるだろう。あえていえばこの条件反射には、論壇とそこでの自らの場所を守ろうとする保身が帯電している。繰り返すがそれは、既に政治ではない。

敗北の中で、多くの者たちは言葉を失っていった。当該時期に残された文書からは、状況の説明や政治解説ではなく、言葉の停止こそがまずは読み取られなければならない。たとえば川満信一は、「わが沖縄・遺恨二十四年」において、先に述べた復帰が現状の継続であることを明確に示した「佐藤＝ニクソン会談」

を、「沖縄にはこれからも核基地があるだけで、そこに居住する百万人の人間は、後にも先にも、生きたままで死亡者台帳の中の頭数とみなされているに過ぎない」という死亡者の頭数という認識として受け止めた上で、次のように述べている。

佐藤＝ニクソン会談の共同声明を待つ一九六九年十一月二二日深夜、沖縄は四分の一世紀にわたって蓄積された〝言うに言われぬ屈辱〟をのんで、すでに裏切られた夢の断片からわずかな希望でも見つけられはしないかと、あたかも藁をつかむ溺死者のように、不眠のもがきを続けた(7)。

この川満の言葉からは、抗うことのできない絶望的状況がうかびあがることは確かだ。しかしこの評論が、「これは自分の狂気が、かろうじて精神病院の鉄格子の中へぼくを引きずりこまないように抑制するためのカタルシスなのだと思う」という呟きのような言葉から始まり、「那覇市近郊の精神病院の鉄窓でうつろな目を空中に泳がせながら、なにものかに突き動かされるように壁を殴り、怒鳴り暴れ狂」っているH氏、「自殺してはてた」M氏、「いよいよ自らの狂気を増長させている」K君が次々と登場するとき(8)、この文章からは、悲惨な状況の説明というより、説明をする言葉の崩壊こそが浮かび上がる。川満は、自分の狂気を抑制するために書いているのだ。もちろん川満の文章自身は混乱した言葉ではないし、評論として書かれた言葉は、それ自体では狂気ではないだろう。だが川満の文章から浮かび上がるのは、文章を記す者のすぐ傍らに狂気が近接しているということである。

あるいはこの言葉の停止は、これまで政治としては語られていなかった領域や、政治を語る前提として不問に付されていた領域に、「まだ終わっていない」というための根拠を見出だそうとするもがきでもあっただろう。現実化する復帰を前に、一九七〇年に発表された岡本恵徳の「水平軸の発想」は、こうした議論の最も重要なテキストの一つであろう。

沖縄の人間が沖縄の人間であるところを出発点としたところの、だから自分たちが自分たちであることによって、自分たちを自分たちで支えないかぎり、生きぬくことができない、という〝共同体的本質〟であり、国家をも権力をも社会的な条件として相対化しえたところに、「復帰運動」のエネルギーを触発する契機がひそんでいたといえる(9)。

岡本は、復帰運動を国家から距離を置いた場所に確保するために共同体的本質をもちだし、さらにそれを、国家を拒絶する可能性として見出そうとする。日本という国家への復帰をもとめる「共同体本質」の「エネルギー」こそが、同時に国家を相対化し、拒絶するのである。そこでは復帰と反復帰が対立的に並置されているのではない。国家への拒絶は国家に帰属するそのプロセスにおいて生まれるのだ。岡本は自らが動因となった国家に抗する可能性を、共同体という言葉で確保しようとしたのではないか。

この岡本の「水平軸の発想」において重要なのは、共同体論ではない。いかなる論かということではなく、重要なのは岡本の言葉の在処とでもいうべき点にある。すなわち読みとるべきは国家の基盤として自然化された共同体（共同体的本質）を別物へと変態させるために岡本が、「共同体的本質」に対して「いまだ論理化されない、情念の領域に多く潜んでいるかに見える『共同体的生理』」(10)といった言葉を重ねている点である。自らの生の前提であり、また国家の動因になっている自然化された領域を、岡本は言葉において復帰とは異なる未来の根拠として描き直そうとするのだ。「生理」とは、こうした言葉と自然のギリギリの接点なのだ。

それは、前章におけるファノンの民族を語る言葉や、あるいは言葉の前提としてある「予めの排除」を、言葉において引き直し、自然化された身体を言葉において再度生産しようとするバトラーの試みでもあるだろう。また清田に倣っていえば、帰還とともに見いだされる脱出の可能性でもあるだろう。そして帰還が政治を構成している以上、脱出とはこれまで政治として語られなかった領域が政治の言葉を語り出し、あるいは言葉を失った行動が突出していく事態でもあるだろう。公を政治とよぶならば、私的領域にかかわることが新たな政治として発見される事態、すなわち「個人的なことは政治的なこと」と、とりあえずいえるかもしれない。

そして言葉の停止は、暴力の発見でもある。しかしそれは武器としての暴力ではない。文字通り「筋肉が概念にとって代わ」る事態であり[11]、未来を知覚する力としての暴力の発見である。一九六九年一〇月二〇日、仲間とともに火炎瓶で武装し、フェンスを乗り越えて嘉手納基地に突入した松島朝義は、その直後獄中で、「乗り越えの論理」を書いた。そこでは自らの行動を、「倫理的問題が一つの行動軸となった肉弾の思想」と呼び、「乗り越えられるべき者は自己であり、乗り越えるべき物は金網である」と述べている。また同時に松島は、「生活空間からの再出発」を主張する。起点になるのは肉弾であり自己であり、日常生活であり、そしてこうした自然化された領域を乗り越える、言葉を越えた行動こそが、政治なのだ[12]。

言葉の敗北を、ごまかすことなく受け入れる者たち。一九七二年の復帰に向かうプロセスにおいて登場したのはこの者たちなのだ。金城は、清田の思想の軸に「敗北を所有する者」を据えて、次のようにいう。

もし敗北者が、その名の通り何らかの欠如の意味を含んでいるとすれば、欠如の烙印を押されたまま彼ら／彼女らが生きていくことは可能だろうか。おそらく不可能である。生きていくためには、何らかの意味を新しく見いださねばならず、まさしくそこに清田が表現を行う根拠がある(13)。

敗北者とは、敗北を敗北として受け止め、そしてにもかかわらず、夢の継続を思考する者である。たとえば「敗北者にとって意志的に敗北を下降する時すでに彼はたんなる敗北者ではない。彼は敗北を意志することによって敗北を所有するからだ」と清田がいうとき(14)、そこには自らが動因となった運動を敗北として受け止める者たちこそがなし得る、先の引用文にある「復帰と脱出というさかむきにはじき合う情況をV字形につきささる支点にひきしぼって発動する論理」があるだろう。また川満の「狂気」、岡本の「共同体的生理」、松島の「肉弾」は、敗北を言葉の敗北として受け止めた者たち、すなわち「敗北を所有する者」たちが、それでも未来を言葉において獲得しようした痕跡であり端緒である。また同時にそこには、次なる沖縄闘争を饒舌に語る解説者への拒絶があるだろう。敗北を所有することなく、そこにただ欠如の烙印を押すのは、「勝利―敗北の価値意識に深くとらわれた政治主体のあり方」(15)に他ならないのだ。

復帰運動は、間違いなく沖縄の戦後史を考える軸である。しかしそれは、復帰運動にそくして歴史を描くことではなく、この運動が敗北であったということを受け止めるという意味で軸なのだ。復帰に帰着する沖縄の戦後を、今検討するということは、この敗北を所有することであり、復帰運動の動因になった解放の夢を、「まだ終わっていない」と呟きながら確保する作業に他ならない。そしてその作業は、たとえば共同体や身体、あるいは暴力や狂気にかかわっているのだ。それは共同体や狂気が解放だといい当てることではない(16)。言葉で身体を再度生産することなのだ。

またかかる作業を政治の外に置き、敗北を素通りしてしまったところに、沖縄戦後史が構成されていったともいえるだろう。それはある意味で、民衆は依然として戦い続けているという、民衆を称揚する良心的知識人の語りであり、ある種の進歩史観でもあるだろう。だが本章ではこの進歩を停止させ、敗北において見いだされる戦後史への問いを、遡及的に考えたいと思う。

Ⅱ　未決性について、あるいは立ち遅れた者たち

ところで、こうした金城あるいは清田がいうような、敗北を所有する者たちから遡及的に見いだされる歴史とは、年表風にまとめられた時系列的歴史でないだけではなく、また面積をもった地図上の沖縄の歴史でもありえない。この地図上の沖縄は、後段で検討するように領土、主権、帰属といった言葉の前提を構成するだろう。また共同体や身体が未来を思考する端緒になるということは、こうした地図上の地理化され自然化された前提への問いでもあるのだ。あえていえば、前述の清田、岡本、松島、川満などの問いを足し合わせても、決して地図上の沖縄にもまたその一部にも帰着することはないのだ。だがそれは、すぐさま沖縄という全体が崩壊することを意味するものでもない。問われているのは、序章でも述べた「沖縄の」という所有格の問題なのだ。

復帰という文字通り領土的な政治の現実化のなかで敗北を所有しながら思考した者たちにより、沖縄という名前は、土地として自然化された前提への問いにまみれ、前提の上に成立する予定ではなく、別の未来に向けた可能態として想定され続ける。それは同時に、沖縄が面積をもって書きこまれた世界地図が、普遍的で超越的な全体ではもはやなく、あえていえば領土を領土として定義する外部世界が想定できなくなる事態ともいえるだろう。またそれは、序章の最後で述べた歴史経験が沖縄という名称を獲得することと、地図上の沖縄という地名からの離脱とが、区分することのできない一つの営みとして登場することでもあるだろう(17)。清田にならっていえば、帰還する沖縄が同時に脱出する沖縄でもあるという、あえていえば帰還を定義する外部からの領土的、あるいは主権的視線と、まだ見ぬ世界への脱出を内部から試みる営みが交錯する一つの場所、すなわち清田のいう「V字形につきささる支点」において、沖縄は立ち現われることになる。

地図に書き込まれた沖縄と歴史経験の内省的プロセスにかかわる沖縄という名前にかかわる以上の論点を念頭におきながら、次に歴史という時間軸に対して、やや理論的な問題設定をおこないたい。それは、歴史の動因となる社会運動とその運動がある制度として結実することとの間にあるギャップとでもいうべき問題であり、いいかえれば、制度自体と制度に向かう運動のプロセスとを同一視しないということだ。すなわち、運動のプロセスで描かれた未来への夢、あるいはそこに生成したはずの関係性や新たに社会を作り上げていく可能性は、運動の結果として登場する制度的秩序には一致しない。さらにいえば、制度が登場し秩序が作られた後には、この歴史の動因であった運動の夢や可能性は見えなくなり、その結果、秩序形成の動因になりながら、自らが動因となったその秩序の中おいて、その動因自体が消失するのである。

それは秩序自身が、運動の必然的結果であったかのような歴史的因果関係を、あと出しじゃんけんのように獲得することでもあるだろう。

またこのプロセスは、歴史の主体として、たとえば党や運動組織そして国家が登場するという事態でもあり、こうした主体は、歴史の中に自らを位置づけ、まるで過去にその主体の起源があったかのような歴史と伝統を創造（捏造）することになるだろう。したがってそれは、起源と歴史を語る知識人の問題でもあるだろう。またあえていえば、敗北を所有することなく素通りしてしまった沖縄戦後史は、後段で検討するように、前に進み続ける民衆像の起源を捏造してしまったのだ。そしてこの捏造により秩序は、歴史を獲得する。唐突に思われるかもしれないが、次の大杉栄の一文を引用する。

> 勿論無政府主義者といえでも十分それを知っていた。先見もしていた。それを先見することが無政府主義そのものでもあるのだ。けれども彼等は、革命に熱心なあまりに、その利用をむしろ甘んじて受けた。そしてこの甘んじてという中には、十月革命当時のボルシェヴィキの全く民衆的な革命的喊声に多少眩惑された形があった。／この眩惑がまず第一に無政府主義者を誤らしたのだ。革命の当初最も有力な武装団体であった無政府主義労働者の軍隊が、共産党の新政権に一指を触れることをあえてしなかったのみでなく、おめおめと解散されてしまったのもそのためだ。そして無政府主義者は、その間に、労働者や農民の大衆の中にまったく反権力的な自由な団体を十分発達させることに、その力を十分組織し集中する時期を失ってしまった。立ち遅れたのだ[18]。（傍点―引用者）

『改造』（一九二三年九月）に掲載されたこの大杉の文章は、アナーキズムの系譜においてたびたび言及されるネストール・イヴァーノヴィチ・マフノ率いる農民軍について記したものである。赤軍とともに闘い、対地主闘争の中でウクライナの農村において自治的権力を解放区として作り上げ、ボルシェヴィキの権力樹立後、圧倒的な赤軍により壊滅させられたマフノたちの運動は、アナーキズムのみならず農村をめぐるユートピア運動としても注目され、また絵空事として軽蔑もされた。こうした農民的ユートピアは、マフノ鎮圧の最終局面である一九二〇年に、モスクワにおいて刊行されたアレクサンドル・チャヤーノフの奇書、『農民ユートピア国旅行記』にも流れ込んでいる。そこでは、新たな反乱が妄想的な予兆として記されている(19)。

マフノたちがポーランドに逃げのびた一九二一年の二年後に、この大杉の文章は記された。ここで、ロシア革命史を検討しようとしているのではない。考えたいのは、大杉が自らのアナーキストとしての生き方を重ねながら、マフノの運動を称して「立ち遅れたのだ」と呟いたことが示す、反乱の時間についてである。大杉にとってマフノは、何に立ち遅れたというのだろうか。この遅れるということは、何を意味しているのか。

ところで、マフノの運動史の古典として、マフノ軍の情宣を担ったピュートル・アンドレーヴィッチ・アルシーノフの『マフノ叛乱軍史』がある。同書が刊行されたのは、この大杉の文章と同じ一九二三年だ。極めて困難な状況の中で執筆された同書は、アルシーノフの状況への切迫した思いに満ちている。「われわれの現在は、仮にこのような不完全な形態ででではあっても本書が公にされることを要求している。したがって、大切なのは完璧な著作ではなくて、後続する作業を引き出す発端なのである」(20)という一文からは、壊滅させられた運動の余熱と同時に、運動を記述することにより新たな端著を生み出そうとする思いが伝わってくる。アルシーノフは、「これら（マフノ運動―引用者）の功績は全てソヴェート政府にその価値を簒奪された」と述べた上で、次のように記している。

　ソヴェート政府が崩壊せずにロシアに根を張れたのは、幾多の反革命に果敢な革命戦争を挑んだマフノ叛乱軍のおかげである。これはいかにも皮肉な逆説であるが、否定しえない事実である。そしてマフノ運動は、人々のあいだに革命の炎がいぶりつづける限り、これからもなお革命戦争の舞台に繰り返し登場することだろう(21)。

　アルシーノフにとってソヴェート政府は、たんに自分たちを圧殺した抑圧者なのではない。自分たちの力と価値を簒奪し、それによって強固な秩序を作り上げた制度なのだ。そして、この「皮肉な事実」の只中で、それでも別の未来への起点を確保し、叛乱を継続すべく、同書は書かれた。大杉が「立ち遅れた」という時、そこで想定されているのはこの皮肉な事実であり、それを記述しようとした大杉もまた、アルシーノフ同様に、この事実が覆う世界とは異なる別の未来を切り開こうとしていたに違いない。さらに、同書を翻訳した奥野路介は、アルシーノフに言及して次のように記している。

　（そこにあるのは―引用者）いわばはげしく死に遅れた著の無念であり、死に遅れたがゆえに、「幸運にも逝ってしまった」同士たちの運命を世界に告げ伝えなければならない者の悲哀である。ひとは語ることによってそこにあったことどもを客体化し、あるいは客体化しながら語るのであるが、こうして客体化することによって彼はほかならぬあったことどもの外に立つものになるからである。そしてアルシーノフは、まさにこの悲哀をわが身に帯びることでぼくらに本書を遺していった[22]。（傍点―原文）

立ち遅れた者たちは消失し、死に遅れた者たちは、奥野も含め、消失後を支配する秩序の中で悲哀を帯びた言葉を獲得する。それはまた敗北を所有する者たちの言葉の在処でもあるだろう。そして大杉、アルシーノフ、そして奥野の文章からは、消え去った者たちの跡地を凝視しようとする地点が、浮かび上がるのではないだろうか。この地点は、単線的な時間軸における立ち遅れた者たちの「後」ということではなく、なによりもまずこの消失にかかわるのではないだろうか[23]。また同時にそこには、この立ち遅れ、消え去った者たちが眩惑の中で見出した未来を、「まだ終わっていない」と呟きながら、今に浮かび上がらそうとする営みがある。

だがくりかえすが、その消失とは、たんに消されたというだけではない。秩序形成の動因になりながら、自らが動因となったその秩序の中において消失したのだ。それは同時に秩序なるものが、その到来を別の因果の連鎖において意味づけていくプロセスでもあるだろう。歴史とは、まずはこのような動因を消し去った別の因果の連鎖のことなのではないか。またさらに、このプロセスは、歴史の主体とその周辺に、党や前衛組織、あるいは歴史を解説する知識人層、そして国家が登場する事態でもあるだろう。こうした主体とその取り巻きたちは、歴史の中に自らを位置づけ、まるで過去に起源があったかのように伝統を創造する。立ち遅れた者たちの夢を簒奪して成立した秩序は、自らの到来を別の因果において根拠づけ、歴史の主体としての集団性とその歩むべき未来を獲得するのだ。たしかにこの未来は、単線的に見えるだろう。

大杉や奥野の言葉は、この歴史と主体にかかわる文脈にあるのではない。それは消されてしまった者たちに向けられているのであり、党や組織あるいは知識人や国家が獲得した未来の一歩手前の場所に立ち遅れ、消え去った者たちの夢を差し戻し、そのいまだ決着がついていない手前の場所から、別の線を引きなおすことを求めている。だがしかし、それは容易ではない。消え去った者たちを凝視する地点は、ユートピアを簒奪し相続した者が既に支配する皮肉な現実世界の中にあるのであり、夢はこの現実世界の歴史と主体において言葉が与えられる。いいかえれば、夢を言語的秩序に捕獲することは、まちがいなく皮肉な現実の近傍にあるのだ。奥野が語ることによって「外に立つ」と述べたとき、その外とは、この歴史の因果において登場する集団的な共時態に対する外部性に他ならない。それはいわゆる政治方針や綱領に反対すれば拒否できるという問題でもなければ、運動ではなくアカデミアの言葉をつかえば逃れることができるということでもない。端的にいって、論の問題ではないのだ。乱暴にいってしまえばそれは、言語自身が持つ秩序にかかわっている。

秩序の動因となりながら、その秩序の到来と共に消えていく存在を、フレデリック・ジェイムソンを引きながら「消え行く媒介者」とよんだスラヴォイ・ジジェクは、一九八九年から九〇年、ユーゴスラヴィアにおける自由選挙がおこなわれる直前の時期を、「またとないユートピア的瞬間」とした上で、「今となっては終わっているばかりではなく、『消え行く媒介者』のように記憶から消され、ますます見えないものになっている」と述べている(24)。ジジェックもまた、選挙にいたる民主化運動が見出していた未来への夢、すなわち「ユートピア的瞬間」と、選挙により成立する新しい国家体制との間にある深い亀裂を、見出そうとしているのである。またさらに付け加えるなら、言語的秩序も夢や可能性を消し去ることに関与している。たとえばジジェクは、消失し隠された出来事の発見を、外傷（trauma）にかかわる事後性（deferred action）において次のように説明しようとする。

　最初意味のない中立的な出来事と受け取られていた何事かが、事が済んでから遡及的に、つまり主体の発話作用の位置を規定する新しい象徴の網目の到来の後に、この網目には統合されえないような外傷に変化するということである[25]。

　秩序が到来した後に、失われたものが何であったかを、事後的に外傷として知る。秩序の動因たる出来事は、言語という象徴的秩序の到来において初めて、その秩序に統合されない傷としてその存在を主張する。ジジェクにおいては「ユートピア的瞬間」にかかわる経験とは、まずはこの傷のことに他ならない。いいかえれば、経験を知るという行為者は、既に「新しい象徴的網目」の中にいるのであり、ユートピアの瞬間は、無意識の領域に抑圧された存在として、外傷化するというわけだ。またそこでの要点は、象徴的な言語秩序にあるだろう。すなわちユートピアの瞬間を歴史経験として語ることの困難さとは、言語自体の秩序が、ユートピアの瞬間を現前から消し去ることにある。また言語秩序に関わるこの困難さは、秩序に住む分析者はその秩序により消失した者たちを事後的に語ることができるのか、という問いでもあるだろう。
　立ち遅れ消え去った者たちの夢を語る困難さは、このユートピアを語ることの困難さであり、その困難はまた、この言語自身の秩序がユートピアの瞬間を現前から消し去ることにあるのだ。またこの困難は、フェリックス・ガタリが起源の物語において構成される歴史をシニフィアンの連鎖と呼び、その切断（coupure）を、「革命的歴史」(26)と呼ぶことにもかかわるだろう。

歴史学とはシニフィアンの切断の波及効果を研究することであり、いっさいがひっくり返る瞬間を把握することである。だがこのシニフィアンの切断は、夢の顕在内容にもとづいて潜在内容を解読することと同じほど解読するのが困難である(27)。

夢を語ることは、すなわち消失を語ることは、シニフィアンの連鎖の切断であり、この切断においてユートピアの瞬間は浮かび上がる。またそこには、言語が抑圧している夢の言語による解読という困難さがつきまとう。だがそれを今、ジジェクがしばしば解説的に断言してしまうように、「象徴構造を創設している自分自身の起源には到達できないというこの不可能性」といいきってしまってはならないだろう(28)。こうした説明自身、外傷を抑圧し言語を構造化させているという点で、既に統合の追認である。

重要なのは、外傷とは何かを解説することではなく、外傷化の中を生きてきたという経験であり、解説を行う者の生それ自体である。夢を語るという行為は、かかる生の中において理解しなければならないのであり、だからこそ、到来する秩序と組織化を前提にしつつも、その到来を先取りし、払いのけ、別の未来を不断に予兆として開示し続ける運動的な営みを、言葉自身が既に構造化され、その秩序自体がユートピアを抑圧しているという困難をふまえながらも、確保しておきたいと思うのだ。消去から運動へ、あるいはいいふるされたいいかたをつかえば、解釈から実践へ。言葉が担うべきはこの転戦だ(29)。夢を解読するのではなく、夢を現実にたぐり寄せるのだ。あるいは覚醒した夢。そこには歴史の因果において登場する内部性とは異なる、「革命的歴史」にかかわる別の集団性が浮かび上がる。

そして、動因の渦中にあり到来した秩序により消失した者たちの夢や可能性を、秩序が歴史を獲得する手前の時点で見出そうとする営みは、既に消え去った後というある種の遅れに抗いながら、社会はいまだ決定されておらず可能性はいまだに継続中であることを、すなわち社会の「未決性」(openness)を、示すことに他ならない(30)。いいかえればこの未決性とは、動因が秩序に向かう一歩手前の場所にかかわる問題であり、既に秩序づけられた社会が、動因の渦中にあった者たちの夢や可能性において、未だ決定され得ない流動的状況として浮かび上がることを意味している。この未決性においてユートピアの瞬間は、既に消え去った後ではなく、未来を構成する複数の実践として浮かび上がり、そして言葉は、言語秩序の崩壊感を伴いながら、この実践たちににじり寄る。川満の狂気や岡本の共同体、あるいは松島の肉弾は、かかる言葉の在処に生まれたものだ。

ジジェクが事後的な傷として設定したユートピアの瞬間は、いまだ終息していない未決性として新たな言葉を獲得し、藤田のいう先験主義とは異なる未来を先取りしようとするだろう。そして、この未決性を未来に向けて再形成していくプロセスにおいてこそ、何度も引用するが、「恣意の世界は震撼させられ、其処に地震が起こり、希望的観測は混乱させられ、欲求は混沌の中に投げ込まれ、その混沌のもたらす苦しい試煉を経て、欲求や希望の再形成が行われる」という歴史経験は、確保されるのだ(31)。

面積をもった地図上の沖縄は、地図という全体の中の一部としての沖縄という考えであり、すでに全体を定義する制度や秩序、あるいは国家といった主権的存在が登場した後の思考である。こうした思考の中で沖縄は、国土の一部としての領土的な実体を獲得するだろう。その結果沖縄という所有格をもった経験の領域は、定義されたこの全体に対して、どうしても提喩的で予定調和的な意味が与えられることになる。しかしそれは、ユートピアの瞬間が消え去ったあとの、地理的場所に囲い込まれた経験を意味している。「革命的歴史」は、地図において消されたのである。あるいは全体空間が時間を制圧したといってもよい。

そしてだからこそ求められるのは、提喩的な意味を帯びたその具体的場から、まだ決着がついていないという未決性を浮かび上がらせ、消え去った者たちの夢や可能性を、未来へと再度開くことではないか。それは、全体の一部や周辺という位置を押付けられていた具体的な場が、全体において描かれた歴史から離脱し、全体の中の沖縄が予定されていた未来とは異なる未決の未来へと、開かれていくことに他ならない。沖縄という名詞は、この具体的場に潜在している未決性から言語的実践において浮かびあがる新しい社会性としてある。沖縄という名前は、既存世界における帰属ではなく、「新しい世界への復帰でなくてはならない」(32)のだ。ただ先取りして付言すれば、このような社会性は、あきらかに新たな秩序の登場の近傍にある。したがって求められるのは、秩序に向かう先験主義に抗いながら、複数の関係性が未来に向けて生成し連累していくという運動として未決性を確保しつづけるという、ある種の接近戦なのだろう。

Ⅲ　飢餓

敗北を所有する者たちから思考することは、この者たちを立ち遅れた者たちとして消し去ることにより登場した歴史に抗い、「まだ終わっていない」と呟くことから始まる。したがってそれは一九七二年に限定されるものではなく、遡及的に復帰運動の起源を問題化する系譜学的な営みになるだろう。それは敗北を選びとった清田にとっても同様である。清田にとって敗北は、たんに一九六〇年代後半の復帰運動の高揚にかかわることだけではない。まさしく復帰運動の始まりとして多くの沖縄戦後史において語られる一九五〇年代の「島ぐるみ闘争」において、その敗北はまずは刻印されている。いや正確にいえば、復帰運動の高揚の中で、清田は一九五〇年代を遡及的に想起し、そこに敗北を、すなわち復帰とは別の可能性に通じる新しい経験を発見するのだ。先取りしていえばその経験とは、飢餓にかかわっている。

一九六七年、清田は「黒田喜夫論――破局を越える視点」という文章を『琉大文学』（第三巻八号）に発表した(33)。ここで清田は、復帰運動の源流とされる一九五〇年代の島ぐるみ闘争を念頭におきながら、次のように論じている。

　たとえば、わが五〇年～六〇年代に行動を共にした青年たちを連帯させたのは、異民族による土地収奪と米軍の直接施設を拒否する綱領があったためだ。それは農民や小市民の子弟など、かつてない広い階層の共闘を形成させた。だがその時点で農民の飢えがほんとうに青年たちの思想を深化する要因になり得たかどうか疑問の余地が残されている(34)。

ここで清田が、飢えの思想化と述べる際の飢餓とは、この文章の表題からもわかるように、黒田喜夫の「死にいたる飢餓――あんにや考」にかかわっている(35)。この論考は、戦前期山形農村の極貧の中で育ち、一五歳のとき東京に徒弟機械工として年季奉公に出され、戦後故郷の村に戻った後、共産党員として農民組合を組織するが、その組織瓦解とともに病に倒れ、一九六二年に病室にて党の査問を受けたのち除名された黒田喜夫が、一九六四年に発表した評論であり、また副題にある「あんにや」とは、近世農村において年貢として差し出された質物奉公人に歴史的系譜をもつ、いわば東北農村における貧農ですらない極貧層である。

そして土地闘争を闘った清田にとって、この飢餓の焦点は、村という生活空間にある。すなわち村が運動の根拠となり、農民が決起するとき、飢えを抱え込んだ「あんにや」はどこにいるのか。この飢えたる者は、はたして、起ちあがるのか。黒田喜夫はこの「死にいたる飢餓――あんにや考」の冒頭に、次のような詩をおく。

飢えるのはつらい　それより／飢えを考えるのは怖ろしい　だが餓鬼道を行く／餓鬼道を通って革命の道へ　餓鬼道を通って反革命の道へ……[36]。

革命にも反革命にも転じうる黒田のいう飢えとは、ある階層のことではない。それはまさしく「あらゆる社会階層から除外されることによって、他の集団のアイデンティティを強化するだけでなく、他のあらゆる階層・階級が利用できる浮動性の要素となる」[37]のだ。そしてこの「あんにや」をめぐって黒田は、みずからの故郷で出会ったある農地改革の光景を描き出す。それは農地改革を革命の礎にせんとして農地委員会に参加した、「革命党員」にして「戦闘的組合員」である「T」のことであり、彼こそ「あんにや」と呼ばれつづけた人間であった。そこには黒田自身が重なっている。

「T」は、来るべき未来のために立ち上がった。だがそれは、革命の理想や正しさといった言葉で表現される未来ではない。少なくともそれだけではない。そこには飢えという、埋めようのない欠如が潜んでいるのだ。「あんにゃ」は、今の境遇から脱出しようとする。少しでも待遇のいい場所へと少しずつ上向し、いつも「あんにゃ」として見られていた存在から、脱出しようともがくのだ。だが、その既存の秩序を前提とした上向やもがきが、どうしても立ち行かなくなる瞬間が、やはり訪れる。別の未来が顔を出すのはその時だ。この瞬間に彼は、「見えざる男」へと飛躍する。

だが「あんにゃ」として出世するのではなく、出世を否定し、「あんにゃ」としての生涯的な上昇運動を逆転する価値観のもとへ飛躍するには、或る弾機のようなものが必要だったのであり、そしてその弾機とは、彼らの内なる累代の飢餓感をいわば絶対化することでつくられたものにほかならなかった。つまり、彼らは飢えの故に見える男であり、それをみずから見つめて意識することで見えざる男に変身したわけだが、その折に彼らの観念の内部の飢えは薄められていったのではなく、見つめられることで濃く深くなり、それが何によっても埋められないほどの極まったと感じられたとき、その深さを弾機として、彼らは見えざる男への飛躍をおこなったのだ(38)。(傍点―原文)

黒田は存在としての「あんにゃ」を、言葉を交わす相手ではなく、まるで風景のように人々が眺める自然の位置においている。「あんにゃ」は、いつもただ見られているのだ。そしてそんな自然が、累積した飢餓を絶対化させた弾機により、別の存在へ、すなわち「見えざる男」へ飛躍するのだ。何ものにも代替できない絶対的欠如の深さまで絞られた弾機が引き起こす飛躍。飢えとは、補填可能な救済対象としての欠乏や階梯の上昇において解消される不足なのではなく、そのような救済や階梯における対象化を一切拒絶した、ただ弾機の作動としてのみ感知される欠如なのであり、そこにあるのは飢えの絶対化とでもいうべき事態なのだ。「T」にとって来るべき未来は、この弾機の作動と共にある。だからこそ、次の言葉が登場する。

われわれは革命を求める、われわれは正義のためにではなく正義よりも重い飢えのためにどんな手段ででも革命を求める(39)。

この一文に登場する「われわれ」は、恐ろしい。すべてを無効にしながらも残り続ける、「どんな手段ででも」という一言が開いていく世界の中に、「われわれ」の未来はあるのだ(40)。飢えたる者は起ちあがる。そしてその時、正義を越えるのだ。決して正義とよばれない手段であっても、飢えたる者はそれを求めるのだ。この一切の理屈をこえる力動と跳躍は、革命でもなければ、反革命でもなく、そのどちらでもありうる。そしてだからこそ、運動を組織せんとする者たちは、こうした飢えを調教し、自らの力として調達しなければならないのだ。そして極めて逆説的だが、正義を越えて絶対化された飢えを、再度自分たちの正義として獲得せんとする者こそ、真の意味での前衛組織に他ならない。「みずからの飢えを絶対化し、党・指導者と革命の一切の手段を絶対化」(41)するのだ。この時前衛は、一切の手段を、一切の正義の外部を、自らの正義として獲得するだろう。また飢えについて考えることは、こうした正義の崩壊と再獲得の間にとどまることであり、双方の正義から攻撃を被る場所に自らを据えることなのかもしれない。

そして農地委員会において見いだされた夢は、農地改革の過程の中で消滅し、党自身が分派し、混乱していく中で、「T」は高圧送電線の鉄塔から身を投げる。スターリニズムという安易な表現は避けるとしても、そこには批判すべき組織のあり方が存在するだろう。そしてその批判は、飛躍した「T」を、獲得しつづけたのは党だったのだという厳然たる現実から、出発する他ない。

飛躍する「T」が見出した未来は、決して埋めることのできない欠如と共にある。また重要なことは「T」にとってその欠如は、「いつもみずからの分析や解釈をはみだすところにあった」(42)。あえていえば飢えとは、弾機の作動において一切が融解する事態なのであり、分析や解釈の言語格子を不断に無効にしていく力なのだ。また、「どんな手段ででも」という時の手段とは、意味が無効になってもなお残る、この力の領域なのだ。そして党は、その飛躍を先取りし、その欠如が何であるかを表現し、向かうべき未来を提示するだろう。またこの過程で手段は、前衛の道具となり、目的合理の中で新たな意味を付与されていくだろう。そして多くの場合、この目的合理が運動として語られることになる。

いまここで、飛躍を先取りすることが間違いだということをいおうとしているのでない。だが飛躍は弾機とともにあるのであり、そこでは手段は力の領域にあり、言葉は不断にこの力において無効にされ続けるのである。そしてこの飛躍と言葉の関係は、一切を融解させる弾機と、現前に輪郭をもって広がる未来を言葉において掴み取ろうとする先取りの中で、生成するのであり、普遍的理念から悟性的に演繹されたものでも、法則から導かれる計画でもない。いいかえれば、理想としての未来像や計画された予定と、既存の現実が崩れる中で未来を掴み取ろうとする先取りは、別物なのである。未来が運動の目的合理において語られていくなかで敗北者たちが確保しようとしたのは、この飛躍であり力の領域なのだ。

清田に話を戻そう。一九五〇年代、沖縄の地において米軍に対し土地闘争を闘い、その闘いの終息の中で離党した清田政信にとって、黒田のいう飢えは、みずからが経験してきた土地闘争への遡及的な批判につながっていた。土地の収用を決定付けた「プライス勧告」をうけて、前述したように「島ぐるみ闘争」とよばれる土地接収への反対運動が広がった。また接収反対の一つの軸は、土地接収にかかわる補償の問題でもあった。結果的には「銃剣とブルドーザー」という言い方で象徴的に表現されるように、米軍により圧殺されるこの運動は、接収に反対する実力行動も含む広範なものであり、沖縄における米国支配への初発の抵抗運動として特筆されている(43)。またこの闘争では、沖縄人民党とその背後にある沖縄非合法共産党という共産主義政党が中心的に運動を指導していた。清田はそのメンバーでもあった。そして闘争のさなか、次のような文言が記された立て札が登場したのである。

アメリカはアメリカのもの／沖縄は沖縄人のもの／真謝は真謝部落のもの／天も知るこの道理／アメリカは神の恐れを知れ(44)。

清田は後にこの文言を、「追いつめられた農民たちのぎりぎりの自己主張」としたうえで、「〈村〉の排他性と血脈に直結している」と批判している(45)。またさらにそこに、「小土地所有者の意識を組織に移入して闘争を強化する」左翼政党の問題を指摘している。すなわち運動が、「真謝は真謝部落のもの」という村の土地をめぐる同義反復的所有意識に由来する土地の私的所有への希求を基盤とするものであり、こうした基盤において見出される村は、清田にとって真の意味での飢えを押し隠すものに他ならない。先に引用したように、だからこそ清田は、「農民の飢えがほんとうに青年たちの思想を深化する要因になり得たかどうか」という問いを立てたのだ。そして付け加えるなら、結果的には土地闘争を展開する前衛組織は、飢えを調教し村を組織したのだ。清田は、先に引用した「黒田喜夫論――破局を越える視点」において、こうした飢えの調教を「社会政策の次元」と表現し、次のように記している。

胃袋の飢えは体制のいかなる論理をも無意味にする執念だが、それは決して人は胃袋の飢えで死ぬことは許されないという、流亡者の不文律となるに至って、社会政策の次元の救援をはるかに上回る、変革の動因になるのだ(46)。

くりかえすが、どの程度の飢えかということが問題なのではない。ここで示されているのは、現実を生きながら、その現実に対して抱く決定的な欠乏感とでもいうべき飢えであり、要点は、この欠如への執着が動因になって、動かし難い現実が別物へと変態していくことなのだ。またここで清田が触れているのは、村を救済の対象とする社会政策と、救済の外におかれる流亡者の群れである。

復帰運動の始まりを告げる「島ぐるみ闘争」は、同時に、土地の強制的取り上げを、補償という形で要求する側面を明らかに有していた。土地闘争のスローガンである四原則には、収容された土地への適正補償とこれまでの損害賠償が盛り込まれている。この要求は、周知の通り先ほど述べた「プライス勧告」により裏切られ、土地闘争は高揚するが、来間泰男が的確に指摘するように、一九五九年の軍用地料の引き上げにより、極めて高額の地代が成立する。それはまさしく「軍事基地の居すわりを許すことの代償をすべて地代によって償」うという[47]、いわば社会政策的救済が私的所有にかかわる地代として成立するという倒錯した関係の始まりでもあった。清田の「社会政策の次元」とは、こうした社会政策と軍用地代の重なりにおいて理解されなければならない。

すなわち清田は飢えを、「社会政策の次元の救援をはるかに上回る、変革の動因」としてとらえているのであり、この変革の中で、流亡者たちが登場するのだ。清田がこの流亡者において示そうとしているのは、現実を生きながら、その現実に対して抱く決定的な欠乏感とでもいうべき飢えであり、この、現実において埋めようのない欠如に執着する中で、逆に現実が別物になるような飢えである。そしてそこにでは、飢えは二つの文脈で捉えられている。すなわち第一に、その欠如が必要量として表現されうる飢え。この飢えは代数的平面に置き換えられた上で社会政策により相殺されることが予定されている。また飢えたる者たちは、主権的存在から繰り出される社会政策を希求しまたその救済の法を承認した上で、自らを法への申請者として主体化するだろう。いいかえれば、飢えは欠乏量あるいは必要量になり、こうした計量されうる代数平面が支配する[48]。

だからこそもう一つの飢え、つまり理屈を越えた執着とでもいうべき飢えであり、決して表現されえない絶対的欠如としてのこの飢えに、清田は向かうのだ。流亡者たちの飢えといってもよい[49]。そしてやはり重要なことは、その飢えが何かということよりも、この執着の中で村の情景が別物に変態していくということなのだ。この変態の中で、小土地所有者の連合体であった村からは、流亡者が徘徊する光景が浮かび上がってくる。そしてこの光景にかかわる知覚を、清田は「狂気の論理」[50]とよぶのだ。

それはあたかも、狂気のきわまる所でなお発狂し得ないとき、人を狂気にかりたてるすべての悪意がみえてくるという徹底性による(51)。

狂気や悪意という表現で示されているのは、既存の認識の格子が融解をはじめるなかで生じる知覚であり、あえていえば弾機にかかわる知覚である。そして、この知覚においてこそ感知しうる世界があるのだ。問われているのは、欠如が何かではなく、この知覚と世界である。今、自然化された村の風景から流亡者たちが浮かび上がる。そこには「T」もいる。

これまでふれたように、蘇鉄地獄以降、救済や振興の社会政策が登場した。またそこに、米国占領におけるガリオア基金や米国統治の中での基地建設ならびに基地の維持にかかわる財政や資本投下が続き、復帰後こうした救済や振興は、沖縄振興開発計画と沖縄開発庁の設置という形をとって登場することになる。したがってこの蘇鉄地獄から始まる戦後とは、同時に飢えを救済する社会政策的法が構成した時間でもあった。そして清田が洞察したように、前衛党も、こうした救済の枠を出るものではなかったかもしれない。だがそこには同時に、「社会政策の次元の救援をはるかに上回る」、流亡者たちの飢えが存在する。すなわち、主権的存在においてくりだされる救済や振興の法の対象として申請される飢えがあるとするなら、清田が凝視したのは、この流亡者たちの飢えである。領土であるその地に留まり、主権において救済されたかに見える人々の飢えは、実のところ、この流亡者たちの飢えに繋がっているのだ。

そしてこの繋がりの中で飢えは、「体制のいかなる論理をも無意味にする執念」となり、振興計画にかかわって登場する主権あるいは「帰属問題」といった理屈は、無効になる。そしてだからこそ、振興を伴った復帰という正義が政治過程にのぼりはじめる一九六七年に、清田は、一九五〇年代の土地闘争に遡及し、そこに敗北を、すなわち別の可能性に通じる新しい経験を発見しようとしたのだ。そして発見されたこの流亡者の飢えを、復帰に向かう政治に突きつけ、正義の停止と新たな繋がりを獲得しようとするのだ。

正義を破砕する飢えを共有して不可能性の領域へ出発することだ。そこで人々を結びつける言葉はすでに正義とはよばれないだろう(52)。

清田は、流亡者の飢えから別の地平を見定めようとしていた。流亡とは、たんなる地理的な移動のことではなく、社会政策を越えた絶対化された飢えにかかわることであり、すべての理屈を無効にする弾機に他ならない。そして流亡者たちが獲得する言葉とは、既存の正義を停止させ別の繋がりを担う言葉たちなのではないのか。それは「狂気のきわまる所」の近傍にある。また粉砕される正義を守ろうとする者たちは、弾機の登場を前にして、あわてるだろう。「たいへんです！　どんなことになるか見当もつきません」(53)。だがしかし、どこにも居場所をもたない「餓鬼道」を歩む者たちは、新たな「人々を結びつける言葉」を呟き始めている。それはやはり、根源的敵対性をめぐる代表性の問題なのだ。あえていえば、清田は復帰に向かう政治過程の中で、自然化された領域を駆動させ、そこに流亡者である賃金奴隷たちを呼び込み、日本への帰属から離脱する「努力の総体」(54)としての政治を、戦後という時間の内部から絞り出そうとしたのだ。

Ⅳ　脱植民地化と冷戦の間

(1)　あま世

さて、沖縄の「帰属問題」は、近く開かれる講和会議で決定されるが、沖縄人はそれまでに、それに関する希望を述べる自由を有するとしても、現在の世界情勢から推すと、自分の運命を自分で決定することの出来ない境遇におかれてゐることを知らなければならない。彼等はその子孫に対して斯くありたいと希望することは出来ても、斯くあるべしと命令することは出来ないはずだ。といふのは、置県後僅々七十年間における人心の変化を見ても、うなずかれよう。否、伝統さへも他の伝統にすげかへられることを覚悟しておく必要がある。すべては後に来たる者の意志に委ねるほか道はない。それはともあれ、どんな政治のもとに生活した時、沖縄人は幸福になれるかといふ問題は、沖縄史の範囲外にあるがゆゑに、それには一切触れないことにして、こゝにはたゞ地球上で帝国主義が終わりを告げる時、沖縄人は「にが世」から解放されて、「あま世」を楽しみ十分にその個性を生かして、世界文化に貢献することが出来る、との一言を付記して筆を擱く(55)。

戦後沖縄の国際法上の地位が議論され始めた一九四七年に刊行された『沖縄歴史物語』の末尾を、当時沖縄人連盟の会長であった伊波普猷は、このように結んでいる。沖縄人連盟については後述するが、ここで伊波は、沖縄人が「自分の運命を自分で決定することの出来ない境遇」にあると述べている。沖縄人が未来を獲得するために沖縄の歴史を書き続けてきた伊波が、「沖縄人は幸福になれるかといふ問題は、沖縄史の範囲外にあるがゆゑに、それには一切触れない」と、死の直前に書き遺したのである。ここから何が始まろうとしていたのか。

伊波の多くの文章の中でも、最も引用される部分の一つであるこの末尾については、三つの論点が重なり合っている。それはまさしく沖縄の戦後を、文字通り重層的に決定づける三つの論点といってよい。またあえていえば、沖縄の戦後を、沖縄戦の後として描き出す議論への批判でもある。あまりに深い傷であるがゆえに、沖縄戦は戦後を語る際の決定的な前提であった。しかしこうした戦場の記憶自体、重層的な戦後という時間において再度検討されなければならないのである。

まず指摘すべきは、この伊波のいう「自分の運命を自分で決定することの出来ない境遇」が、まさしく冷戦体制の構築にかかわっているという点である。冒頭にある「帰属問題」とは、沖縄の主権がどこに帰属するのかということであり、それは日本帝国から植民地を受け継いだ米国による戦後秩序の構築と、こうした秩序における沖縄の「帰属問題」なのだ。後段でも取り上げるが、結論的にいえば、主権を越えたグローバルな支配秩序は、主権的存在を媒介にして展開したのであり、こうした主権的存在による秩序形成において伊波は、「自分の運命」を決定できないとしたのである。

第二に指摘すべきは、蘇鉄地獄以降の救済の法についてである。一章の最初で述べたように、この伊波普猷の『沖縄歴史物語』における、上記引用文の少し前には、「沖縄復興計画の進行中、日本の政情が変転したことは、沖縄に取つて非常に不幸であつた」という戦前期への認識と、「昭和二十一年一月二日聯合軍総司令部の命令により沖縄は日本政府の管轄から引きはなされて、米国の軍政の下に置かれ、島民は漸く飢餓を免れたが、おつつけ諮詢機関なる民政府も設置されて、沖縄の復興を計りつ丶ある」(56)という現状認識が、地続きで述べられている。すなわちそこでは、戦後の始まりは、蘇鉄地獄からはじまる救済と復興の歴史において見据えられているのであり、端的に述べれば、戦前の「沖縄復興計画」の再開としての戦後である。また自らの運命が決定できないという状況と、他方で日本や米国からの救済の法を希求するという構図は、第三章で検討した「琉球民族の精神分析」の反復でもある。あえていえば、戦後は、蘇鉄地獄において構成された「沖縄問題」の延長線上に、展望されているといえるだろう。

そして第三に指摘すべきは、「世」という言葉に込められた世界認識である。それは最後の、「地球上で帝国主義が終わりを告げる時、沖縄人は『にが世』から解放されて、『あま世』を楽しみ十分にその個性を生かして、世界文化に貢献することが出来る」をどう理解するのかということにかかわる。すなわち奴隷からの解放を一貫して希求し、琉球史を描き続けてきた伊波が、自らの運命を決定できないとし、「どんな政治のもとに生活した時、沖縄人は幸福になれるかといふ問題は、沖縄史の範囲外」と最後に記したこの引用文からは、まずは敗北宣言とでもいうべき絶望的状況が浮かび上がる(57)。そしてこの敗北を前提にした上で、伊波が「あま世」という言葉に賭けた未来とは何か。そこには清田同様、「敗北を所有する者」たちこそが確保しうる未決の未来が展望されているのではないだろうか。たとえば金城はこの個所を、脱植民地化とは「ある一つの制度的な場所から別の制度へ移行することによって、支配がすべて終わってしまう」ことではないとした上で、「脱植民地化の夢を絶えず見続け」ることであると指摘している(58)。すなわち「帰属問題」という主権的存在において構成される絶望的な現実のなかで、その現実に対して敗北を宣言したうえで伊波は、それでも「まだ終わっていない」と呟いているのである。したがって「あま世」とは、「帰属問題」からの脱出であり、まさしくユートピア的瞬間なのだ。

この伊波の「あま世」こそ、戦後の始まりなのであり、そして戦後を遡及的に検討する作業とは、かかる「あま世」から始まる未完の未来を、敗北を所有する者たちの「まだ終わっていない」という呟きとともに、系譜学的に浮かび上がらすことに他ならない。また先にもふれたように、かかる「あま世」が、主権的存在である国家から繰り出される社会政策的な救済の法が構成する現実への批判としてあるということは、戦後の始まりを記したこの伊波の最後の文章は、まさしく蘇鉄地獄のさなかに書かれた「琉球民族の精神分析」の延長線上において読まれなければならないということを示している。あるいは、引用文にある「『あま世』を楽しみ十分にその個性を生かして」という末尾は、「個性を表現する自分自身の言葉を有つていない」(59)という蘇鉄地獄の中での伊波の呟きと共振しているのだ。戦後とはたんに一九四五年以降を意味するものでも、沖縄戦を区切りに描かれる時期区分でもない。あえていえば、一九二〇年代から続く「沖縄問題」と、「あま世」の問題なのだ。

(2) 民族主義と冷戦

次に、前述した伊波のいう「自分の運命を自分で決定することの出来ない境遇」として登場した冷戦体制の構築と主権的存在の関係について検討しよう。また、かかる主権的存在と脱植民地化のプロセスの関係も論点になる。そこでは、冷戦―主権―脱植民地化という重層的な構造が、まずは念頭に置かれなければならない。ところで脱植民地化というとき、前章で述べた帝国の人種主義からの解放が重要である。あえていえば、伊波のいう賃金奴隷からの解放としての脱植民地化のプロセスと、「自分の運命を自分で決定すること」を許さない制度的な主権の登場の間にこそ、冷戦体制構築にかかわる論点を据えなければならないのだ。

ところで沖縄戦の中で開始された米軍統治は、一九四八年を境に、アジア太平洋地域への出撃基地として沖縄を長期占領していくという方針へと転換した。その後、一九五二年四月に発効した対日講和条約により国際法上の根拠を得て、沖縄の長期占領は正式に開始される。この出撃基地としての沖縄統治は、沖縄を切り離した日本の主権回復とパラレルではあるが、日本においても同時に日米安全保障条約が結ばれるのであり、さらに米国は、かつて日本が統治した南洋群島を、軍事的に自由に使用できる戦略的信託統治領として獲得する。

こうした米国による同時並行的な軍事化のプロセスを念頭におくと、沖縄の米国による統治は、沖縄に限定されて構想されたのではないということが明らかになるだろう。米国統合参謀本部は、一九四五年一〇月においてすでに、米国の海外軍事基地の展開に関する検討をおこなっているが、その越境的な軍事的展開の構想は、かつて日本の植民地支配を受けていた地域においてどのような主権の形態を構成するのかという問題と重なっている。すなわちその形態とは、自らの主権の下に獲得すべき地域、戦略地域として信託統治をすべき地域などの区分であり、そこでは「アメリカ兵の血によって勝ち取られたもの」という戦場の論理も、統治の根拠として動員されている(60)。

こうした米国の軍事化プロジェクトは、世界情勢の中で変化を遂げながら、沖縄においては潜在主権というきわめて不可思議な形態において登場した。対日講和条約第三条において沖縄の法的地位が規定されたが、そこでは信託統治の提案がされるまでは米国が統治するとされた。それは、「信託統治の提案を事実上無期限に延ばすことを前提に、ミクロネシアの戦略的信託統治と同様の軍事的権利を確保」[61]することに他ならず、同時に米国は、沖縄の主権は「潜在的」に日本にあるとも明言したのである。沖縄における主権の問題は、米国が主権を育てる用意があるという先送りの言明のもとで実質的統治を正当化し、その一方で、その未来の主権は潜在的に日本にあるとされたのである。そしてこの潜在主権は、沖縄における主権が日本への復帰として構成されるという道筋を規定した。また米国にとっては、何よりも越境的な軍事的展開を確保することが重要なのであり、主権はそのための回路にすぎないことが、このプロセスを見ても明らかになるだろう。そしてくりかえすが、こうした主権と軍事化の関係は、沖縄だけではなく、世界各地において同時代的に通底するものである。

また東アジアにかかわっていえば、日本も含め、かつて日本が支配していた地域の主権をどのような形で作り上げるのかということと、戦後の米国におけるグローバルな軍事的展開は密接な関係にある。乱暴にいえば戦略的信託統治、併合、独立の後の軍事同盟など、自治や主権の獲得にかかわる諸形態を回路にしながら軍事的拡張を遂げていく帝国が、そこにはあるだろう。また信託統治という形態は、時には軍事的展開の回路になるが、その疎外物としても登場した。そして結果的には、日本においては占領をへて安全保障条約という軍事同盟により基地が確保され、ミクロネシアは占領と同時に戦略的信託統治のもと、自由に使える核実験場になった。また朝鮮半島では信託統治に反対した李承晩政権が生まれるとともに戦場となり、沖縄は信託統治の先送りと潜在主権の中で、朝鮮半島への最前線の出撃基地となるのである。

またさらに、かかる主権の問題は、一九四七年のコミンフォルム設立により各国の共産党を指導しようとしたソヴィエト連邦にも通じる問題である。信託統治を経由した主権の獲得は、沖縄や朝鮮においては左翼陣営の方針として登場したし、また後述する敗戦直後における日本共産党の沖縄に向けての諸方針も、ソ連の各地域の共産党を媒介とした主権の構築と越境的なヘゲモニーの獲得の中で理解しうるだろう。今沖縄の戦後を考えるとき、沖縄の「基地の島」としての登場が、主権と軍事化のこうした同時代的な地平の中にあることを、まずは確認しなければならない。またそこには、かつての帝国である日本がこうした展開を承認し、積極的に加担していくという共犯関係が存在するだろう。

そしてこの同時代的地平は、主権の諸形態に包含される人々が、冷戦と呼ばれる構造に巻き込まれていく事態でもある。いわゆる米ソ両陣営において始まった冷戦は、伊波がいうような「自分の運命を自分で決定することの出来ない境遇」に多くの人々がおいやられることであり、そこではきわめて乱暴ないいかたではあるが、主権や自治の名の下に人々が「自分の運命」を喪失していくことになる。主権の構築は、それを育て、監視し、場合によっては圧殺する主権を超えた統治の登場とともに開始されたのだ。それは伊波にそくしていえば、断念された沖縄史、あるいは「あま世」の問題だろう。

だがしかし、沖縄史というとき、その沖縄とはどこの場所のことなのか。沖縄人とは誰のことなのか。いま描いた主権とグローバルな軍事的展開の共犯関係は、戦後社会を形作る主権的形態を軸とした地域区分やそこに囲われた住民という人々の配置が、既に統治の産物であることを示しているのではないだろうか。いいかえれば、主権的形態において区分された面積をもつ地政学的地図を、東と西の対立として色分けする思考それ自体が、問われなければならないのだ。またこうした地政学的な冷戦的思考は、現在においても継続しているといえるだろう。なぜ私たちは沖縄について語るとき、あの地図上の島を上から眺めるのか。なぜ冷戦は、東西対立、南北対立という領土的対立として、いまだに描かれるのか。そしてかつて帝国日本の領土の色塗りをしていた者たちは、なぜ突然に日本の領土を、北は北海道、南は九州という地図上の島として、描くようになったのか。伊波の示した歴史を描くことへの敗北宣言からは、戦後世界を構成した地理的領土とそこに囲われた住民という冷戦的思考への問いが、確保されなければならないのではないか。

こうした問いはまた、前章で検討した民族と呼ばれる集団性の政治的含意にも深く係わるだろう。この集団性は、戦後世界においては独立という主権的な形態を獲得せんとする民族主義として、まずは政治的意味を持つ。そして確認しておかなければならないのは、「冷戦構造に基づいた陣営的論理がいかに民族（主義）の問題を飛び越えさせてしまったか」という点である(62)。周知のようにソヴィエト連邦においては、民族主義はコミンテルンの時代からプロレタリア国際主義のなかで反帝国主義闘争を担う勢力とみなされていた。そこでは帝国主義対民族解放闘争という図式が明確に描かれたうえで、いかに民族主義を共産党指導の革命に結び付けていくのかということが、最大の課題となった。そしてまた米国においても民族主義を「穏健な民族主義」としていかに自分たちの陣営に獲得していくのかということが、地域支配の戦略として登場する(63)。また沖縄における軍用地の接収を決定付けた一九五六年の「プライス勧告」においても、沖縄に「挑戦的民族主義運動」が存在しないことが、沖縄の軍事的価値の根拠として記されている(64)。

そしてまさしく、冷戦構造の中で育成され監視される主権は、民族が政治として位置づけられる場所となったのである。いいかえれば主権的な諸形態は、民族という集団性において正当性が与えられ、民族は地政学的な地図の中にはめ込まれていくのである。この東西両陣営に通底するはめ込みの論理において、民族の問題は逆に放置され、「飛び越え」られていく。かかる主権と主権を超える統治の共犯関係の中では、帝国主義対民族解放闘争という図式をすぐさま描くことはできない。主権が冷戦秩序の構成要素となり、民族主義が主権獲得という文脈においてのみ政治化され、人々が領土的な国民という枠にはめ込まれ、ただ地図上に登録されていくのだとしたら、「国民主義あるいは民族主義は植民地体制への抵抗の契機を失ってしまった」ということは(65)、確かに正鵠を射ているといえるかもしれない。はめ込みの論理は、はめ殺しの論理なのであり、だからこそ伊波は、「帰属問題」に対して的確に敗北宣言をしたのだ。

その上で、民族主義が抱え持っている別の可能性とその系譜を、考えてみたいと思う。それは、民族の問題を飛び越えた越境的な統治のなかで、人々が再度未来を獲得するとはどういうことなのかということであり、越境的な統治が怖れていた「挑戦的民族運動」とはなにかということであり、伊波にそくしていえば、沖縄人は沖縄史をいかに獲得できるのか、すなわち「あま世」の問題である。そしてこうした民族主義の系譜学的な検討のなかで抱え込まざるを得ない課題は、藤井が指摘するように、第三世界主義と同時にファシズムである(66)。

東西の冷戦構造の構成要素としての主権的存在にはめ込まれた民族主義の底流には、東西どちらの陣営にも正統性を与え、そしてどちらとも激しく対立する、藤井が「戦闘的民族主義」と指摘する領域が広がっているのであり、その領域の最も近傍にあるのが第三世界主義でありファシズムなのだ。またこの問題は、東アジアにおいては、まさしく大東亜共栄圏の問題として浮上するだろう。東西両陣営の論理に接合しながら異なる可能性に向かう系譜を考える作業には、この日本帝国の系譜をどのように批判するのかという問題が、まちがいなくある。そしてこれまで検討してきたように、日本帝国は動員と人種主義の帝国であり、そこからの離脱は、ファノンがいうルンペンプロレタリアートの民族主義の問題なのだ。そしてそれは、前章の最後に言及した独立という問いにも深くかかわるだろう。

ところで一九四六年二月二四日、日本共産党第五大会において次のような「沖縄民族の独立を祝うメッセージ」が、満場一致で採択された。このメッセージは、三ヶ月前の一九四五年十一月十一日に創立された沖縄人連盟に向けて発せられたものである。

沖縄人連盟が本日大会を催されることに対して日本の共産主義者たるわれわれは心からお祝い申し上げます。数世紀にわたり日本の封建的支配のもとに隷属させられ明治以降は日本の天皇制帝国主義の搾取と圧迫に苦しめられた沖縄人諸君が今回民主主義革命の世界的発展の中でついに多年の願望たる独立と自由を獲得する道につかれたことは諸君にとっては大きい喜びを感じておられることでしょう。……（中略）……すなわち沖縄人は少数民族として抑圧されてきた民族であります。諸君の解放は世界革命の成功によってのみ真に保護されるのであります……[67]。

日本共産党は自らの指導（「保護」）のもとに、沖縄独立を描いている。またその独立の根拠として、日本帝国主義と天皇制による沖縄支配が指摘されている。一九五〇年以降、奄美や沖縄での日本復帰を求める声の拡大の中で、日本共産党も泥縄式に復帰を掲げることになるが、他方でこうした独立構想は、一九五三年の奄美復帰直後まで残存することになる。いまここで、独立か日本復帰かということが、このメッセージにかかわる問題の焦点なのではない。こうした主権と領土にかかわる思考ではとらえることのできない繋がりを考えることこそ、重要なのだ。

先ほども述べたように、このメッセージは沖縄人連盟に向けられたものである。そして沖縄人連盟は日本に居住する沖縄人の敗戦直後に創設された団体であり、伊波普猷がその会長になった(68)。沖縄人連盟の第一の目的は日本に住む沖縄出身者の生活保障であり、また沖縄との交信や帰還の業務などであった。同連盟がGHQに提出した「請願書」では、自らについて次のように説明している。

> 現代沖縄人、即チ琉球人（Luchuan）ハ左ノカテゴリーニ分カレマス。（一）島内居住民、（二）海外移民、（三）国内出稼民(69)。

同「請願書」では、この「海外移民」について、「布哇」「米本土」「南米」「ブラジル」「ルソン島」「ダバオ」「南洋群島」「台湾」などの地域が具体的に示されている。また「国内出稼民」については、「関西地方」「京浜地方」「九州」「名古屋」が示され、さらに「大正区」「北恩加島」「四貫島」「西成区ノ今宮」「宝塚」「尼ヶ崎」「鶴見」「川崎」といった集住地域が記されている。また戦争被害についても沖縄戦による惨状のみならず、沖縄からの避難民、本土における罹災、海外からの復員、引上などによる困難な状況が記されている。

まず注目すべきは、この「請願書」で想定されている沖縄人の領域横断的なひろがりであり、それに対してこの横断性を領土と領土内住民に置き換える思考が、日本共産党の独立構想には、やはりある。すくなくとも（一）の島内居住民こそが、独立を担う沖縄人であるという思考が日本共産党の独立には前提とされているのだ。こうした民族主義を領土にはめ込む思考に対して沖縄人連盟における自己表明は、近代以降の沖縄からの流民たち、とりわけ蘇鉄地獄にかかわって登場した人々の流亡を、沖縄人自らの系譜として、包み込もうとしているのだ。またそうであるがゆえに戦争被害が、沖縄戦という沖縄本島における戦争被害という地理的視線だけではなく、複数の場所の経験として受け止められているのだ(70)。

これまでにも指摘されてきたように、沖縄人連盟の活動は救済や帰還にかかわる活動が主であり、いわゆる政治的団体としての意義は明確ではない。だが重要なのは、本書でこれまで述べてきたように、何が政治になるのかという問題であり、生活改善と流民化が錯綜したドメスティックな領域こそが、政治の戦場だったのだ。くりかえすが、公/私という既存の政治区分自体が問われているのだ。沖縄人連盟の横断的広がりとその活動も、こうした新たな政治空間を念頭におきながら検討されなければならない。また先取りしていえば、沖縄人連盟にみられる領域横断的な広がりをもつ民族認識は、冷戦体制の中で主権的存在が民族を領土に囲い込んでいく手前の領域に、同時多発的に存在している。

V 流亡者たちの系譜

(1) 沖縄救援運動

一九四六年三月一日、沖縄人連盟は「海外各地に於ける沖縄出身者の同胞諸彦に訴ふ」というメッセージを発した(71)。ここでいう海外とは、「北米、南米、ハワイその他」である。同メッセージでは、「今我々はアメリカ解放軍を迎えて漸く日本軍国主義の桎梏から解放されつつあります」という認識が示された上で、次のように続いている。「我々はこの運動を通じて、軍国主義の根絶と全沖縄人の結束を強化し、荒廃せる郷土沖縄の復興に貢献すべく熱烈なる運動を展開しています」。このメッセージにおける「アメリカ解放軍」という規定は、同時期の日本共産党のいわゆる米軍を解放軍とみなす認識と重なっていると、とりあえずいえるだろう。だが後述するように、そこには戦後初期の日本の政治にかかわる構図には収まらないない内容が含まれている。さらにいえば沖縄人連盟の広がりは、日本政治を前提にしたものだけではないのだ。それはまた、ここで「海外各地」として示されている、このメッセージの宛先にもかかわる。

このメッセージに先だって、一九四六年一月七日の日付がうたれた別のメッセージが存在する。それは、一九四五年一〇月に米国の「原爆被害民情調査団」に同行した北米沖縄協会の仲村信義、高地新政らによって沖縄人連盟にもたらされたものである。北米沖縄協会は、在米沖縄県人会ならびに諸団体を合同して、一九四一年六月六日に設立された組織である。この北米沖縄協会から沖縄人連盟へのメッセージの末尾は、次のようにある。

> われ〳〵は、この新生沖縄の再建に対して、在米の全県人其他に訴へる（と）共に更に布哇、南米、日本を打つて一丸とした一大民主的更生活動のために微力を尽くしたいとの熱意をもつものであります(72)。

日本帝国の敗北の直後から、世界各地に居住する沖縄人たちは相次いで沖縄への救援運動を展開する。たとえば米国においては、一九四六年に在米沖縄救援連盟が結成された。同連盟は、全米各地の沖縄人団体の連合体であり、沖縄人連盟にこのメッセージをもたらした仲村信義、高地新政らによるニューヨーク支部の仮事務所設立を経て、一九四六年六月二三日にはロサンゼルスにおいて創立大会が開かれている。支部としては、ニューヨーク、ワシントン、シカゴ、アリゾナ、フレスノ、サンフランシスコ、ロサンゼルスなど全米各地に展開し、運動の機関誌として『救援ニュース』を刊行した。またハワイにおいても、比嘉太郎を中心に非常に早い時期から沖縄救援運動が始まり、大学設立を目指す沖縄救済厚生会やハワイ連合沖縄救済会など多数の団体が生まれた。またさらに、ブラジル、ペルー、メキシコ、ボリビア、カナダにおいても、沖縄を出た人々によって沖縄救援運動が開始されている。世界各地に流亡した沖縄人たちは、沖縄戦の直後から、一斉に救援運動を開始したのである(73)。

これら各地の救援運動が、実際どの程度まで具体的に連携していたのかは、明確ではない。しかし上記の『救援ニュース』は、ハワイ、ブラジル、カナダ、メキシコの救援運動と情報交換をおこない、さらには沖縄人連盟とも連絡を取り合っていた(74)。また沖縄人連盟の刊行する機関誌『自由沖縄』の記事も『救援ニュース』に転載されており、また逆に『自由沖縄』においても同救援連盟のかかわる記事が多数存在する。こうしたことから、流亡者たちの沖縄人ネットワークが、この救援運動において存在していたことは確かであろう。またそれは、前述した沖縄人連盟が自己規定の中に「海外移民」を掲げていることとも関連する。この自己規定は、一般的な海外移民像ではなく、あえていえば流亡者たちの具体的な横断的ネットワークを前提にして記されたものなのだ。また同様に、沖縄人連盟の、この「海外各地に於ける沖縄出身者の同胞諸彦に訴ふ」のメッセージも、こうした関係を念頭において出されたものに他ならない。

かつては、独自の文化をもって遠く支那・南洋にまで雄飛交易した歴史をもつわが沖縄民族は、いまや新たなる歴史の環境に応じ内外のわが民族の一致団結と、米国及日本の協力と更に国際正義の援助の下に、必ずや民主新沖縄、平和と自由繁栄の復興建設は達成されるものと確信するものであります[75]。

この文章は、一九四七年に在米沖縄救援連盟が、沖縄民政府知事である志喜屋孝信宛てに送ったメッセージの一部である。ここに登場する「沖縄民族」あるいは「内外のわが民族の一致団結」は、同救援連盟のみならず、世界各地の救援運動に共通する認識であったといえる。各地の救援にかかわる団体は、それぞれの地域の状況の中で沖縄人であることを表明し、かつ「沖縄民族」として横断的に連結しつつあったのである。またくりかえすが、先の沖縄人連盟の自己規定も、こうした広がりの中において理解する必要があるだろう。それぞれの場に複数の「沖縄民族」が存在し、かつ連携しつつあったのである。こうした複数の「沖縄民族」は、決して均一な沖縄人ではなかっただろう。

また、このメッセージにおける「米国及日本の協力と更に国際正義の援助の下に」という文言からは、やはり冷戦の始まりを読み取らないわけにはいかないだろう。こうした救援運動は、米国のボランティア活動の世界の各地への進出のひとつでもあり[76]、そこには明らかに、冷戦体制下の米国のグローバルな支配のもとでの「穏健な民族主義」の育成が、重なっていた。いいかえれば救援運動は、琉球の独自な文化を称揚する米国統治とも重なっていたのである。

ここに沖縄民族をめぐる重層的な構図がある。一方で救援運動の広がりは、前述したような冷戦における支配の媒介となる領土的主権を越えた繋がりを生み出し、それはまた多様な場で蓄積された流亡者たちの系譜の顕在化でもあった。他方で、こうした繋がりは次第に領土的な枠にはめ込まれ、冷戦体制の中の米国のもとでの「穏健な民族主義」として切り縮められようともしていたのである。先の沖縄人連盟における米国認識も、たんに日本共産党の解放軍規定との関係ということだけではなく、こうした横断的な民族主義の展開と領土的主権を媒介とした冷戦体制構築の中で理解されなければならないだろう。

事実、在米沖縄救援連盟は一九四九年に復興連盟に解消され、またハワイの運動もほぼ同時期に解散する。さらにはこうした動きと期を同じくして、沖縄人連盟も、一九四八年の第三回全国大会とその直後の臨時大会において、沖縄連盟と名称が変更され、日本への復帰運動を担い始めることになる。この時点で沖縄の未来は、日本への帰属か、米国占領のもとでの「穏健な民族主義」かの二つの途に引き裂かれることになった。いいかえれば沖縄民族の民族主義は、「帰属問題」になったのである。先に在米沖縄救援連盟のメッセージの宛先となった志喜屋知事は、朝鮮戦争勃発直前の一九五〇年一月二五日に「沖縄旗」を発表した。だがそれは、独立の表明であると同時に冷戦体制の始まりでもあったのだ(77)。

(2) 南西諸島民族と琉球党

流亡者たちの横断的な繋がりは、国境を越えた沖縄民族ということだけではない。その繋がりが流民にかかわるものである以上、蘇鉄地獄の経験を共有した奄美は、かかる広がりを考える上で決定的に重要になる。どこで手に入れたのか思い出せないが、私の手元には手書きでガリ版刷りの、沖縄青年同盟内部学習会用レジュメのコピーがある。周知のように沖縄青年同盟という名称は、無関係とはいいがたいがとりあえず別々の三つの団体において使用された。一つ目は一九二六年に結成されたもので、第一章で取り上げた沖縄青年同盟である。これは沖縄の労働運動の活動家と大阪における沖縄出身者の左派グループである赤琉会を中心に、沖縄と大阪を横断する形で結成された。二つ目は一九四七年、沖縄人連盟の青年部を中心に結成されたやはり左派グループである。三つ目は一九七二年の「復帰」運動の中で、「すべての沖縄人は団結して決起せよ、沖縄人民の権力を樹立せよ」と主張した、いわゆる沖青同である。確かにそれぞれ別ではあるが、沖縄を出郷した若者たちを中心に結成されたという点では共通している。第一章でも述べたようにこの者たちは、沖縄を出るということにおいて、沖縄人を構成したのだ。そして手元にあるのは、三番目の沖青同のものであるが、この三者は、このレジュメにおいても絡まりあっている。

レジュメでは「沖縄人民の斗い」が、年表風に記載されている。戦前の「在日沖縄人の斗い」として、『ソテツ地獄』下の沖縄から多くの沖縄人が日本にたたき出され」とあるように、一九二〇年代の蘇鉄地獄が、運動を意義付ける重要な歴史的転換を示す事件として取り上げられている。「たたき出された」在日沖縄人を闘う主体として見出していくというこうした歴史認識は、このレジュメだけではなく、沖縄青年同盟の論文集である『沖縄解放への道』(ニライ社、一九七二年)にも共通するものである。また重要なことは、先ほども述べたように蘇鉄地獄は当然ながら沖縄だけではなく、奄美も含む危機であったということだ。したがって、蘇鉄地獄の経験に眼を凝らし、そこから何らかの主体化を見出す歴史認識は、沖縄／奄美という地理区分を横断することになるだろう。

ところで沖青同の文書自体には、奄美に関わる記述はあまり見当たらない。だが、このレジュメの敗戦直後の記述に、「沖縄人と奄美人の統一組織」として一九四六年の「南西諸島連盟関西本部」の結成がとりあげられている。よく知られているように、蘇鉄地獄の共通の経験として、多くの人々が沖縄あるいは奄美から出郷し、大阪や神戸などの関西地域に向かった。南西諸島連盟が、こうした関西地域にかかわる歴史的経緯を背景にしていることは間違いない(78)。またそこには、こうした流亡者としての日常世界における共通の経験を、いかなる言葉で代表し、まとめあげるのかという問題があるだろう。当時既に各地で、前述した沖縄人連盟の結成がすすみつつあり、また奄美出身者は、一九四六年二月に奄美連盟を結成していたが、関西地域に限定していえば、同地域に生活を築き上げてきた出郷者たちの日常世界をいかに代表していくのかということが、沖縄人連盟ならびに奄美連盟の共通の課題であった。沖縄人連盟の中心メンバーである永丘智太郎は、「沖縄人聯盟の性格に就いて」という文章において、奄美出身者について次のように述べている。

沖縄人連盟には、奄美大島人も包含されて結構である。『沖縄』といふ名称は、局地的な名称から沖縄本島の名称となり、次第に周辺の属島が含まれ、先島列島に到る総称となつた歴史性に鑑みて人種的にも民族的にも同一である奄美大島を含めた名称に発展する蓋然性は、今や十分に與へられてゐるからである(79)。

しかし、こうした沖縄人連盟の側からの「包含」に対しては、奄美出身者からは、反発もあったと思われる。神戸における奄美連盟の動きについて、同兵庫県連の活動を伝える『奄美ニュース』（一九四七年五月第三号）の「なぜ見放されたのか」では、連盟の「一年間の歩み」をふまえて、その問題点を列挙しているが、その中で「一部沖縄人と結んで、沖縄人連盟から毛嫌いされるもの」という記述がある。奄美連盟はどこまでも「奄美人共通の利益擁護団体」であろうとしたのだ。ではこうした状況の中で、さきの沖青同の同レジュメにおいて「沖縄人と奄美人の統一組織」と表現された南西諸島連盟関西本部は、どのような位置を占めていたのか。レジュメでは、南西諸島連盟関西本部は、沖縄人連盟への前史、あるいは沖縄人連盟全体の一部として記載されている。ではこの南西諸島連盟から沖縄人連盟へという経緯は、何を意味しているのだろうか。

沖縄人連盟の機関紙『自由沖縄』の関西版が、一九四七年三月一〇日付けで発刊されている。発行所は沖縄人連盟兵庫県本部であり、発行者は上江洲久となっている。その第一号（一九四七年三月一〇日）には「残る問題／名称の統一」という次のような記事がある。

全国的名稱として沖縄人連盟を呼稱し第二回全国大会に於いてもこれが再認識されたのであるが大阪における関西本部は南西諸島連盟を稱え同一の組織系體に於いて二重の名稱をもつ大誤謬を冒して居るのである。

また同じ『自由沖縄』（関西版）第一号における「名稱を統一せよ!!　関西に於いて特殊なる事情とは如何なることか?」の記事においても、この南西諸島連盟という名を「組織のガン」とよび、また「反動的行為」と規定している。またさらに、こうした「組織のガン」が登場する背景として「関西の勢力」の「特殊なる事情」を指摘したうえで、関西以外の沖縄人連盟の代表が「関西の勢力を過大評価している」としている。まずすぐさまいえることは、この沖縄人連盟兵庫県本部に代表される勢力が、南西諸島連盟から沖縄人連盟という動きを押し進めていたということであり、その動きに対抗する関西地域にかかわるなんらかの事情が存在することが想像できる。

ここで「反動」と非難されている南西諸島連盟という名称であるが、それを組織名として主張した関西本部の会長は幸地長堅である。彼は沖縄出身者の集住地域における戦前からのボス的指導者である。また蘇鉄地獄以降形成された大阪における集住地域の圧倒的な基盤を背景に、沖縄人連盟の全国の代議員においては大阪が多数占め、先に述べたような沖縄人連盟から沖縄連盟のへの転轍の契機となった第三回全国大会においては、全体の二七六名のうち実に一〇八名が大阪からの選出であった。南西諸島連盟という名前の背後には、蘇鉄地獄以降に形成された生活空間と地域社会に根を張る分厚い指導者層が存在するのだ。

ところで蘇鉄地獄により流出し、沖縄から大阪にたどり着いた人々をめぐる政治を考える時、そこには一貫して、いわゆる左派とよんでいい活動家と地域のボス的存在である指導者たちの入り組んだ関係が浮かびあがる。戦前期においても一九二〇年代、集住地域に支部を創設する一方で紡績女工を軸に労働運動を展開した関西沖縄県人会があるが、その指導者たちはマルクス主義者であり、県人会結成の前史として赤琉会という活動家集団を結成していた。第二章においてとりあげた広津和郎を批判した沖縄青年同盟もこうした文脈に位置している。またこの左派活動家が活動できなくなる一九三〇年代になると県人会は、拡大する沖縄出身者の集住地域やそこにおける郷友会などの同郷団体の連合体として再編され、そこでは地域社会のボス的指導者を中心とした日常生活にかかわる生活改善運動が主張されることになる。左派活動家という目的意識性と、同郷団体やそこでの指導者に具現される日常から生まれる半意識的な関係性という二つのベクトルが、蘇鉄地獄以降の流亡者の政治を規定していったと、とりあえずいえるだろう(80)。そして沖縄人連盟に対して南西諸島連盟を掲げた名前の問題も、まずはこうした文脈の中にあると思われる。

だが、それだけではない。この南西諸島連盟を主張した勢力を代表する新聞に、三号しか発見されていない『南西新報』（南西新報社刊）がある。その一号（一九四六年四月一〇日）の創刊の辞には、「吾々沖縄人並びに大島人も……圧迫され、半殖民地化された過去の暗い歴史を拂拭し、民族的平等と生存権、人権の確立を主張」するとある。また、「吾々は沖縄人、大島人の過去の獨特な文化、先進国に敢へて劣らざる知的素質を益々發揚し、以って新南西諸島建設の一翼」を担うとしている。上記の名称問題の焦点は、同じく蘇鉄地獄の経験し奄美のシマから阪神地域にたどりついた出郷者たちだったのであり、第三号掲載の同連盟第三回中委員会の報告には、「大島人の合流を再確認した」とある。

ここで「大島人」と記載された奄美からの出郷者も、同郷団体を形成した。また食や労働において沖縄出身者との日常的な交流があったことは、想像に難くない。とりわけこの名前の問題が登場した時期には、密造酒や養豚などをめぐって両者の間に様々な関係が生まれていた。先の二つのベクトルとこうした日常性を重ね合わせて考えるならば、南西諸島連盟という名称問題は、奄美出身者も含めた名前の問題であり、また沖縄と奄美から出郷した者たちの日常性に生まれている複数の関係を、どのような名前において代表するのかということが、論点であったと思われる。

たとえば、戦後初の衆議院選挙において同連盟は立候補者の応援をおこなっているが、そこには先に述べた関西沖縄県人会の活動を牽引した活動家であり、日本共産党候補である井ノ口政雄、また一九三〇年代の同郷団体を軸とした沖縄県人会の指導者であった豊川忠進、さらに奄美出身で代書人を営んでいた元稲盛らの名前がある。またこうした左派や沖縄や奄美の同郷団体の指導者などが出馬した選挙の総括として、同新聞の二号（一九四六年四月二〇日）に掲載された社説「総選挙の結果は我連盟に何を示唆するのか?・」には、「南西諸島百余万の民衆の利益を代表して闘い抜くのは矢張り我々の民族代表」でなければならないとし、「この機会（総選挙—引用者）に南西諸島人の一致団結の偉力を日本の全人民に表示するという極めて重要なる政治的意義」があったとしている。上述したような関西地域において形成された日常性と、それを政治化せんとする目的意識性の中で、奄美出身者を含めた集団を代表し、どのような政治を主張するのかという問題として、南西諸島連盟関西本部が存在したことが伺える。いいかえれば、奄美でもなく沖縄でもない第三の代表性を、構築しようとしたのだ。

こうした中にあって、当時南西諸島連盟関西本部書記長であった高安重正の、同新聞の二号（一九四六年四月二〇日）と三号（一九四六年五月一八日）に掲載された「沖縄大島人連盟の性格に就いて」と題された論説は、南西諸島連盟が作り上げようとする政治的へゲモニーが、まさしく対立や葛藤との中で流動性を帯びていたことを示している。高安重正は、一九二二年に沖縄の国頭を出奔したのち、労働運動を組織しつつ日本労組全国協議会の結成に参加し、人民戦線事件でも投獄されていたが、敗戦直後に釈放されるやいなや沖縄人連盟の結成にかかわっている。また表題にもあるように、彼自身は南西諸島連盟ではなく沖縄大島人連盟関西本部書記長と名乗り、名称問題に対して微妙な立場を示している。また高安は、一九五〇年代には日本共産党における奄美・沖縄への対策を担当し、復帰運動を推進し、一九五三年には党内に南西地域特別対策委員会（琉対ともよばれる）を組織する。しかし高安がこの「沖縄大島人連盟の性格に就いて」の論説を書いた時期における共産党の方針は、先に取り上げたように、日本共産党第五大会において沖縄人連盟に対して発せられた「沖縄民族独立を祝して」に象徴されるものだった。すなわち復帰ではなく、日本と沖縄はそれぞれの独立を獲得しようとするものだ(81)。

この、「沖縄大島人連盟の性格に就いて」と題された論説ではまず、「今迄沖縄県人会とか奄美会とか又は○○村人会とか種々雑多な組織を持って居た」という認識が示される。すなわち高安にとって沖縄大島人連盟という折衷的な表現は、こうした蘇鉄地獄の中で出郷した者たちが生み出した同郷性に対していかにヘゲモニーを構築するのかという問題だったのである。また同論説では、「連盟が南西諸島民族の解放のための民族戦線組織」であるためには、既成政党への積極的参加を主張しながらも、「我々の思想と政治的新年が統一されて例えば琉球党といふ如き政党を結成する迄に進んだならば我々の活動は非常に強力なものになるだろう」とも述べている。南西諸島民族の民族戦線、そして琉球党。代表性をめぐって次から次へとくりだされるこうした用語を、どう理解すればよいのか。

がんらい南西諸島という表現は、たとえば沖縄戦における第三二軍が南西諸島守備隊とよばれ、また米軍側における「アイスバーグ作戦」も別名南西諸島攻略作戦でもあるように、軍事地政学的な概念である。また、連合軍最高司令官総司令部（GHQ／SCAP）の「非日本人」の登録ならびに輸送にかかわる様々な指令や、またその指令を受けてだされた内務省、厚生省の通達などおいても、沖縄人、琉球人、南西諸島民などの用語が登場した(82)。いわばこうした日米の軍事的あるいは統治的なカテゴリーとして、南西諸島という用語はますは存在したのである。そして高安はそれを、「南西諸島民族の解放のための民族戦線」という沖縄大島人連盟の綱領的規定として掲げたのだ。いいかえれば、統治の対象として付与された名前を、奄美と沖縄を通低する抵抗の名前として自称しようとしたのである。

したがって、高安の論悦や『南西新報』に登場する南西諸島人や南西諸島民族という名前は、共通の文化的属性を一義的に含意するものでもなければ、共通の歴史を持つ地域ということだけでもない。むしろ統治の為に付与された名称を反復し、そこに抵抗の主体を構築しようとする戦略に基づいたものであり、その言葉の内実自体は、ある意味でとてもいい加減なものだともいえる。また高安を始め、沖縄人連盟においても散見される「大島人」という表現も、決して自らが名乗った名前とは思えない。先に述べた『南西新報』の「創刊の辞」に登場する「半殖民地化された過去の暗い歴史」や「過去の独特な文化」も、いわばとってつけたような上滑りの表現だったのだ。

そしてこのいい加減さが、逆にあるリアリティをかもし出している。すなわち、蘇鉄地獄を契機に出郷した人々の経験や阪神地域で生まれた日常の関係性を、沖青同がレジュメに記したように、「沖縄人と奄美人の統一組織」としてまとめ上げる名前は、いまだ見つかっていないということだ。しかし同時に、流亡者たちの日常世界において、沖縄や奄美といった地理的範域を超えた繋がりが存在していたのも事実であり、名称の問題は、文字通り流亡者たちの代表性をどのように構築するのかという問題だったのだ。

たしかに蘇鉄地獄は、多くの流亡者の経験を生み出した。しかし高安のように文化的属性や過去の歴史を動員するだけでは、その経験は語れないのだ。そして語ることの困難さの中で、ただ日常の関係性のみがリアルに浮かびあがる。同じ蘇鉄地獄を経験した奄美と沖縄を結びつける横断的な言葉はいまだになく、にもかかわらず高安は戦略的目的のために、様々な奇怪な造語を生み出しながら代表性を模索していたといえるだろう。しかしこうした模索も、サンフランシスコ講和条約が迫る中で消え失せていく。それは流亡という経験をめぐる代表性という論点から、領土への帰属、すなわち「帰属問題」という論点への変遷でもあった。

（3）「帰属問題」と代表性

沖縄人連盟会長の伊波普猷が亡くなって三カ月がたった一九四七年一一月二七日、東京浜松町中央労働会館において、「北緯三十度以南の大島人、沖縄人更に琉球に関心をもつあらゆる民主主義者、民族学者、学究」によびかけて、「琉球民族懇談會」が開催された[83]。会への呼びかけの発起人には、比嘉春潮、永丘智太郎、比屋根安定、昇曙夢、柳田国男、柳宗悦、宮城清一の名前がある[84]。次いで一九四八年一月一〇日、同じく「琉球民族懇談會」の第二回総会が、沖縄人連盟総本部内で開催され、常任理事として永丘智太郎、比嘉春潮、比屋根安定、比嘉良篤、さらに高安重正が選出され、「趣意書」が以下のように決定された。長いが、全文引用する。

今次太平洋戦争の最後の決戦場と化したわが郷土琉球は十萬の人命とその文化材《ママ》のすべてを喪失し、その損害は有史以来未曾有のものであった、而して之が復興の基礎は勿論ポツダム宣言に明記さる通り究極に於いて自由と平和に依る「民主琉球」の再建でなければならぬ、日本残留琉球人の全國的単一団体として沖縄人連盟、沖縄青年同盟、奄美連合[85]及び同青年同盟[86]等が結成されており、日夜之が對策に努力を傾倒しているに拘わらずなお變轉する容観的情勢に即應し得ず、講和會議を眼前に控えて十分な資料なく從つて又残留全琉球人の統一意見も表明し得ない実情にある、現に琉球人の一部が琉球の日本復歸運動を潜行的に展開しつつある、又最近中國は來るべき對日講和會議に於いて琉球の返還を要求する意圖あることを公式に聲明した、さらに現在琉球を占領している米國の琉球處理方策は既に決定しているかのように傳えられてゐる、琉球の統治形態は最終的には來るべき講和條約に規定されるであらうが、併し琉球がいかなる統治形態に移行しようとも琉球民族はその自主性を放棄してはならない、即ちすなわち自由と平和の琉球を復興し建設するという目標はポツダム宣言の至上命令であり、われわれ琉球人の間には、これに對處する世論が統一されていない、これは極めて憂慮に堪えない状態である、講和會議は少なくとも今後數世代の琉球人の運命を決する歴史的重大事件である、われわれは自由で平和な「民主琉球」を復興するための建設的意見や主張を研さんし統一すべくここに琉球民族懇談會を結成し内外在住同憂の琉球人は勿論國籍のいかんを問わず、琉球問題に關心を持つ民主主義的思想家、學者、その他の人々にも参加を願い別紙のやうな規約を承認する民主主義者を結集して即時運動を展開したい念願である。

この「趣意書」においてまず重要なことは、帰属と統治形態が決定される講和会議を前にして、琉球民族という名称を、自らを代表する名前として掲げようとしているという点である。すなわち、冷戦体制の構築が進む中で統治形態は、領土的主権を媒介にして、まずは外在的に決定されようとしているのであり、それへの受動的対応として、琉球民族が掲げられているのだ。あえていえば、伊波の絶筆の末尾に記されていた「自分の運命を自分で決定することの出来ない境遇」を前提にしたうえで、それでもなお自らの決定を押し出そうとする努力でもあったといえる。

こうした受動性は、もちろん前述した南西諸島民族という名称においても存在するだろうが、そこには流亡者たちの経験をいかに組織し代表していくのかという課題が存在した。しかしこの「趣意書」の琉球民族からは、南西諸島連盟のような、流亡者たちの日常性や名称をめぐる議論のいい加減さは看取できない。

かわりに沖縄人連盟、奄美連合などの諸団体の並置による国際政治への応答が、プラクティカルに押し出されているといってよい。

しかし南西諸島民族も琉球民族も、流亡者たちの日常世界と冷戦を担う領土的主権の間に、みずからの政治空間を構成しようとしていたといえるだろう。いいかえれば、冷戦を構築する主権を越えた地政学の中で、統治を担う領土的主権にかかわる主体としての民族ではなく、こうした政治の手前において自らの民族を構成しようとしたのだ。すなわち、「琉球がいかなる統治形態に移行しようとも琉球民族はその自主性を放棄してはならない」のだ。最大の要点は、「帰属問題」ではなく、この自主性にある。またそれは、「あま世」という未来を確保する試みなのかもしれないが、結果的に「帰属問題」に飲み込まれていくことになる。

ところで、こうした自主性の確保という問いは、講和会議に向かうプロセスの中で、一貫して存在した。たとえば同懇談會の常任理事である永丘智太郎は、沖縄人連盟の結成当初から、「いかなる統治形態に移行しようとも」という前提において、政治空間を構成しようとしていたのである。永丘は先に引用した「沖縄人聯盟の性格に就いて」（『自由沖縄』六号、一九四六年五月五日）において、「恐らくはわれわれが好むと好まざるに拘わらず、米国だけに依る信託統治制が布かれるであらう」という見通しを前提に、「沖縄に於ける信託統治も漸次自治が與へられ、行々我々の総意がそれを希望するとあれば、獨立も與へられるであらう」と述べ、その上で、いまだ「聯盟としては左様した問題を取り扱う段階には發展していない」という認識を示している。

永丘自身は、日本と沖縄の連邦制を構想していたが、いずれにしても問題は、信託統治、独立、あるいは連邦制といった統治形態の選択ではなく、自らの運命を決めるという点にある。すなわち、前章で述べた「自分たちの解放は力によってなしとげねばならず、またそれ以外にあり得ないと見なすところの直感」(87)こそが、重要なのだ。

さらに永丘は「沖縄の政治動向」(『自由沖縄』一〇号、一九四六年十一月十五日)において、「アメリカだらうと、日本だらうと、それは第二義的なことだ」という沖縄民政府の議会での発言を引きながら、次のように述べている。

> 兎も角、現在の沖縄人としてはアメリカの軍政下なり、明日の信託統治に於いて、從來よりも高度の自治を獲得することを、当面の目標とすべきである。

永丘がいう「高度の自治」を、すぐさま領土的主権にかかわる統治形態の類型として解説してはならない。そこにあるのは、逃れ難い運命を、自らの力で変えうる人為的なものとしていかに語るのかという問い、すなわち、「不可能なものの経験」(スピヴァク)において自ら運命をいかに語るのかという問いなのだ。そして民族主義を、動かし難い運命を変えていく「努力の総体」(ファノン)とするならば、まさしくそれは、冷戦体制の中で根源的敵対性を抱え込む民族主義に他ならないのではないか。

永丘は一九四六年に刊行した『沖縄民族読本』で、蘇鉄地獄において生み出された流亡者たちを沖縄民族として検討しようとしている。副題に「沖縄民族性の形成過程」とある同書では、近代以降、沖縄から流出し大阪や南洋群島に生きる道をもとめた蘇鉄地獄の経験を、沖縄民族の形成として描こうとしているのだ(88)。それは確かに、前述した沖縄人連盟におけるGHQへの「嘆願書」における自己規定、すなわち「(一)

島内居住民、(二)海外移民、(三)国内出稼民」に重なるだろう。

だが、永丘においては、領土的主権に還元されない沖縄人は、沖縄人連盟において突如登場したのではない。永丘は、上海の東亜同文書院を中退した後、第一次共産党中央委員、雑誌『改造』の記者などをつとめ、一九三七年七月には、近衛内閣のもとで拓務省の嘱託となる。マルクス主義の洗礼を受け片山潜ともつき合いのあった永丘は、拓務省の嘱託として、いわゆる南方における植民問題、労働問題にとりくんでいたのである。沖縄において翼賛文化運動を担った雑誌『月刊文化沖縄』所収の「沖縄縣人の植民地的性格」(一巻三号、一九四〇年)において永丘は、南洋群島やフィリピンにおける沖縄人に言及し、次のように述べる。

かく南方諸地方における沖縄縣人の開拓適性に就いては、すでに幾多偉大なる實績によつて証明されてゐる處であるから、南支及南洋の開發には同縣人を以て優先的に充てるべきである。そのためには同縣内及び南洋群島に於ける労働人口資源の涵養ということも考慮を拂はねばならない問題であろう思う。最近沖縄縣では満州への開拓民も送出してゐるようだが、何っちかといふと、私は沖縄縣は南方發展の人的資源地として保留しておきたいと、希望するものである。

流亡者の未来は、帝国の人種主義における労働力動員と重なっている。「一に満たない」存在が立派な「一」になることが、すなわち一人前の労働者になることが、ここでは沖縄の未来として描かれているのだ。ここに「批判しつつも密着している構造に『ノー』と言い、本来ありえない姿勢」の困難さがあるだろう。

またそれは、賃金奴隷の解放を「海外発展」において描いた伊波の問題とも重なるだろう。そしてだからこそ、脱植民地化は、かかる帝国の人種主義からの離脱でなければならず、横断的な沖縄人の広がりこそが始点にならなければならないのだ。くりかえすがそれは、領土的主権に還元されるものではない。

VI 戦後の始まり

前述したように、一九四七年、かつて日本が統治したミクロネシアの米国による戦略的信託統治が、ソヴィエト連邦による千島列島の軍事占領との引き換えというかたちにおいて安保理で決定され、同地域は文字通り核の実験場として動き出した。その翌年の一九四八年、米国は対日占領政策の中での沖縄の位置づけを明確に打ち出す。すなわち、主権に関してはミクロネシア同様、戦略的信託統治が検討されていたが、ソ連の抵抗にあうことが必至となる中、一般の信託統治しか道はなくなり、前述したようなサンフランシスコ対日講和条約第三条がうまれてくるのだが、こうした主権の形態問題の決着に先んじる形で、一九四八年には日本本土からの米軍の一部撤退とともに、沖縄を要塞化する方針が明確化されたのである。

この方針を受けて、一九四九年には基地建設にかかわる巨大予算が組まれ、沖縄は本格的に「基地の島」へと動いていく。いうまでもなくそれは、朝鮮半島に向けての出撃基地の構築である。また一九四九年の中華人民共和国誕生を契機にはじまる台湾をめぐる軍事的緊張においても、沖縄の出撃基地としての意味は極めて大きいものになっていった。さらには、ベトナムをはじめとする東南アジア地域の民族解放闘争に対しても、沖縄は最前線基地として機能していく。いわば冷戦における戦争状態を担う基地として、この「基地の島」は登場したのである。

こうしたプロセスは同時に、沖縄の領土的範域とその住人たちを明確に定義していくことと重なっている。すなわち擬似的な主権国家のごとく、沖縄をめぐって領土の境界が引かれ、国民が登録されていくのである。またこのプロセスは、沖縄における自治とも連動していた。一九五〇年、朝鮮戦争勃発直後に、米国は「各群島知事及び群島議員選挙法」を布令として交付した。それは群島政府という形で住民自治を一定程度、与えるものであった。そしてともかくも、この選挙の中でかねてより自治を求めていた沖縄民主同盟、沖縄人民党、社会党などの沖縄独自の政党が前面に登場する(89)。そしてこうした自治への動きは、同選挙を境にして、日本復帰、すなわち潜在主権の主権化として政治化していくのである。

米国の長期占領は、こうした自治と妥協しながら主権的な国家の形態をもって進められた。まず国境管理と出入管体制であるが、当初琉球軍の設置が検討されたが結局警察機構の強化により、境界の警備や出入管理が進められた。そこには、共産主義者の沖縄への流入を阻止するという目的も主張されている(90)。また一九五二年の「琉球政府章典」以降、出入管理体制の制度化がすすみ、住民とそうでない者たちの登録制度も整備されていく(91)。また警察機構の整備の中で米軍の情報機関とも連携しながら、いわゆる公安警察も一九四七年の段階で既に構築されている(92)。

付与される自治と領土設定、住民の登録と監視機構の整備が重なり合いながら、「基地の島」は登場したのである。またこうしたプロセスの中で、沖縄の地政学的な構成は確定していった。今日沖縄問題を語る際の地図上の沖縄は、この「基地の島」の登場の中で具現したのだ。確かにそれは戦前の沖縄県の範域と重なるのだが、たんに戦前からの連続性ということではなく、既に述べたように、冷戦を構成する地政学的な区分こそ、まずは批判的に検討されなければならないのだ。そしてその際、決定的に重要になるのは沖縄の北に位置する奄美である。

沖縄戦とともに始まる米軍の占領には、沖縄本島の北に位置する奄美諸島の島々も含まれていた。先ほど述べた住民自治による群島政府は、奄美も包含したものである。また奄美は、講和条約で沖縄同様に実質的に米国の支配下に置かれるが、一九五三年一二月二五日には、日本に返還されている。奄美を一旦は包含し、すぐさま返還するというこうしたプロセスの軍事的意義については、定かではない(93)。しかしいずれにしても、米軍の軍事的展開と主権的形態の重なりからすれば、奄美が沖縄に入るのか主権回復後の日本に帰属するのかという問題は、境界上の微調整であり、大きな問題ではないように見えるかもしれない。しかし、この微調整をどう考えるのかということこそが、戦後という時間を支配する地政学的な冷戦的思考から脱出する、決定的な回路になるのだ。

前述した領土設定や住民登録のなかで「基地の島」が登場するプロセスは、奄美からすれば、いったん同じ占領地として擬似的な主権的形態のなかに包摂され、その後に分離されて日本という主権の下に入っていくという包摂と分離のプロセスでもある。またさらにかかる理解からすれば、米国の朝鮮戦争を境とした本格的な沖縄の軍事化は、奄美の沖縄からの分離のプロセスでもあった。何を包摂したのか、そして何を分離したのか。

一九四八年、朝鮮戦争前夜からはじまる沖縄の軍事基地化は、強大な予算を背景にした資本流入でもあった。また一九四九年には、いわゆる住民向けの復興資金として米国が設定したガリオア基金（GARIOA: Government and Relief in Occupied Areas Fund）の投下も始まった。鹿島建設、大林組、大成建設、竹中工務店、西松組など帝国日本の中で植民地出身者に対して強制動員、強制労働をおこなった主要な建設会社も、こうした資金をもとめて事業に参加している[94]。また基地に関連して兵舎、米軍属の家族住宅、築港、通信設備、配水設備、道路の整備、燃料貯蔵庫、発電所などの建設の他、住民にかかわるインフラ整備もすめられた。戦場となりすべてが破壊された沖縄は、基地建設を軸に急激に復興していく。

資本の急激な流入と軍隊や軍属の拡大の中で、生じたことは二点ある。一つはこうした基地建設や復興にかかわる労働者の急増である。軍作業にかかわるものだけでも一九四六年においては一万人程度だったのが、一九五二年には六万八千人近くまで膨れ上がっている[95]。また米軍の増加とともに生じたサービス産業の興隆により、セックス・ワーカーも増加した。そして奄美の人々は、沖縄における農村地域の人々ともに、沖縄の中部地区を中心にして拡大するこの基地に牽引された労働市場に呑み込まれていったのである。奄美を含むこととは、低廉な労働者としてまたセックス・ワーカーとして奄美の人々を、資本が包摂することでもあったのだ[96]。

蘇鉄地獄を経験した奄美と沖縄は、帝国が崩壊することにより、文字通り流亡者たちの島となる。また戦場にならなかった奄美には、引揚者も殺到した。米国が巨大な予算により基地と関連設備の建設を始め、大量の資本が沖縄の中部地区に集中的に流入してきたのは、こうした状況の中であった。人々は劣悪な条件の中でも働いた。奄美からも大量の人々が沖縄に流入した。まさしくこの大量の流亡者を抱え込んだ沖縄こそが、東アジアの冷戦体制を決定づける朝鮮戦争の、直前の光景だったのである[97]。

一九五〇年六月二五日以降、嘉手納基地からF80戦闘機、B26、B29爆撃機が数秒おきに発進していった。沖縄は、朝鮮半島への巨大な前線基地として動き始めたのである。そして朝鮮戦争の二年目にあたる一九五二年六月五日、米軍にかかる工事を担っていた日本道路社の労働者約一五〇名が、ストライキを起こした。そしてこのストライキは、その後、他の軍作業にかかわる多数の会社に、次々と拡大していった。

この日本道路社のストライキを組織した日本道路争議団は、そのアピール文で「我々琉球人労働者」と名乗り、自分達が「ドレイ扱いであり、日本人労働者の待遇に比べれば、まるで天国と地獄の違い」であることを訴え、「日本土建資本家」である「会社に対して全民族的な怒り」を表明し、次のように続ける。「これが講和条約三条により日本から切り離された我々労働者のそして又琉球人全部の姿なのだ」(98)。

このアピール文を読むためには、領土的主権において世界を語る冷戦的思考から離脱する必要がある。この文は日本への帰属を求めているのではない。「帰属問題」自体が琉球人全部への攻撃なのだ。また、一九五〇年前後から高まり出す復帰の叫びは、あえていえば琉球人全部の解放としてある。この琉球人とは誰なのか。

ドレイ扱いされる「琉球人労働者」の「全民族的」なストライキを指導したのは、奄美出身の林義巳である。林は、後にその争議の目的として「経済的要求」だけではなく、「朝鮮戦争の爆撃を停止させるため」に朝鮮戦争二周年に合わせて決起したと発言している(99)。いまだ労働組合も法的に認められず、闘争委員会という形態をとって軍労働を停止させたこの琉球人と名乗る人々の繋がりとは何か(100)。今要点のみを記しておこう。

第一に、林義巳らのグループは、沖縄独立を構想した日本共産党と距離をおいていたという点である。また沖縄における政治政党である沖縄人民党とは共闘するが、同党の除名者もこのグループは包含していた。林自身は奄美において結成された奄美共産党に入党していたが、このストライキのグループは奄美共産党にも還元され得ない。沖縄でのストライキの組織化において林は後に、次のように述べている。「奄美共産党じゃなくて、日本共産党でもなくて、いつのまにか共産党、共産党ということだけで、正式な名称はもう自然解消してしまった」という(101)。あえていえばコミンフォルムの系列から、相対的な意味ではあるが、自立した共産主義者たちであった。あるいはこういってもよい。領土化された主権を拒否するという点においてアナーキストであり、革命を目指すという点においてコミュニストであると。

第二に、ストライキを担ったのは、文字通り郷里からはなれてやってきた流亡者たちであった。そこには沖縄出身者のみならず奄美出身者も多数含まれている。こうした流亡者という性格は、土地所有という前提をどうしてももってしまう一九五六年の土地闘争と、大きく異なる点である。いいかえれば、土地を守る者たちではなく、土地から引き剥がされた流亡者たちにおいて、奄美と沖縄が繋がる活動が、登場したのである。

そして第三に、このストライキならびに林たちの活動は、前述したような、沖縄が自治と領土設定、あるいは住民の登録と監視機構の整備が重なり合いながら「基地の島」として登場するなかで、鎮圧され消されていく。すなわち一九五三年の奄美の復帰にともない、奄美と沖縄の間の移動は制限され、林たち奄美出身の活動家は、「非琉球人」として国外退去させられていくのである。またこうした領土確定と擬似的な国家としての沖縄の登場の中で、ストライキの拡大は労働法の制定に結果していった。労働条件の改善や労働組合の結成を法的に保障した労働三法は、奄美の返還が決定された直後である一九五三年九月に公布されている。そしてこの労働三法の制定以降、ストライキは激減した。冷戦体制を構成する地政学的な領土確定は、脱領土的な繋がりを鎮圧したのである。

一九五三年の奄美復帰に伴う沖縄と奄美の分離により、奄美からの移動は厳しく制限されると同時に既に沖縄に在留していた人々は追い返され、とどまるものは「非琉球人」すなわち「外人」として在留登録され、住民としての諸権利が制限され、自治の象徴であった選挙権が剥奪されていくことになったのだ(102)。米軍占領により一旦は「非日本人」とされた奄美の人々は、次には「非琉球人」となったのである。沖縄において自治とともに領土や住民が確定されていくプロセスは、奄美の人々が領土の外、自治の外、住民の外に追いやられていくことでもあったのだ。そしてこの外へと追いやられる人々は、日雇い労働者であり、セックス・ワーカーたちであった。また、沖縄という領土とその住民が確定されていくプロセスは、基地建設にかかわる流亡者たちの労働運動への弾圧でもあったのだ。そしてあえていえば、前述した「プライス勧告」が指摘した沖縄における「挑戦的民族主義」の欠如は、流亡者たちの繋がりの鎮圧の後の状況を、表現したものに他ならない。

前述したように、沖縄における自治を求める運動は、潜在主権の顕在化という回路において進んでいく。それは、くりかえすが、沖縄の民族主義的な自治要求が日本への帰属へと置き換えられていくプロセスでもあった。土地の収用を決定付けた「プライス勧告」をうけて、土地接収への反対運動が広がったが、「銃剣とブルドーザー」という言い方で象徴的に表現されるように、それは極めて暴力的な米軍支配への抵抗運動であった。そして結果的には米軍により圧殺されるこの運動は、戦後沖縄における初発の民衆運動として特筆されている。

そしてこの運動において、あの「真謝は真謝部落のもの」という立て看板が立てられたのだ。この村の土地をめぐる同義反復的所有意識が、「沖縄は沖縄人のもの」へと拡大されるとき、その領土には低廉な労働力として、あるいはセックス・ワーカーとして包摂され、一九五三年以降は社会から放逐されていった奄美の流亡者たちは、さらに不可視化されることになる。戦後はここに始まる。

沖縄の戦後の始まりは、世界に広がった流亡者たちの横断的繋がりの切断であった。そしてそれは同時に、奄美と沖縄の切断でもあった。沖縄救援運動の世界的広がりの終焉も、関西における日常空間を組織せんとした南西諸島連盟の消滅も、流亡者たちを代表し「高度な自治」を確保しようとした永丘のこころみの頓挫も、この切断にかかわる。そしてその結果、地理学的に把握できる領土としての沖縄が、生まれることになる。こうした冷戦の中で領土化された沖縄の誕生は、蘇鉄地獄から始まる流亡者たちの経験が形成してきた系譜の不可視化でもあり、したがって散乱する非〈故郷＝家〉性の現勢化の、中断でもあるだろう。戦後という時間は、まずはこうした切断と不可視化を前提にして開始されたのである。だがそれが既に、自らの運命を決定できない歴史の始まりであり、グローバルなミリタリズムにおける占領地の始まりであり、飢えを測定して社会政策的に補填していく救済と振興の歴史であるなら、やはり脱出を思考しなくてはならない。あるいはそれは、伊波の「あま世」の系譜を、戦後という時間から絞り出す作業といってもよい。

脱植民地化と冷戦の間で問われていたのは、「帰属問題」というより、冷戦体制の中の領土的主権に囲い込まれた沖縄人か、それとも流亡者たちの民族主義かという問題だったのではないか。そして後者はまさしく、清田が飢えを起点にして思考しようとした者たちの繋がりだったのではないか。またさらに、もし脱冷戦ということを思考しようとするのなら、あるいは真の意味で植民地主義の終焉を考えるなら、流亡者たち、すなわちルンペンプロレタリアートの敵対性とともに現勢化するこの繋がりこそが、今、重要になるのではないか。それは賃金奴隷の未来であり、南島人の歴史であり、そしてやはり、根源的敵対性をめぐる代表性の問題なのだ。

清田が復帰に向かう政治過程の中でこころみたように、自然化された領域を駆動させ、流亡者である賃金奴隷たちをその地に呼び込み、日本への帰属から離脱する「努力の総体」としての政治を、戦後という時間の内部から駆動させなくてはならない。独立とは、かかる「努力の総体」なのだ。その時、未来は現前に輪郭をもって広がり、独立という努力は、この未来への「復帰」において、言葉を獲得していく。「沖縄は、あるべき世界に復帰」するのだ。「あま世」に向かって。まだ終わっていない。

註

（1）新城兵一「派兵または未来の法廷」『死生の海』あすら舎、二〇一一年。

（2）宮城島明「何故 沖縄人か」『構造』一九七一年六月。

（3）清田に関しては、金城正樹の研究が重要である。金城正樹「同定と離脱―清田政信の叙述を中心として」野村浩也編『植民者へ』松籟社、二〇〇七年。

（4）清田政信「帰還と脱出」沖縄研究会編『沖縄解放への視角』田畑書店、一九七一年、十一頁。この清田の文章は、沖大文学研究会『発想』三号（一九六九年一二月）に掲載され、その後同書に所収されている。引用は『沖縄解放への視角』からとった。

（5）金城「前掲」四二八頁。

（6）同。

（7）川満信一「わが沖縄・遺恨二十四年―死亡台帳からの異議申し立て」『展望』一九七〇年一月、『沖縄文学全集 一八巻』

国書刊行会、一九九二年、一一九頁。
(8) 同、一一七―一一八頁。
(9) 岡本恵徳「水平軸の発想」(『叢書 わが沖縄 第六巻 沖縄の思想』一九七〇年、『沖縄文学全集 一八巻』、国書刊行会、一九九二年、一七九―一八〇頁。
(10) 同、一八一頁。
(11) フランツ・ファノン『地に呪われたる者』(鈴木道彦/浦野衣子訳) みすず書房、一九六九年、一二五頁。第四章参照。
(12) 松島朝義「乗りこえの論理」沖縄研究会編『沖縄解放への視覚』(前掲)。なお、原文の署名は松島朝義ではなく、「一〇・二〇嘉手納基地突入闘争被告松島」となっている。
(13) 金城「前掲」三九四頁。
(14) 清田政信「オブジェへの転身」『琉大文学』第三巻一号、四一頁。
(15) 金城「前掲」三九四頁。
(16) 狂気をめぐっては、精神疾患と命名された領域から如何に運動的領域を見出すのかという問題として改めて考えたいが、こうしたことを考えるうえで、大江健三郎の『沖縄ノート』(岩波書店 一九七〇年) は、重要なテキストである。「僕が沖縄の街頭を歩きながら、もっとも恐れていたのは、狂人に出会うことであった。僕は狂気のたとえようもない鈍さに、いわば鈍器で殴られるような衝撃をこうむる。同時に狂気がそれ自体で、鈍いナイフのように対象をえぐって核心にせまる力をそなえている場合があることもしばしば経験してきた。しかも僕は、時に、ある狂人と出会うさいに、その人間をとらえている狂気に自分を同一化したいという、躰の奥底からの衝動をおさえがたくなることがあった。もっとも、僕が沖縄で見出した狂気は、およそそこへ自分を同一化することなどの許されようもない、拒絶の鎧でかたく身をまもっているたぐいの狂気であった」(同、七一頁)。『沖縄ノート』において大江は「沖縄の狂気」に言及しながら、そこに「拒絶」を重ねる。それは本文中に記した川満と、決定的に異なる点であろう。またそれは、のちに大江が『沖縄ノート』に言及しながら、狂気に道化や「生きいきして強靭で、陽性な周縁性の力」をみようとしていることとも関連するだろう（大江健三郎「未来に向けて回想する――自己解釈四」『沖縄経験 大江健三郎同時代論集四』岩波書店、一九八一年、三二〇-三二一頁）。こうした大江の『沖縄ノート』ならびに狂気の問題については、とりあえず冨山一郎「言葉の在処と記憶における病の問題」（冨山一郎編『記憶が語りはじめる』東京大学出版会、二〇〇六年）を参照。また精神疾患という命名された領域をめぐっては、冨山一郎「この、平穏な時期に――東京タワージャックにおける富村順一の『狂気』をめぐって」野村浩也編『前掲』、ならびに同「沖縄戦トラウマと冷戦」（ハングル）『韓国学研究』二七集（仁荷大学校韓国学研究所、二〇一二年）を参照。

（17）この動的な重なりを、郡司ペギオ-幸夫にならって「オープンリミット」とよんでもいい。郡司ペギオ-幸夫『生きていることの科学』（講談社、二〇〇六年）。あるいは同『生命理論』（哲学書房、二〇〇六年）の特に「あとがき」を参照。

（18）大杉栄「無政府主義将軍」『全集　第七巻』現代思潮社、一九六三年、一七三頁。

（19）正式にはイヴァン・クレムネフ『わが兄弟アレクセイの農民的ユートピア国旅行記』。イヴァン・クレムネフは、チャヤーノフのこと。同書の冒頭に、革命思想家ゲルツェンの「社会主義は、今日保守主義が占めている位置を占めるようになり、将来の、われわれの未知の革命によって打ち破られることであろう」という文に言及しながら「新しい反乱。いったいどこにあるのだ？　どんな思想の名のもとにおこなわれるのだ？」という発言が続く（アレキサンドル・チャヤーノフ『農民ユートピア国旅行記』和田春樹、和田あき子訳、晶文社、一九八四年、一八頁）。同書については、『同訳書』所収の和田春樹「チャヤーノフとユートピア文学」ならびに和田春樹『農民革命の世界』（岩波書店、一九七八年）を参照。

（20）ピュートル・アンドレーヴィッチ・アルシーノフ『マフノ叛乱軍史――ロシア革命と農民戦争』（奥野路介訳）一九七三年、鹿砦社、三一一頁。

(21)同、二九四―二九五頁。
(22)奥野路介「あとがき」『同』三二九―三三〇頁。
(23)この「後」ということを、「ポスト・ユートピア」という問題として検討したことがある。石塚道子・田沼幸子・冨山一郎編『ポスト・ユートピアの人類学』人文書院、二〇〇八年。
(24)スラヴォイ・ジジェク『為すことを知らざればなり』(鈴木一策訳)みすず書房、一九九六年、五頁。
(25)同、三七二頁
(26)フェリックス・ガタリ『精神分析と横断性――制度分析の試み』(杉村昌昭、毬藻充訳)法政大学出版会、一九九四年、二八一頁。ガタリにとってシニフィアンの連鎖は、言語的秩序に主体が従属していることであり、そこでは「端的にいって主体は存在することをやめる」(同、二八〇頁)。またそれは、主体が「～と言われている」という従属的主体でしかないということでもある。切断とは、この言語的秩序が別物に変態していくことであり、「打ったはずの文字と全く別の文字をよむことになるようなもの」(同、二八一頁)に他ならない。またこのシニフィアンの連鎖の切断は、新たな欲望の生産にかかわっている。いいかえれば切断は、これまでの欲望と言葉の関係を、作り変えていく作業であり、ドゥルーズ・ガタリにとって、両者の新たな機械状の接合を生産し続けることとしてある。この点については、ジル・ドゥルーズ&フェリックス・ガタリ『アンチ・オイデプス』(市倉宏祐訳)河出書房新社、一九八六年、五一―五七頁。
(27)同、二八二頁。
(28)ジジェク『為すことを知らざればなり』(前掲)三三四頁。
(29)切断を言葉においていかに遂行していくのか。それはガタリが、この言語の困難さに対して、欲動と言葉の関係を集団的に作り変えていく言表行為の動的編成(agencement)、すなわち構造に対して機械(machine)を構成していくという実践の重要性を指摘していることともかかわるだろう。そしてこうした実践においてこそ、革命的主観性が創出される。「そして、資本主義社会のなかで逃走線をなす流れにつきしたがい、社会的決定論と歴史的因果論のまっただなかに分岐を生じさせ、切断をもたらすことである。さらには、新たな欲望の言表を形成しうる言表行為の集団的主体を解き放ち、前衛を作り出すのではなくて、………革命的主観性を創出することである」（ジル・ドゥルーズ、「三つの問題群」ガタリ『前掲』所収、十一頁）。また切断の実践としてガタリは、「レーニンの切断」を検討している（ガタリ『前掲』二八九―三〇九頁）。

（30）ジジェク『為すことを知らざればなり』（前掲）三一四―三一五頁。引用すれば、「それは「真実」が出現する瞬間（＝契機）なのではあるが、この「出来事」の噴出がはじめて実証されたものとしていったん制度化されるや失われる、否、もっと正確に言えば、文字通り眼に見えなくなる「未決性 openness」という瞬間（＝契機）なのである」。

（31）ところで、ジジェックも言及していることだが（ジジェク、『為すことを知らざればなり』（前掲）、三一五頁）、この未決性という問題は、エルネスト・ラクラウやシャンタル・ムフが、新しい政治戦略として主張したヘゲモニー的実践にかかわっている。すなわち、未決性において再度社会を描き直そうとする言語的実践を、ラクラウらは縫合（suture）とよび、そこに新しい政治を見出そうとした（エルネスト・ラクラウ／シャンタル・ムフ『ポスト・マルクス主義と政治』山崎カヲル・石澤武訳、大村書店、一九九二年、一四二頁）。ただ同書の邦訳では、「未決性（openness）」は「開放性」と訳されている。）。この精神分析学から借用してきた縫合とよばれる実践は、綱領的なスローガンや中心的な変革思想にかかわるというより、言葉の連鎖において生成しつづける関係性を意味している。またそのときの連鎖は、決して充填されない「根源的な欠如」（original lack）をめぐって展開するのであり、修辞学的にいえば、いい切れなさを抱え込みながら広がる、〇〇でもあり、〇〇でもありとつながっていく、換喩的あるいは濫喩的な展開である。それはいわば、未決性を抱え込みながら連累し続ける言語的実践ともいえるだろう。ただその根源的な困難さを強調するジジェクと言語的実践の可能性を悟性的に語るラクラウやムフたちとの違いには留意する必要がある。また両者の違いは、第四章のルンペンプロレタリアートの政治をめぐる議論にもかかわる。

(32) 本章 注2を参照。
(33) この論考は、清田政信『抒情の浮域』(沖積舎、一九八一年)に所収されている。引用はこの同書による。また同論考についても金城「前掲」参照。
(34) 清田『抒情の浮域』(前掲)三二一頁。
(35) 一九六四年に発表されたこの論考は、黒田喜夫『詩と反詩』(勁草書房、一九六八)に所収されている。引用は同書によった。
(36) 黒田、同、一四七頁。
(37) スラヴォイ・ジジェク『大義を忘れるな』(中山徹/鈴木英明訳)青土社、二〇一〇年、四二九―四三〇頁。第四章でも言及した。
(38) 黒田『前掲』三〇頁。
(39) 同、一六一頁。
(40) この文章からは、すぐさまマルコムXのあの、「あらゆる必然的な手段で (by any means necessary)」が想起されるだろう。マルコムXのこの有名な一文は、ユートピアの跡地が累々たる武装闘争の跡であり、前衛組織はまさしく軍の問題であることを示すと同時に、武装の内部から「われわれ」の別の未来をいかにして確保するのかという問いでもある。それには「あらゆる手段」が必然化される状況、すなわち弾機が絞られる状況において言葉が担うべき役割を探すしかない。この点については、冨山一郎「この、平穏な時期に」(野村浩也編『前掲』)を参照。
(41) 黒田『前掲』三五頁。
(42) 黒田、同、三一頁。
(43) たとえば、中野好夫・新崎盛暉『沖縄戦後史』(岩波書店、一九七六年)。
(44) 清田『抒情の浮域』(前掲)一二三頁。

（45）同、二二五頁。また清田にとってこうした村の問題は、彼が久米島で経験した沖縄戦の記憶とも重なっている。清田にとって反米軍運動の根拠となった共同体は、戦場への動員を支え、日本兵と共に住民虐殺を遂行する制度でもあったのだ。したがって、清田が思考しようとする領土に閉塞しない変革の可能性は、沖縄戦の記憶をいかに想起するのかという問いと切り離すことはできない。冨山一郎「記憶という問題、あるいは社会の未決性（openness）について」（ハングル）『The Journal of Localitology』（釜山大学 Korean Studies Institute）三号、二〇一〇年。

（46）清田『抒情の浮域』（前掲）四七頁

（47）来間泰男『沖縄経済の幻想と現実』日本経済評論社、一九九八年、二八六頁。軍用地料については、他にも来間泰男『沖縄の米軍基地と軍用地料』（容樹書林、二〇一二年）を参照。

（48）すなわちその欠如が必要量として表現されうる飢えである。この飢えは、マンサー・オルスンらの集合行為論や、ジョン・エルスターらのアナリティカル・マルキシズムが考えた飢えに近い。そこでは、飢えに対応する要求内容と自らの行動にかかるリスクを正確に把握する合理的な行為者を想定している限り、蜂起はおきないとされる。Alex Callinicos, *Making History*, 1987, Polity,pp.64-91,pp.193-205. いいかえれば、飢えが欠乏量あるいは必要量になった時点でそれは社会政策の対象ではあっても、革命の動因にはならない。飢えたる者は立ち上がらないのだ。

（49）川満信一は、復帰後に自らの土地闘争の経験を想起し、土地を奪われた農民がその後ボリビアへ移民していくという流民化に「飢えの原基」を見出し、「敗北を転じて希望に仮託していく窮鼠の思想が、移民の思想」だとする。川満もまた、土地闘争を敗北として受け止めそこに飢えと流民を見出すのだ。川満信一「飢餓の原基」『新沖縄文学』四五号、一九八〇年。

（50）清田『抒情の浮域』（前掲）三四頁。

（51）同、五〇頁。

（52）清田『抒情の浮域』（前掲）三三二頁。

(53) フランツ・ファノン『地に呪われたる者』(鈴木道彦/浦野衣子訳) みすず書房、一九六九年三八頁。第四章参照。
(54) 同、一三三頁。第四章参照。
(55) 伊波普猷「沖縄歴史物語」『伊波普猷全集』平凡社、一九七四年 (初出一九四七年)、四五七頁。
(56) 同、四五三―四五五頁
(57) 冨山一郎『暴力の予感』岩波書店、二〇〇二年、三〇〇―三〇二頁。
(58) 金城『前掲』三八五頁。また金城も指摘しているように、大江健三郎もこの伊波の「世」を未来への想像力として理解している。大江『沖縄ノート』(前掲) 一二九頁。
(59) 伊波普猷「寂泡君の為に」『沖縄教育』(一三七号) 一九二四年。本書第三章を参照。
(60) 我部政明『日米関係のなかの沖縄』三一書房、一九九六年、三五―五五頁。
(61) 豊下楢彦「太平洋をめぐる米ソ『勢力圏分割』佐藤幸男編『世界史のなかの太平洋』国際書院、一九九八年、一七一頁。
(62) 藤井たけし「ファシズムと第三世界主義のはざまで――冷戦形成期における韓国民族主義」『歴史学研究』八六八号、二〇一〇年、一三頁。
(63) マイケル・シャーラー『アジアにおける冷戦の起源』(五味俊樹監訳、立川京一、原口幸司、山崎由紀訳) 木鐸社、一九九六年、一三八頁。
(64) 森宣雄『土のなかの革命』現代企画室、二〇一〇年、三一頁。
(65) 酒井直樹『希望と憲法』以文社、二〇〇八年、一三頁。
(66) 藤井「前掲」。
(67) 森宣雄・国場幸太郎『戦後初期沖縄解放運動資料集 第三巻』不二出版、二〇〇五年、一九一頁。
(68) 沖縄人連盟についてはとりあえず冨山一郎『近代日本社会と「沖縄人」』(日本経済評論社、一九九〇年) の第四章を参照。

(69) 新崎盛暉『ドキュメント沖縄闘争』亜紀書房、一九六九年、二九頁。
(70) 上地美和「もうひとつの『沖縄戦』」(冨山一郎・森宣雄編『現代沖縄の歴史経験』二〇一〇年)も同様の問題意識にもとづいている。
(71) 北米沖縄人史編集委員会『北米沖縄人史』北米沖縄クラブ、一九八一年、一九一—一九二頁。
(72)『自由沖縄』三号(一九四六年一月二五日)。
(73) 北米沖縄人史編集委員会『前掲』の第四章を参照。
(74) 同、二三八—二三九頁。
(75)『救援ニュース』第五号・六号併合(一九四七年一〇月)北米沖縄人史編集委員会『前掲』三〇五 - 三〇六頁、所収。
(76) 在米沖縄救援連盟は、戦争直後に日本や朝鮮へ救援物資を送るLARA(Licensed Agencies for Relief in Asia)のもとで開始されている。こうした米国の民間団体によるアジアにおける日常生活への介入が、とりわけ沖縄の日常生活におけるアメリカ化が、どのような意味をもったのかについては、今後検討されなければならない。とりわけそこでは、冷戦下の「穏健な民族主義」とドメスティックな領域、さらにジェンダーとの関連性が、重要になると思われる。先駆的な研究としてMire Koikariの研究を参照。Mire Koikari, *Pedagogy of Democracy: Feminism and the Cold War in the U.S. Occupation of Japan*, Temple Univ. Press, 2008. あえて先取りしていえば、米軍解放軍規定という問題よりも、この冷戦文化とでもいうべき日常生活におけるアメリカ化の方が、極めて重要な政治的意味をもっているではないだろうか。その上でこの沖縄救援運動の独自性を検討しなければならない。たとえば下嶋哲朗は、ハワイにおける沖縄救援運動で行われた生きた豚を沖縄に送る活動に、救援物資であるランチョン・ミートと異なる政治的意味を検討しようとしている。下嶋哲朗『豚と沖縄独立』(未来社、一九九七年)を参照。
(77) 志喜屋は沖縄を米国の州にすることも考えていたという証言がある。下嶋『前掲』二一一—二一二頁。
(78) この時期の奄美出身者の同郷団体については、高木伸夫「一九四六年『非日本人』調査と奄美連盟・南西諸島連盟」

（『キョラ』第二号、神戸奄美研究会、一九九七年）、ならびに大橋愛由等「〝阪神〟の復帰運動に至る奄美出身者の慟哭」（鹿児島地方自治研究所編『奄美戦後史』南方新社、二〇〇五年）を参照。大橋によれば、南西諸島連盟は神戸にまず存在し、その幹部たちが沖縄人連盟に乗り込んできて南西諸島連盟関西本部ができたという。ここでは沖縄人連盟の展開から南西諸島連盟の意味を考えようとしているが、阪神地域の同郷団体と全国組織として目的意識的に組織された沖縄人連盟がどのように化学反応を起こしたのかについては、さらに検討しなければならない。いずれにしてもこうした重層的な関係性が問われるのは、多くの奄美や沖縄からの出郷者が住む大阪や神戸であるからこそだと考える。

（79）『自由沖縄』6号（一九四六年五月五日）。また同様の主張は沖縄人連盟会長である伊波普猷においてもなされている。伊波は「伊波会長との一問一答」『自由沖縄』九号（一九四六年八月一五日）において「最近関西で奄美大島出身者が聯盟に参加したので名称を南西諸島聯盟と改めたがよいといふ節があるさうですが」という問いにたして、「そんな必要はないと思ふ」と答えている。

（80）冨山一郎『近代日本社会と「沖縄人」』（前掲）第四章を参照。

（81）こうした方向性は、冒頭で述べた二つ目の沖縄青年同盟によって主催され高安が司会をした一九四七年七月の「沖縄問題座談会」においても、継承されている。「沖縄問題座談会」『青年沖縄』第三号（一九四七年七月）（森宣雄・国場幸太郎編・解説『戦後初期沖縄解放運動史料集 第三巻』所収）。またこの時期における日本共産党の沖縄並びに奄美への方針については森宣雄・国場幸太郎編・解説『前掲』所収の森宣雄「沖縄非合法共産党における連体の問題——歴史と現在——」を参照されたい。

（82）GHQ／SCAPによる「朝鮮人・中国人・琉球人・および台湾人の登録に関する総司令部覚書」（第七四六号）をうけて内務省・厚生省は各地方自治体に様々な指令や通達がなされる。各地方自治体は管内の諸団体などとも連絡を取りながら、実態調査や登録を行なうことになる。高木「前掲論文」がこのプロセスを詳しく検討しているように、奄美や沖縄にかかわる呼び名は定まっておらず、ある意味すこし前まで日本人として処遇してきた人々を、「非日本人」として扱うに際して呼び名の混乱が生じているともいえる。また山根昌子編『「朝鮮人・琉球人」帰国関係資料集一九四六‐四八年長野県』（新幹社、一九九二年）においても、同様のプロセスにかかわる文書が所収されており、そこにも「大島人」「南西諸島北部出身者」という表現が登場する。また同資料集に所収されている引揚援護院援護局長・厚生省社会局長・厚生省勤労局長名の長野県知事宛の「沖縄県人に対する援護の強化徹底に関する件」（引揚援護院発指五八三号）では、本文が「沖縄県人に対し」というものと、「南西諸島出身者に対し」の二つがファイルされている。内容は全く同じであるが、後者は南西諸島民厚生組合代表の村田武一なる人物による写しと思われ、指令や通達が様々な団体において読み替えられながら、援護をどの名前を対象にするものか、どの名前において援護を確保するのかということについての交渉や政治が展開したことをうかがわせる。

(83)『自由沖縄』二〇号（一九四八年一月二〇日）。

(84) 沖縄青年同盟大阪府本部機関紙『青同ニュース』復刊第八号（一九四七年一二月二五日）。

(85) 奄美連盟はその後、奄美連合と名称を変えている。その経緯、理由については不明である。

(86) 奄美青年同盟は一九四七年一二月一四日中央大学講堂において結成された。結成大会では沖縄青年同盟からも「激励の言葉」があり、委員長には久富義蔵が選出されている。「奄美青年同盟結成さる」『自由沖縄』二〇号（一九四八年一月二〇日）。

(87) ファノン『前掲』四五頁。第四章を参照。

(88) 冨山『暴力の予感』（前掲）二四一―二四二頁。

(89) こうした政党の自治要求の中では「沖縄民族戦線」という言葉も登場した。若林千代「戦後沖縄における政治空間とその構造をめぐって」『軍縮地球市民』（一〇号、二〇〇七年）参照。

(90) 我部政明『前掲』八一―八二頁。

(91) 土井智義「米軍統治下の沖縄における出入管理制度と『非琉球人』」冨山一郎・森宣雄編著『現代沖縄の歴史経験』（前掲）参照。
(92) 我部『前掲』八九―九三頁。
(93) 沖縄の長期占領にかかわる米国内の国務省と統合参謀本部の取引材料として奄美があったとの指摘もある。我部『前掲』四四頁。また一九五三年の奄美返還協定において、奄美において米軍の軍事的必要性が生じた場合日本はそれに応じるという秘密合意の存在も確認されている。ロバート・D・エルドリッジ『奄美返還と日米関係』（南方新社、二〇〇三年）参照。
(94) 日本からの大手建設会社は二〇数社、米国からは五、六社が参加したという。沖縄タイムス社『沖縄の証言　上』一九七一年、二八八頁。
(95) 鳥山淳「統計から見る米軍統治時代」同編集委員会『沖縄を深く知る辞典』日外アソシエーツ、二〇〇三年。
(96) こうしたセックス・ワーカーの人々は「パンパン」とも呼ばれた。このパンパンをめぐっては、アンマリア・シマブクの重要な論考がある。シマブクによれば、米兵とパンパンの関係は、たとえば占領期の日本においては、主権の侵害として、すなわち女性の身体は主権化された領土の代理人として主張された。とりわけ反米軍基地を担う左翼の人々において、それは顕著だったのである。また同時に混血児についても、主権とのかかわりで主張されたのだが、そこには純血としての日本民族が、主権と重なり合いながら前提とされている。主権の侵害であり、純血の侵害なのである。他方で沖縄における主権的な存在の登場をコザに象徴される米軍の街を軸に検討することは、このパンパンと呼ばれた女性の身体を統治する権力としての主権を浮き上がらすことになると同時に、女性たちの生の中に、こうした権力と交渉する政治を見出すことにもつながる。彼女らを、食べていく為に仕方がなかった救済されるべき存在ではなく、文字通り抵抗者として、シマブクは検討しているのだ。この彼女らの政治は、女性の身体を主権の侵害として主張した日本の米軍基地に対する抵抗運動を、根底から批判的に検討する端緒を与えると同時に、主権の獲得の手間に位置する運動との連動の可能性を提示する。Annmaria Shimabuku, Petitioning Subjects: Miscegenation in Okinawa from 1945 to 1952 and the Crisis of Sovereignty, *Inter-Asia Cultural Studies*, Vol. 11, No. 3, 2010.

(97) 米軍政下における奄美では、「奄美ルネッサンス」とよばれる文芸運動がおきる。この運動で生み出された多くの作品において、飢餓から脱出するために沖縄に流れていく若者たちが描かれている。またこの奄美からの流亡者は、沖縄において、「大島生まれといえばスリか強盗、女でもパンパンが多い。大島人は信用して使えない」という視線にさらされた。流亡者を顕在化さす営みは、奄美から沖縄を見ることでもあるだろう。里原昭『琉球弧・文学における奄美の戦後』本処あまみ庵、一九九八年、一四〇頁。

(98)「日本道路争議団アピール」『沖縄タイムス』(一九五二年六月一三日) 新崎編『前掲』所収。

(99) 森宣雄・国場幸太郎『戦後初期沖縄解放運動資料集　第三巻』不二出版、二〇〇五年、五頁。

(100) この繋がりについては森の研究が画期的である。ここでの私の記述は同書に依っている。森宣雄『地のなかの革命』現代企画室、二〇一〇年。またあえていえば、この繋がりを戦後の出発点に据えることこそ、本書で私がなそうとしたことだ。

(101) 同、二九四頁。

(102) 土井「前掲」参照。

補章　対抗と遡行

——フランツ・ファノンの叙述をめぐって——

Ⅰ　歴史の拒否

（1）思考の緊縮

周知のように、伊波普猷の思想には「沖縄人（琉球人）」と「日本人」の同一性（「日琉同祖論」）に基づいて、日本という国に囲いこまれた沖縄の開化を主張する側面と、こうした開化の歴史に回収されない領域へのこだわりとが錯綜し、屈折している。それは、「日本人」になるということとして開化が主張される前者の歴史観を前提にして、こうした歴史がたえず回収しきれない限界領域を引きずり続けていることへの注視であり、鹿野政直は、伊波が「ヤマト化」のなかでこだわり続けたこの限界領域を「傷痕」と名づけている(1)。こうした開化の歴史とその限界領域における「傷痕」は、伊波が一九一一年に刊行した『古琉球』においてもはっきりと見て取ることができる。だが『古琉球』においてこの「痕跡」は、「個性」として定義され、伊波はそこに「琉球史」の可能性を見ようとしている。『古琉球』に所収されている「琉球史の趨勢」において伊波は次のように述べている。

天は沖縄人ならざる他の人によっては決して自己を発現せざる所を沖縄人によって発現さるのでありま す。……沖縄人が日本帝国に占むる位置もこれによって定まるものと存じます。……日本国には無数の個性があります。また無数の新しい個性が生じつつあるのであります。かくの如き種々の異なった個性の人民を抱合して余裕のある国民がすなわち大国民であります(2)。

ここで主張されているのは、「日本人」化という開化の歴史に回収されない「傷痕」を、日本帝国内の、決して交わることのない「種々の異なった個性」として定義し、こうした雑多な「個性」が蘇生していくプロセスに、まだ見ぬ「大国民」を希求することなのである。そこでは「沖縄人」の「個性」(=「古琉球」)は蘇り、さらにはこうした蘇生とともに「大国民」(=新たな「日本人」)が措定されていくのである。この「大国民」とは、諸「個性」を包含し、まさしく包含していく中で希求される単一性に他ならない。

この「琉球史」を、ナショナリズムだといって指弾するのは、たやすいだろう。また、そこに安易な多文化主義の陥没を見ることも可能である。だがしかし、それではいかなる歴史叙述の可能性があり得たのか。それは伊波が『古琉球』刊行後、一貫して自らに課しつづけた問でもある。すなわち『古琉球』における「琉球史」の構想は、『古琉球』の後に伊波が行き着く、「歴史に押しつぶされている」「歴史を全然廃止してしまうがいいのだ」「君たちはこの個性を表現すべき自分自身の言語をもっていない」といった歴史の拒否と、あわせて理解されなければならないのである。伊波の用いる「孤島苦」という言葉は、こうした歴史叙述が消え入る地点を表現したものに他ならない(3)。

暴力的に日本帝国にくりこまれながら、沖縄では早期の武装解除と徴兵制の施行(一八九八年)が実現した。この点は他の植民地と決定的に異なる点である。だが「孤島苦」という言葉に表現された場所で伊波が発見するのは、「沖縄人」と「朝鮮民族」との連続性である。伊波は、「ヤマト化」に回収されない「沖縄人」の「傷痕」に、植民地主義の暴力に日々さらされている植民地住民の徴候を見いだした。いえば、植民地主義の暴力を否認することにより「琉球史」は構想されたのであり、逆にこうした歴史が消え入る地点において、今度は植民地主義の暴力が見いだされるのである。殺されたり、あるいは殺されるかも知れないという危険性を、伊波は捨て去ることができなかったのである(4)。では殺されたのは誰なのか、また殺したのは誰なのか。

ここで、殺された者たちを犠牲者として、殺した者たちを加害者として描いてしまってはならない。殺されたりあるいは殺される危険にさらされている者たちを、犠牲者という言葉でひとくくりにしてしまうことは、加害者として主体化された人々の中に潜む殺される危険性と、被害者として主体化された人々の持つ可能性を、同時に封印してしまう。

さらに重要なことは、殺されたものたちが無名戦士の墓に眠り、「鬼気迫る国民的創造力」(ghostly national imaginings)を醸成するということだ(5)。殺されたものがいかなる出自であろうと、またいかなる歴史をもっていようと、死者は一元化され、出自や歴史は忘却され(6)、そのおそるべき匿名性の上に新たな名前がつけられる。そこで問われているのは、忘却されたかつての歴史や出自を思い出すことではない。こうした試みは、再び伊波と同じ地点で停止せざるを得ないだろう。

社会は単純に二つに分割されておらず、また暴力は二つの世界の間においてのみ作動するのではない。こうした二分割の単純化は、暴力を前にした思考の緊縮でしかない。こうした思考の緊縮は、沖縄であれ朝鮮であれ、帝国主義に支配された諸地域を犠牲者として囲い込んでしまい、作動していく暴力（＝力）に見いだすべき可能性を押し隠してしまう。思考の緊縮により、死者は再度埋葬されるのである。

伊波の「孤島苦」には、歴史叙述への絶望感と同時に、こうした思考の緊縮が存在する。では伊波が歴史叙述を拒否した地点から、ふたたび叙述の可能性を考えるというのはいかなる営みなのか。それは暴力を否認して歴史を語ることでもなければ、匿名化を強いる暴力のおそるべき魅力にとりつかれ、死者たちや死にゆくものたちに新たな名前をつけてしまうことでもないはずだ。こうした陥没におちいらず、暴力を思考し、叙述し続けるということは、いかなる営みなのだろうか。これが本稿で考えたい基本的なテーマである。

(2) ファノンの叙述

ところでこの暴力を叙述するという問題は、フランツ・ファノンの中心的な主題でもある。『黒い皮膚・白い仮面』の結論でファノンが、「私は〈歴史〉の虜ではない。私は〈歴史〉のうちに私の運命の意味を探すべきではない」[7]というとき、それは伊波の「歴史に押しつぶされている」という歴史の拒否と同じ地点を指しているといってよい。だがファノンのこの文章は、終点を示しているのではなく、叙述の開始に他ならない。本稿では、このファノンのテキストを中心的にとりあげながら、本源的文化でも暴力のダイコトミーでも、さらには無名戦士の墓でもない叙述の可能性を探っていきたい。

ところで論点を開示するために、一九五二年に刊行された『黒い皮膚・白い仮面』の中に精神科医としてのファノンを、ファノンの死後一九六一年に刊行された『地に呪われたる者』に革命家としてのファノンを見いだすのは、さしあたり有益である。それはまた、ファノンから本源的な文化への批判を引き出し、ポストコロニアルと呼ばれる状況を定義しようとしたH・バーバに係わる問題点をも明確にしてくれる。

「この本は臨床研究である」(8)と断り書きが付されてある『黒い皮膚・白い仮面』は、ファノンが一九五三年から一九五六年までアルジェのブリダ病院で精神科医として働いていたときの臨床記録をもとにして、執筆された。そこで描かれているのは、白人＝フランス人／黒人＝アルジェリア人に分割された植民地状況ではなく、この両者の間をさまよいあるく「患者」の精神分析であり、白人＝フランス人を希求しながら、希求すればするほどパラノイアに陥っていく黒人＝アルジェリア人の姿である。H・バーバはこうしたファノンの叙述に、人種的でナショナルな自己同一化の内部に潜み込む他者性を読みとった。いわばバーバは「白人＝フランス人」を希求しながらも希求しきれない痕跡を、ファノンに見いだしたのである。そしてその「アンビバレント」なアイデンティティのありようを、かつての植民地から大量の人々がかつての宗主国に流入してくるポストコロニアルな状況と重ね合わせた(9)。

だが、コロニアリズムとポストコロニアリズムを区分けすることなどできない。すなわちファノンが『地に呪われたる者』で主要なテーマとした暴力は、ポストコロニアルと呼ばれる現在においても継続中なのである。したがって、同一性の内部に潜む他者性が、かつての暴力であれ現在進行中の暴力であれ、暴力の客体であるという危険性を見いだすことなく、「アンビバレント」なアイデンティティのありようでもってポストコロニアリティーを定義することは、アクチュアリティーを失うことになりかねない(10)。

ファノンのテキストは、展開するにつれて、「科学的」な事実が街での経験によって侵食されてくる。社会学的な観察が文学的な技巧によって中断され、解放の詩が、植民地社会の重苦しく衰退を思わせる単調さに対抗すべく、不意に提出されるのだ(11)。

バーバがこう述べる時、バーバが植民地社会のもつ暴力性が現れ出るぎりぎりの淵で議論をたてようとしていることが、看取されなければならないだろう。テキストは、継続する「非常事態」（ベンヤミン）のなかでたえず中断し、振動するのだ。だがそれでも、ファノンの『黒い皮膚・白い仮面』における「臨床研究」が、植民地社会の中でゆらぎ、中断するかのように見えるのは、「バーバのファノン」が、やはりそこで停止してしまっているからだ。「憲兵と兵隊が常にすぐ目の前に姿をみせ、しばしば直接的に介入して、原住民との接触を維持し、銃床とナパーム弾を用いて、動いてはならぬと命じる」(12)ような植民地社会の暴力のまえで立ち止まったのは、ファノンではなくバーバ自身である。ファノンの叙述は『地に呪われたる者』へと続いていくのである(13)。

ところで、ヘンリー・L・ゲイツJrは、バーバのみならずエドワード・サイードや、ガヤトリ・スピヴァクのテキストにおけるファノンの読みが、第三世界の一般理論をファノンに求めるという誘惑にとりつかれており、このことが多種多様なファノンを生み出していると述べている(14)。バーバに関していえば、「バーバのファノン」は、ラカンへのファノンの解消であり、バーバのテキストは、ファノンから「何を忘れてほしいか」[15]を示しているのである。暴力を前にしたバーバの停止は、ゲイツが指摘するように、一般理論としての精神分析学へのファノンの解消という問題と、深く係わっているのである[16]。そしてゲイツが主張するのは、ファノンのテキストから一般理論を引き出すのではなく、ファノンがかかえこんでいた歴史的な固有性や戦場自身のなかにおいて、ファノンは読まれなければならないということである[17]。だが本稿で議論するように、歴史や固有性の領域の無前提的な設定こそ、ファノンが批判し続けたことであり、ファノンの叙述には、一般／個別のような二分法は存在しない。ゲイツの議論は一般論に固有性を、普遍的歴史に個別の歴史を安易に対置させてしまっている[18]。

ファノンに関する研究は、一九七〇年代から八〇年代にかけて数多く出版されている。そしてそのほとんどが、程度の差こそあれアルジェリア革命に引きつけてファノンを議論している[19]。ゲイツのバーバ批判は、バーバがこうした研究を一切無視している点とも係わっているだろう。とりわけ一九八五年に出版されたフセイン・A・ブルハンの『フランツ・ファノンそして抑圧の心理学』(Hussein Abdilahi Bulhan, Frantz Fanon and Psychology of Oppression, Plenum Press, 1985.) は、精神分析学批判として、ファノンのテキストを読みこんだものであり、そこではファノンが一九五六年にブリダ病院を辞任し、FLN (民族解放戦線) で活動を開始してからも、依然として精神分析をこころみ続けたことが描かれている。いいかえれば、植民者／被植民者を分かつ暴力のダイコトミーにのみこまれたかに見える『地に呪われたる者』のファノンの底流には、「「科学的」な事実が街での経験によって侵食され」ながらも、臨床に立ち、叙述しつづけたファノンが存在するのである。ファノンの精神分析は『黒い皮膚・白い仮面』で停止してはいないのだ。本稿では、臨床に立ち続けるファノンを注視することにより、この二人のファノンを貫くファノンの叙述を考えたい。

Ⅱ　非‐歴史、あるいは我々の歴史

（1）流用と奴隷の記憶

ファノンと同じマルチニック島に生まれ、やはり同じくエメ・セゼールの強い影響を受け、一九四六年にフランスへ渡り、アバンギャルド文学の活動に参加した詩人エドゥアール・グリッサンが、最初のエッセイである“Soleil de la conscience”を出版したのは、『黒い皮膚・白い仮面』が出版された四年後の一九五六年だった。この同じ年に、グリッサンは第一回黒人作家芸術家会議に参加しているが、ファノンと同様、グリッサンもネグリチュード運動とは距離をおいている[20]。

グリッサンが一貫して叙述し続けようとするのは、カリブの歴史である。それは、ポール・ギルロイが、W・E・B・デュ・ボイスの作品やC・L・R・ジェイムズの『ブラック・ジャコバン』から読みとるように、奴隷でもなく市民でもない、「黒人」であるということから近代がはじまった人々の歴史であり、彼（彼女）らにとって近代とは、希求されるものであると同時に、たえず自らを疎外しそこに回収されない痕跡を刻み続けるものに他ならない[21]。そしてこうした痕跡は、アフリカの伝統という本源的なユートピアへと帰着していく。グリッサンの作業は、この本源的なユートピアを単に切り捨てるのではなく、それを本源的な起源から切り放し、多様なものへと開いていくことにある。グリッサンが一九八一年に出版した『アンティル的言説（Le Discours Antillais）』[22]も、まさしくそうした作業に他ならない。そこでは、植民地主義に先立つ本源的ユートピアにかわって「アンティル性」ということが主張されている。

　グリッサンが、同書において注目するのは、パトワ語などのクレオール言語に看取される、似て非なる文化の様態である。グリッサンはそこに、想定された本源的な起源からのズレを見るのではなく、彼が「流用」とよぶプロセスを見いだす。この「流用」とは、他者の文化を受け入れ自分のものにする戦略であると同時に、模倣しなければならないという脅迫観念でもある。グリッサンはこの「流用」のプロセスそれ自体に、本源的な起源へ回収されない文化の可能性を見ようとするのである(23)。

　このグリッサンの「流用」に、バーバがファノンの『黒い皮膚・白い仮面』から見いだした「擬態（ミミクリ）」と同じ問題構成を見いだすことは、さしあたり正しいだろう。両者とも、その背後に真性で本源的な文化的起源を設定することを拒否し、あいまいでアンビバレントな様態にこそ、可能性を見いだそうとしているのだ。だがそうであるがゆえに、この「流用」を、ファノンが歴史の停止を宣言した地点におき直して考察しなければならない。そこで明らかになるのは、「擬態」によって説明できる領域にとどまり続けるバーバと、「流用」がさしあたり停止する彼岸に、逆に「流用」を作動させ続ける力を見いだそうとするグリッサンの違いである。

　グリッサンは、植民地社会において「流用」が作動しなくなる地点を「流用の淵」とよび、「完全なる崩壊」と表現する。そしてこの「完全なる崩壊」を前にして、本源性へと回避することなく、その場にとどまり続ける責任を主張しているが(24)、このとどまり続けるという責任を問題にするとき、グリッサンは卒然とファノンを登場させる。グリッサンにとって、同じマルチニック島出身のフランツ・ファノンこそ「完全なる崩壊」の場にとどまり続けた人間だったのである。

だが、そこでのグリッサンのファノンの評価は、やや屈折したものである。すなわち、「仏領アンティル群島出身の知識人の中で、自らの思想に基づいて行動しつづけた唯一の人間」という熱き共感とともに、グリッサンはファノンの『地に呪われたる者』を普遍主義だと指摘するのである(25)。グリッサンにとって、植民地主義の暴力を前にして「私は〈歴史〉の虜ではない」と宣言し、ひるまず進み続けたファノンの道程は、暴力に二分された世界への陥没として映ったのである。そして歴史の拒否をファノンと共に共有したグリッサンがとる選択は、彼が「非‐歴史」とよぶ領域にむかって、さらに叙述し続けることであった。

叙述を続けるグリッサンは、クレオールを生み出す「流用」という戦略の背後に、歴史化されない植民地支配の痕跡を考えようとしている。この痕跡は、アフリカン・ダイアスポラの可能性を探ろうとするポール・ギルロイのいう「奴隷の記憶」という論点と重なっている。たとえば、「(カリブの音楽やダンスは)われわれにとって別段目新しいことではない。それが意味するのはまず、われわれがいかにプランテーションの中から登場したかということなのだ」(26)というグリッサンの指摘からギルロイが発見するのは、表象されず(non-representational)、概念化されない(non-conceptual)、前言説的(pre-discursive)で反言説的(anti-discursive)な身振りや発話形式であり、ギルロイはそこに、本源的なユートピアへの帰着ではないアフリカン・ダイアスポラの可能性を探ろうとしているのである(27)。またギルロイにおいて、この前言説的な領域は、近代合理主義が排除した非合理や狂気に位置しており(28)、こうした領域こそ、「認識や倫理に還元されない身体化された主体性の諸側面を開示する」(29)のである。

(2) 非‐歴史への遡行

しかしグリッサンにおいて「奴隷の記憶」は、表象されない別の主体性を構成するのではない。まずそれは、話されることがなく、また話すことができないという二重の抑圧によって構成された「知ることのできない存在」として設定されているのである[30]。この存在すると言う以外にいいようのない不可知の領域こそ、グリッサンのいう「非‐歴史」であり、それはさしあたり風景や土地などの自然なるものとして表現されている。「非‐歴史」は主体性ではなく、「知ることのできない」自然なのだ。それはまるで火山の底流に潜む「マグマ」[31]のように、カリブの歴史の底流に存在し続けているのである。そしてもしグリッサンが「知ることのできない存在」を前に叙述を停止してしまうなら、この「マグマ」は、主体を越えた絶対的な存在として君臨しはじめるだろう。そうなれば「非‐歴史」は、単一の歴史をうみだす絶対的な潜在力として、存在してしまうのである。その時まさしくグリッサンの「非‐歴史」は、エリアス・カネッティがナショナリズムのメタファーとして列挙する自然物として、登場してしまうのだ[32]。

だがグリッサンは、この「知ることのできない存在」に向かって遡行を開始する。

我々の歴史は、予期しない衝撃とともに誕生する。……それは、我々が許容し得るぎりぎりの淵において発現するのであり、この発現は、我々の過去の出来事の複雑にからみ合った網の目と、すぐさま連動して行かなければならない。しかしながら過去、すなわち我々が受け入れ、そして我々のための歴史としていまだ登場していないこの過去は、現在に固着して離れようとしない。作家の仕事は、この固着した過去を探求し、それがたえず直接的に現在とかかわり合っていることを明らかにすることだ。したがってこの探求は、図式的な年代記やノスタルジックな哀歌とは関係ない。この探求は、西洋が利得を獲得してきた時間の領域にではなく、また祖先の故郷の始源的な価値に基づく集団的凝集の助けを借りることもなく、痛みをともなった時間の観念を確認し、それを未来へと投機することにつながっていくのである。それは私が、予言的な過去とよぶものに他ならない(33)。

「知ることのできない存在」への遡行のプロセスにおいて、歴史化されず放置された「過去の出来事」は、忽然と発現し、その発現はクロノロジカルな歴史を混乱させていく。グリッサンにとってクロノロジカルな歴史や「時期区分」は、阻害物でしかない。「エセ時期区分が客観的になされればなされるほど、(「我々の歴史」を)熱望することが、主観的で衝動的であやふやなものになり、押さえられていると感じるようになる」(34)のである。そしてこの混乱のなかで、グリッサンは「我々の歴史」を見いだすのである。グリッサンのこうした遡行は、「知ることのできない存在」というわば知覚の外部を設定し、その外部へと向かうことを意味しているのであり、この遡行のプロセスで、グリッサンの知覚自身がゆらぎ、混乱しはじめるのである。それはミッシェル・フーコーの系譜学が、「我々自身の知識や存在」においてではなく、「外在的な偶然の出来事」として身体を扱おうとするときに生じる混乱でもある。

系譜学は種の展開ではないし、人々の運命を描くのでもない。そうではなくて、系譜の複雑な流れにしたがうということは、過ぎ去った事件をそれぞれの散乱した状況の中にとどめることである。……それは真理や存在が我々の知識や存在の根元に位置するのではなく、外在的な偶然的出来事に存在することを発見することである[35]。

この「散乱した状況」の中で見いだされる「出来事」は、「あらかじめ予想された意味化ではなく諸支配のきわどい展開」[36]として発現する。すなわち、「知ることのできない存在」を自然なるものとして封印することによって成立していた従来の歴史や文化が、「知ることのできない存在」に向かうにつれて「散乱」しはじめ、それに伴って「知ることのできない存在」自身も、「予想された意味化」をこえて、「外在的な偶然的出来事」を浮き立たせるのである。そしてこのフーコーの系譜学が示すのは、グリッサンが歴史を、従来の歴史と別の歴史とに二重化しようとしているのではないということだ。グリッサンのいう「アンティル性」とは、あくまでも叙述し続けるグリッサンが、「知ることのできない存在」へ遡行し、自らを混乱させながら用いはじめる「我々の歴史」に他ならない。いいかえれば、意味化を越えた「偶然的出来事」を契機として編集し直しながら展望される「我々」なのだ。重要なのは別の「我々の歴史」に行き着くことではなく、たえず歴史を「散乱した状況」に引き込み、開き続けることなのである。「我々の歴史」とは、散乱し開き続ける遡行の中にのみ、展望されるものなのである。また同様に「流用」やクレオールは、選択、混合、対抗といった二つの主体の間で展開する事態ではなく、グリッサンの遡行のなかで、主体がたえず解体され続ける中から生起する運動に他ならないのである。

だが、グリッサンの「非‐歴史性」の叙述において散見される、「自然対文化の弁証法的関係の持つ創造力」[37]という表現は、グリッサンにおいてロマンチシズムへの陥没という問題が抜き難く存在していたことを示している。「非‐歴史性」は、我々の単一の歴史をうみだす絶対的な潜在力として登場する危険性をも秘めているのである。したがって問わなければならないのは、自然のなかに「偶然的出来事」を発見するグリッサンの遡行を停止させることなく、継続させなければならないという問題であり、そこにこそ、暴力を叙述し続けるファノンが、まるでグリッサンを支援するかのように登場することになる。先取りしていえば、グリッサンの遡行は、暴力の作動と深く係わっているのである。「出来事」の発現は「いつも諸力の特有の段階を通して生み出される」のであり、「発現は諸力への入り口」なのである(38)。

ところでグリッサンは、こうした遡行の先に、深海に潜む「海底植物」を描き出している。

この表現は、奴隷船が敵の船に追跡され、もう勝てないと思ったときにはいつも水中に放り投げられた、鉄の玉と鎖につながれたアフリカ人を呼び起こす。それらは海底で、知覚できない現在、という種を蒔く。

そして海底に張り巡らされた「海底植物」の根は、「自由に漂い、決して本源的な地点に固定されることなく、その網の目のように広がった枝を経由して我々のあらゆる世界に伸びていく」のである(39)。グリッサンが遡行の果てに出会うのは、事物として客体化された自然でもなければ人間の主体性でもなく、もはや人間の形状を失った死者達であり、「海底植物」というリゾーム状の不定形な存在だったのである。

Ⅲ　敵意を含んだ自然、あるいは邪悪な風

（1）人種的皮膚的図式

『地に呪われたる者』においてファノンが、植民地社会を暴力によって分割された二つの世界とみなしていると考えるのは、さしあたり正しい。同書における植民地社会に対するファノンの議論は、「植民地化された世界は、二つにたちきられた世界だ。その分割線、国境は、兵営と駐屯所によって示される」という認識を前提に展開されている。また「非植民地化とは常に暴力的な現象」(40)だと主張するファノンに、『黒い皮膚・白い仮面』で看取された執拗な精神分析を見いだすことは、困難である。

もちろん『黒い皮膚・白い仮面』からのこうした転轍の背後には、一九五四年以降の、アルジェリア革命の急展開があるだろうし、そのなかでＦＬＮの活動に身を投じるアジテーターとしてのファノンが、見いだされなければならない。だが、植民地社会を思考し叙述し続けるファノンが、アイデンティティでも文化や歴史でもなく暴力に行きついた道程、いいかえれば暴力を発見していく思考のプロセスをたどることは、ファノンが暴力に何を見いだしたのか、そして継続する戦場のなかにあって、何を叙述しつづけたのかを考えるために、必要な作業である。またそれは、ファノン自身が陥っている思考の緊縮を解きほぐすことでもある。

『黒い皮膚・白い仮面』に所収されている「黒人の生体験」は、黒人であるという「人種的皮膚的図式」を表象として扱おうとするファノンが、混乱に陥っていく苦汁に満ちた叙述である。「黒人は単に黒いだけ

ではなく白人に対して黒いのであるからだ」(41)というファノンは、まず黒人という身体の規定を拒否しようとする。「私は外部から多元的に決定されているのだ。私は他人が私について抱く〈観念〉の奴隷ではない、私はみかけの奴隷なのだ」(42)。ところが、この「みかけ」にしかすぎないはずの「人種的皮膚的図式」は、身体に固着して離れようとしない。この「人種的皮膚的図式」をはらいのけ、黒人としての身体を獲得しようとして、ファノンは最初は理性に出口を求めていくが、「世界は人種差別の名において私を拒絶した」。理性＝ロゴスは、ファノンにおいて放棄されなければならなかったのである。次にファノンはネグリチュードに出口を求めるが、それさえも、サルトルの「ネグリチュードは己を破壊する性質のものであり、経過であって到達点ではなく、手段であって最終目的ではない」という声にかき消されてしまう。そして最後にファノンは、「それはあるのだ」と言い切るのである(43)。知覚はできないが、確かにあるのだ。グリッサンがこれまでの歴史年代記を拒否し、「我々の歴史」をもとめて「知ることのできない存在」としての自然へ遡行していったように、ファノンが「人種的皮膚的図式」から脱出する道程でいきついたのは、「それはあるのだ」としかいいようのない形のない身体だったのである。

「人種的皮膚的図式」の底流に、別の身体が並存しているということではない。重要なのは「みかけ」の身体が、この道程の中で解体されていくということであり、この解体のプロセスの中でファノンが、グリッサンと同様に、「それはあるのだ」としかいいようのない不定形な身体へと遡行していった点に他ならない。同章のファノンの叙述は、「私は身を起こそうとした。だが内臓を摘出された沈黙が翼もなえて私の方に逆流してきた。無責任に〈虚無〉と〈無限〉に馬乗りになって、私はさめざめと泣きだした」(44)といういわば無限の広がりと喪失感で終わっている。だが、この解体し分散した「私」は、同じく『黒い皮膚・白い仮面』に所収されている「ニグロと認知」に登場する、闘争宣言へとつながっている。

私はひとが私の〈欲望〉を起点として私を吟味することを要求する。私は事物性（choséité）のなかに閉じ込められていてここに - 今（ici-maintenant）いるだけなのではない。私は余所のために、また他の物のために存在しているのだ。……私を認知することを躊躇する者は私に敵対する者だ。苛烈な闘いにおいて私は、死の衝撃、不可逆的な分解にさらされることを受け入れる。だがまた不可能性の可能性をも容認する[45]。

知覚できない存在へと遡行していったファノンは、解体し分散し続けながら「私」を見いだす。それは「みかけの奴隷」ではなく、また本来の自分ということでもなく、「ここに - 今」に固定されず、不可逆的な分解と死の衝撃をうけいれ、そして闘争する「私」である。外部から決定された「人種的皮膚的図式」が解体していくとき、ファノンは暴力という力を見いだしたのである。そして問題は、もはや自分探しへではなく、新たな社会性へと移行していくのである[46]。

（2）敵意を含んだ自然

こうした遡行は、『地に呪われたるもの』における暴力論にも見いだすことができる。そこには、分割された世界を前提にした激しい戦闘宣言だけではなく、表象の深部に、暴力という力を見いだそうとする内省的作業としての叙述がある。ファノンの叙述は継続し続けるのである。

結局のところ一つの領域のみを占領しようとする、文字どおりの決意が存在するのだ。アルジェリア人たち、ベールをまとった女たち、すももの林やらくだは風景を構成する。それはフランス人という人間存在の自然的背景に他ならない(47)。

自然が表象として構成されるということ、それはフランス人が、そして植民地社会が構成されることでもある。だがこの自然は、単なる植民地社会によって構成された「自然的背景」ではなく、「敵意を含んだ自然」(48)でもあるのだ。ファノンは、身体から闘争する「私」を見いだしたように、この自然から敵意(＝暴力)を引きだそうとするのである。

ところで自然を「敵意を含んだ自然」として開く作業を考えるとき、マイケル・タウシグのラテン・アメリカにおける「低烈度紛争」(Low intensive conflict)に係わる記述は、極めて示唆に富んでいる。たとえばタウシグは次のような、エルナン・ビィダルの記述を引用している。

そのねつかれない夜、私はつれ去られてしまった夫の夢を見ました。ドアをノックする音がして、彼が家の中に入ってきたのです。私はとてもよろこび、会えたことをひざまずいて感謝しました。彼は四月二九日に逮捕されたときと全く同じ青い服をきていました。彼のグレイのはげかかった頭、彼の笑顔、ちいさめの歯も同じでした。私はベッドの中で彼を感じました。腕の中で彼を感じました。そして目が醒めた時、腕には、愛する人を抱きしめていた感触が残っていました。そして私は横にだれもいないことに気がついたのです。私はすぐに自分に言い聞かせました。「彼はトイレにいるのだ」(49)。

この「私」は、夢の後にハンガー・ストライキに立ち上がる。そしてタウシグはこの夢に、暴力(=力)が生成する闘いの場を設定しようとしている。すなわち、こうした夢に登場する殺された者たちの霊は、圧倒的な軍事的支配にさらされた個人の内部に生成する暴力の起点なのである。また、そうであるがゆえに霊は、「低烈度紛争」においては個人の夢の中に、不断に封じ込まれなければならないのである(50)。

殺された者達の霊に、暴力の生成を見るタウシグが注目するのは、植民地支配の中で殺された人々が放置されている死の場所である。そこには、「邪悪な風」(evil wind)という自然現象が存在し、この自然は「非人間的な動因」として人々にとりついて、人々に災いや恐怖を与えるのである。そしてこうした「邪悪な風」も、逮捕された夫の夢と同様に、封じ込めなければならない存在なのである。なぜなら「邪悪な風」は、人々にとりつき、忘れていた死者を呼び起こし、人々を闘争する「私」に変身させるかもしれないのだ。タウシグはこの「邪悪な風」に、殺され放置された者達に対する記憶術の可能性を見ようとしているのである(51)。

ファノンの「敵意を含んだ自然」とは、まさしくタウシグが見いだした「邪悪な風」のように、放置された死者達や、たえず死の危険にさらされている者達が作り上げる「非人間的な動因」に他ならない。こうした「敵意=邪悪な風」を事物化し、自然という表象の中に封印することにより、植民地社会は建設されるのである。これに対して「敵意を含んだ自然」は、植民地社会に「邪悪な風」を送り込むのである。またそれは、グリッサンが見いだしたカリブ海に息づく「海底植物」でもある。ファノンが『地に呪われたる者』において、神話的暴力の「想像上の多様な殺害」に注目するのは、そこに、こうした「邪悪な風」

によって導かれた暴力の可能性を見いだそうとするからなのだ。

植民地世界の考察は、必然的に踊りと憑依（ポセシオン）の理解に結びつかねばならない。原住民が緊張をとくのは、まさに筋肉の演ずるこの大饗宴のさいであって、そのあいだにこの上もなく激烈な攻撃性、直接的な攻撃性、直接的な暴力が、誘導され、変形され、うやむやにされるのだ」。

だがしかし、

原住民は現実的なるものを発見し、自分の実践活動、暴力の行使、解放の意図を通して、現実を変えてゆくのである(52)。

ファノンは、不定形な身体、あるいは「敵意を含んだ自然」という存在に、今ある社会を解体し、新たな社会性を開く力動源としての暴力を見いだすのであり、この力を見いだし続ける思考の道程こそ、『黒い皮膚・白い仮面』から『地に呪われたる者』への展開を構成しているものなのである。いいかえれば、「我々の歴史」を希求するグリッサンの遡行は、ファノンにおいては暴力の発見として設定されているのである。そして植民地支配は、ファノンが発見した暴力を自然なるものとして封印するところに成立しているのである。

ところで、この暴力を見いだすプロセスが、戦場が個人に不可避的に要求する死という問題と深く係わっていることはいうまでもない。ファノンは解体し分散し続ける「私」のなかで、「死の衝撃、不可逆的な分解にさらされることを受け入れる」と述べているが、これに関してブルハンは、死をうけ入れるということの意義を、次のようにいう。

したがって優位な武力以上に、抑圧者は、心理的死への恐怖において力を持つ。このことは、なぜ抑圧の精神分析学的な次元がかくも重要であるかということの理由の一つである。というのも、もし被抑圧者が、この恐れ、優位な武力、暴力に打ち勝つことができるなら、抑圧者はその力を失うことになるからだ(53)。

不定形な身体から闘争する「私」を見いだす道程は、暴力を恐怖する主体が解体することでもあるのだ。すなわち、物理的に反撃し得るかどうかということではなく、暴力が見いだされた瞬間から、その暴力は、社会を構成している恐怖する主体を消失させ、社会を解体する力として作動しはじめるのである。暴力を見いだしそれを叙述し続けることの重要性は、この死への恐怖を分水嶺として作動し始めるダイナミズムのなかで、理解されなければならないのである(54)。そして付言すべきは、この暴力を思考することがもつ力は、犠牲者／加害者という分割された世界の中で理解する必要はないということだ(55)。すなわち、死を受け入れるという問題の要点は、犠牲者／加害者という分割を前提にした、のるかそるかの決意性にあるのではなく、死への恐怖を受け入れたときに始まる、暴力を恐れる主体の消滅と、解体し分散した闘う「私」の登場にある。

ブルハンは正しくも、こうした解体し分散した闘う「私」が、精神病理学的に定義され、狂気として処理されることを指摘している。マルコムXの「あらゆる手段をつかって」(by any means necessary)というアジテーションは、「ただちにスキャンダラスなもの、社会への脅威、あるいは狂人の精神錯乱をおこした叫びとして非難される」[56]のである。この「狂人」は、単に一方的に貼られたレッテルではない。狂気は、暴力が作動しはじめるときに与えられる最初の社会的定義として、自他ともに承認されるのである。後述するように、精神医学における臨床の場が重要性を持つのは、まさしく臨床こそがこの狂気の精神病理学的定義を作り上げる場であるからに他ならない。だが逆にいえば、この臨床こそ暴力を作動させる起点でもあるのだ。

Ⅳ　戦場と臨床治療

(1) 暴力の匿名性

最初にも述べたように、ファノンは、一九五六年にブリダ病院を辞任しFLNで活動を開始してからも、ALN(民族解放軍)の衛生隊において臨床にたち続けている。『地に呪われたる者』に所収されている「植民地戦争と精神傷害」は、こうした臨床活動の一端を示している。そこに所収されている事例は、一九五四年から一九五九年にかけてファノンが診察したものである。そしてファノンが描くこれらの事例から見いだされなければならないのは、暴力の作動にともなう精神傷害の問題に他ならない。

ぼくたち、あいつと仲が悪かったんじゃないよ。……ある日、僕たちはあいつを殺すことに決めたんだ。ヨーロッパ人がアラブ人をみんな殺そうと思っているからさ。……」(57)。

「一三歳と一四歳の二人のアルジェリア人少年による、遊び友だちのヨーロッパ人殺害」という表題がつけられた事例において、少年のこの証言が示すのは、暴力の作動、すなわち友だちをナイフで刺し殺す際、これまでの社会関係とは異なった世界が突如として登場するということである。ゴードンの表現に従えば、戦争状態は、日常生活を織りなしていた主体を一気に消失させ、匿名化するのである(58)。

この匿名化は「友だち」から闘う「アラブ人」へという主体の変化を意味しているのではない。戦争状態における匿名化という現象が一義的に意味しているのは、暴力の作動にともなう主体の解体なのであって、新たな主体(＝「アラブ人」)になるということではないのだ。確かに声高に解放闘争を主張するファノンは、「アルジェリア人」対「フランス人」という二つの主体に分割された闘いの場面を想定している。だが結論を先取りしていえば、解放闘争を主張すると同時にこの戦場に精神傷害を発見するファノンの叙述は、戦場における匿名化にすぐさま新たな主体の登場を見ようとしたのではなく、こうした「アラブ人」「アルジェリア人」が立ち上がる一歩手前に身をおき、社会が解体し開かれていく可能性を見いだそうとしているのである。たとえばファノンは、植民地戦争を闘った兵士をとりあげ、次のように述べている。

独立後数ヵ月して、彼は旧占領国の人々と知り合い、これに好感を持った。……そのとき闘士は一種の眩暈におそわれたのである。彼は悶々として自らに問うた——あの爆弾の犠牲者たちのなかに、今彼の話し相手になっているようなひとたちがいたのだろうか(59)。

アフリカにおいて果敢に解放闘争を闘ったこのレジスタンスは、爆弾を仕掛け敵を殺した日が一年の内でめぐってくると、不安と自己破壊に陥るのである。このファノンの文章と、先に引用したアルジェリア少年の証言とを比べてみる必要があるだろう。ファノンが注視し続けるのは、暴力の作動にともなって登場する匿名化が、個人に強いる分裂である。すなわち、ファノンがいう精神傷害とは、敵と味方に分割された「アルジェリア人」と「フランス人」のどちらにも主体化できないよるべなき存在として、両者の間を反復しながらさまよいつづける個人をさしている(60)。殺したフランス人の女性が悪夢にでてくるALNの戦士、自分の妻や子供までも拷問にかけてしまうヨーロッパ人刑事、フランスの政府高官であった父が殺されて不安に陥る女性、そして拷問。拷問はこうした分裂を意識的に追求する。ファノンが被拷問者のうちの「何も知らない人々」として分類した人々にとって、拷問とはある日突然連行され、暴行を加えられることを意味している。拷問を受けたのは、彼（女）が「力が弱かった」からであり、それ以外の根拠は何もない。

拷問を受けたのは、力が弱かったからだ。それ故、何にもまして意を用いるべきは自分の力を強めることであって、あることが根拠あるものか否かといった問題を自らに提起することではない。ただ力のみが問題である(61)。

ただ力のみがそこには存在し、無理やりこうした場に放り込まれた人間は、主体を溶解させ分裂させながら精神傷害におちいっていく。暴力の発動にともなう匿名化は、個人を分裂させ精神傷害を強いることになるのである。いいかえれば植民地状況とは、さしあたりオイディプス概念が建設されない「限界領域」なのであり、精神傷害がたえず創出され続けている戦場なのである(62)。そしてファノンの叙述の焦点は、この精神傷害に定められている。

(2) 無名戦士の墓

ところでこの戦場において解体していく主体に、「アルジェリア人」「フランス人」という新たな名前が命名されるとき、暴力の作動は「アルジェリアのために」「フランスのために」という新たな主体へ向けた力動源として登場することになる。死を受け入れることは献身として、死者達は無名戦士として、敵意を含んだ自然は無名戦士の墓として、この名前の前に統括されてしまうのである。暴力の作動は、たえずナショナリズムの恐るべき源泉としての潜在的可能性をもつのであり、そうであるがゆえに、ファノンが前述した匿名化に対していかなるスタンスをとり続けたのかを、注意深く確認しなければならない。それはまた、グリッサンの「非 - 歴史」が依然として保有する、単一の歴史へと向かう絶対的な潜在力の問題でもある。

「知ることのできない存在」への遡行の過程で、グリッサンは「我々の歴史」を見いだそうとした。これに対してファノンは、やはり知覚できない不定形な身体や「敵意を含んだ自然」に向かうなかで、今ある社会を解体し新たな社会性へと開いていく力（＝暴力）を発見するのであり、この力こそグリッサンのいう「我々の歴史」を作り上げるのである。だがグリッサンの「我々の歴史」とは、叙述するグリッサンが

「非‐歴史」へと遡行し続ける限りにおいて見いだされるものであり、もしグリッサンがこの運動を停止してしまえば、不可知の存在である「非‐歴史」は、絶対的な存在として我々の歴史に君臨することになる。そしてこの危険性は、ファノンにおいては、社会を解体し開いていく力を引き出し続けない限り、力は絶対的な主体のもとに統括されてしまうということなのだ。「我々の歴史」とは、不断に社会を開き続ける「非‐歴史」への遡行の中に、いいかえれば解放され続ける諸力の中にのみ、生成するのである。戦場に可能性を見いだすファノンが、引き受けなければならなかったのは、こうした遡行なのである。

前述したように、暴力の作動にともなう匿名化は、社会を新たに開いていく可能性でもある。そしてファノンが注視し、叙述し続けようとしたのは、この匿名化が生み出す分裂であり精神傷害なのである。ファノンは、この分裂したままどこにも主体化されず、敵と味方に分割された主体の間で反復し続ける、よるべなき個人の中に、社会を開き続ける継起的な力を見ようとしているのであり、こうした力を見いだし続けることこそが、匿名性が名前を持ち絶対的主体が現出するのを、押しとどめ続けるのである。また前述した死への恐怖の問題は、この遡行し続けるという点において、再度考察されなければならないだろう。彼（女）らが戦場において精神傷害を病んだのは、決意が足りなかったからではない。暴力の作動は、たえず精神傷害を生み出し続けるのだ。そしてもし死を受け入れることを決意の問題として誤解するならば、ファノンが注視する個人の分裂は、不完全な決意性として解消され隠蔽されてしまう。重要なのは死への完全なる決意ではなく（そのようなものはない）、死を前にした分裂自身の中に、次なる力の可能性を探求し続けることなのである。

(3) ファノンとマノニ

先に引用した、解放闘争の過程で爆弾を炸裂させ、その後神経症におちいった闘士の事例に対し、ファノンは、「革命の場における責任の問題」と付言している[63]。声高に民族解放闘争を叫ぶのではなく、匿名化が個人に強いる分裂を、革命の「責任の問題」として提起しているのである。ファノンが精神傷害にこだわりつづける理由として、こうした解放闘争の「責任の問題」があることは疑いない。そこには、一九五七年五月にFLNが裏切り者への見せしめのために村民三〇人を処刑した「メルーザ事件」や、同年にFLNの指導者であるラムダーネ・アルバーネが、同じFLNの指導者に謀殺されるという事件に対するファノンの苦悩に満ちた暴力論がある。彼は『革命の社会学』の序文において、「メルーザ事件」に暗に言及しながら、そこでも「革命はその責任をまぬがれただろうか」と問いかけているのである[64]。崎山政毅のことばを借りれば、こうした苦汁に満ちた「暴力の重ね書き」のなかで、ファノンの叙述は展開しているのである[65]。

だが精神傷害への注視が、こうした解放闘争の展開にくわえ、ファノンが一貫して行ってきた臨床精神医学における臨床治療という実践に、基礎をおいていることは疑いない。前述したように一九五一年に、フランス中部にある聖アルバン病院でフランソワ・トスケルと治療共同体のプログラムに参加して以降、FLNで活動している最中においてもファノンの治療活動は継続しつづけているのであり、ファノンの叙述を成立せしめているのは、この臨床治療という実践なのである。

ファノンは、狂気やコンプレックスを個人の資質や家庭の問題にとどめることはしない。精神傷害はあくまでも、社会的な産物なのであり、植民地支配あるいは民族解放闘争自身が生みだしたものである[66]。

また前述したように、分裂した闘う「私」に対して最初に与えられる社会的定義こそ、精神傷害なのである。

ところでファノンは、『黒い皮膚・白い仮面』のなかで、一九五〇年に刊行されたオクターブ・マノニの『植民地化の心理』をとりあげている(67)。以下に述べるように、精神傷害から新たな力を引き出そうとするファノンにとって、マノニのこの論考はどうしても批判しなければならないものだったのである。

マノニはここで、マダガスカル人の夢や民話を分析することにより、マダガスカル人の「集合的無意識」には、死者達への恐れによって形成された依存コンプレックスが存在し、それがフランスの植民地支配を支えていることを指摘している。いいかえれば、植民地支配は欲望されているのであり、その欲望の深層に、マノニは依存コンプレックスを見いだしたのである。

ヨーロッパ人が、私たちが考えてきたような型の植民地を建設したところではどこでも、ヨーロッパ人の到来は、いずれ支配される人々によって無意識の内に期待され、欲望さえされていたと言うことができるだろう(68)。

ファノンの批判を考える前に、欲望やその深層にあるコンプレックスを、植民地支配との関係性において定義したマノニが、「彼（患者）が神経症的な状態におかれているのは、この社会が彼に様々な傷害を作り出しているまさにそのかぎりにおいてである」(69)とするファノンと極めて近い位置に存在していることを確認する必要がある。植民地支配はマノニのいうように「集合的無意識」や夢の内部にも浸透しているのであり、そうであるがゆえにファノンは「人種的皮膚的図式」以外には何も見いだせず、苦悩するのである。

では、いかなる点においてファノンはマノニを批判するのか。ファノンが批判するのは、マノニがこの「集合的無意識」に対して、マダガスカル人の固有文化を設定した点である。マノニは夢や神話に潜む様々な微候から固有文化を構成し、「風習の中に閉じ込め」(70)、かかる固有文化からマダガスカル人の欲望を説明したのである。

注意すべきは、この固有文化が「集合的無意識」の名前として与えられている以上、説明するという営みは、分析者であるマノニの特権として与えられることになるということである。そしてファノンは、学的実践に潜むこの特権性を批判し、そこに植民地主義を見いだすのである(71)。

〈土着文化を尊重〉しようとする配慮はたえず認められるが、それは、その文化によってもたらされ、人間によって体現された価値の尊重を意味するものではない。むしろ逆に、このやり口には、事物化し、カプセル化し、閉じ込め、被包化してしまおうとする意図がみてとれるのだ。〈連中のことはよく知っている〉、〈奴らはそうしたものなのだ〉、といった決まり文句は、この事物化の最高に成功した例を表している。つまり、連中を定義する身振りや思考を、私は知っている、というわけだ(72)。

マノニに対して、「マダガスカル人なるものはもはや存在しない」(73)とファノンが繰り返すとき、知るということ、あるいは説明するという学的実践による事物化を、ファノンは批判しているのである。しかもこうした事物化は、知るという実践にとどまる問題ではない。マノニはマダガスカル人の固有文化を分析した後、次のように結論を述べる。

マダガスカル人をその依存性から救い出す試みにおいて、……私たちは彼（女）らを劣等生を抜け出す苦闘の道のりにそって指導すべきである(74)。

事物を認識する主体は、やはり、指導する主体として登場するのである。いいかえれば、診察は治療と不可分のものなのだ。ファノンのマノニ批判は、診察─治療という臨床治療における一連の工程への批判として存在するのであり、継続するファノンの臨床治療は、こうした批判の中で模索されていくのである。ファノンが臨床治療の場において行うのは、診察して患者の内部に病巣を発見することでもなければ、それを治療することでもない。「白人になりたいという欲望に浸され」、精神が解体しかけている患者に対し、ファノンは、「このような夢を思いとどまらせることが私の目的とはならないであろう。それどころか私の目的は、動機がひとたび解明されたなら、彼が葛藤の真の源にむけて──すなわち、社会構造にむけて行動（受動）を選ぶことのできるようにすることとなろう」と述べる(75)。ファノンにおいて臨床治療とは、社会を新たに開く力を引き出し続けることなのだ。臨床治療とは、「人種的皮膚的図式」にさいなまれながらも、身体は「あるのだ」と言いきったファノンが、その内部に暴力を発見するプロセスであり、精神傷害からたえず力を引き出し続けるファノンの叙述そのものなのである。そしてマノニは、この発見すべき暴力を、無意識という名の固有文化に囲いこみ、こうした後でそれを指導（武装解除）するのである。

V　戦場の叙述

ファノンがアセラとともにブリダ病院時代に執筆し、辞任したのちに印刷された論文「治療環境における興奮現象――精神病理学におけるその重要性の一般的考察」は(76)、辞任後のファノンにおける臨床医療の模索を考える上で、重要な論文である。ファノンは、かつて指導を受けていたフランソア・トスケルを、同論文においてはじめて明確に批判している。

トスケルは、一九三〇年代から一九四〇年代に、イギリスやアメリカの臨床精神医学で導入された治療共同体による治療を、フランスにおいて試みたパイオニアである。精神医としての最初の赴任先である聖アルバン病院で、アルジェのブリダ病院に移るまでの約二年間、ファノンはこのトスケルの指導を受けている。その後もファノンは、ブリダ病院においても治療共同体による治療をすすめ、このトスケルの治療方法を実践しようとして失敗している。同論文はこうしたブリダ病院での実践をふまえたファノンの、トスケルの治療方法に対する総括でもある。

ファノンがまず批判するのは、しばしば患者が起こす激越性の興奮（agitation）を、トスケルが環境的後天的なものと、自然的資質的なものとに区分している点である。だがこうした分割は、本源的な資質を設定してしまうことになるのであり、ファノンはトスケルにおけるこうした激越性興奮の定義を批判する。あらゆる激越性興奮は、承認すべき「存在様式」(77)なのであり、それがおこる社会的な場において理解されなければならないと主張するのである。

だが、社会的な場と言ったとき、ファノンがまず問題にしなければならなかったのは、単に植民地社会ということではなく、まさしくファノン自身がスタッフである病院内部に作られた治療共同体であり、医者と患者の関係だった。そしてかかる問題が、トスケルへの批判として展開するのである。同論文においてファノンは、治療共同体に基づく制度的治療、社会療法に対し、社会が拒否した患者を再度疑似社会に閉じ込め、「再度の埋葬」を行うものであると批判する。承認すべき患者の興奮は、興奮した患者に拘束服を着せ、隔離し、薬物処理をする治療という「再度の埋葬」によって治療共同体に封じ込められるのである(78)。

このようにしてトスケルとの決別を宣言したファノンが、治療共同体に代わって注目するのは、社会とのつながりを保ち続けながら治療を続ける、いわゆるデイケア、昼間入院（L'Hospitalisation de jour）である。この治療法は、一九三二年にモスクワで始まり、一九五八年にはチュニジアのチュニスでも導入された。ファノンは、同論文の後、レビィやジェロニミとの共同論文においてこのチュニスでの試みを綿密に検討している(79)。ファノンは、チュニスの事例を検討しながら、精神傷害を治療共同体に「再度の埋葬」をするのではなく、もう一度社会に向かって開こうとしているのである。たとえば一九五九年に印刷されたジェロニミとの共同論文である「精神病治療における昼間入院、その意義と限界」において、次のように述べている。

制度的治療において私たちは、頑強な制度、厳しく動かし難い規則、すぐさまステロタイプに陥る計画を作り上げてきたということをたえず想起しなければならない。この新しい社会には、いかなる介入も、創造的なダイナミズムも、新鮮さも存在しない。本当の混乱や危機も存在しないようだ。……こうしたことが、私たちが今日社会療法における本当の環境とは、具体的社会そのものであると信じる理由である(80)。

ここで考えるべきは、デイケアの一般的意義ではなく、臨床治療という場を社会が新たに開かれていく起点として見いだそうとし続けるファノンの姿である。あくまでも精神傷害に、新たな社会性を開く力を希求し続けたファノンは、その可能性を、臨床治療を不断に外へ開き続けるという問題として考え続けていたのであり、社会が開かれていく起点としての臨床治療こそ、ファノンが思考し叙述し続けた場に他ならない。またファノンのこうした叙述は、臨床治療の場を最も特徴づける医者と患者の関係の中から生み出されたものであり、それは『黒い皮膚・白い仮面』から『地に呪われたる者』にいたるまで貫かれている。ファノンの最も初期の論文である、『エスプリ』に掲載された「北アフリカ症候群」において、ファノンはすでに、痛みをめぐる身体性の定義が患者自身を疎外していくプロセスを、医者―患者関係において問題にしている。

どうしたんだい、君？／死にそうなんです先生／声はかすれ、消え入りそうである。／どこが痛いんだ？／そこらじゅうです、先生(81)。

この痛みは、誰の痛みなのか。一九五二年に印刷された同論文に描かれた、痛みをめぐる医者と患者の交差することのないやりとりは、一九五九年のデイケアを考察する論文における、「治療には二人の自由な人間が出会わなければならない」[82]とするファノンの叙述に、つながっているのである。精神科医から革命家という劇的な転轍の通奏低音として、ファノンは極めて経験主義的にかつ慎重に、医者—患者関係の間に身をおきながら、両者の関係をずらし続けたのである。

フランス人をめざす開化の歴史であろうと、無名戦士に支えられたアルジェリアの民族の歴史であろうと、ファノンは臨床治療の場からたえず社会を開き、歴史を「非 - 歴史」へと引き込む力を発見し続ける。だがマノニは同じ場所で、患者の内部に病巣を命名し治療する。この医者は、見いだすべき力を病巣に閉じ込め、その武装解除をすすめようとするのである。

この武装解除の結果、歴史は再び唯一の歴史へと動き出す。それが本源的な文化の蘇生であろうと、無名戦士の墓であろうと、歴史を「非 - 歴史」へ引き込む力を見いだし続けない限り、歴史は「フランス人」「アルジェリア人」、あるいは「日本人」「沖縄人」という唯一の歴史として登場することになるのである。そしてこの時の医者は、神になりかわって名を与え、あるべき歴史を指導する牧師であろう。そして伊波普猷は、自らの中にそのおぞましき牧師の姿を発見し、歴史を拒否したのである。

だが問題は、歴史だけではない。診察—治療の工程から生み出されるのは、調教された身体であり、さらには診察—治療の工程は、それを自らに対して行うという自己言及性を帯びだすのだ。タウシグは正しくもそこに、資本主義的労働過程の成立を看取している[83]。唯一の歴史は、資本主義と共に登場するのである。そして診察—治療の工程を批判しながら、医者—患者関係の間にとどまり続けるファノンの叙述は、臨床治療というぎりぎりの場で、こうした唯一の歴史と資本主義の登場を阻止し続けようとしているのである。重要なことは、説明することでも歴史を与えることでもなく、あるいは自らをただ抑止し沈黙することでもなく、対抗し、かつ、遡行しつづけるという運動なのだ。ファノンの叙述は、かかる意味で、戦場の叙述に他ならない。

註

(1) 鹿野政直『沖縄の淵』岩波書店、一九九三年。
(2) 伊波普猷「琉球史の趨勢」『古琉球』沖縄公論社、一九一一年、一〇一—一〇二頁。
(3) こうした伊波の歴史の拒否は、これまで伊波普猷論の論点であった「そてつ地獄期」における、伊波の転轍と係わっている。冨山一郎「書評　鹿野政直『沖縄の淵』」『歴史学研究』(六五九号、一九九四年) を参照。
(4) この伊波の危惧は、一九四五年の沖縄戦において現実化した。沖縄の歴史にとって沖縄戦は、歴史の臨界領域に他ならない。冨山一郎『戦場の記憶』(日本経済評論社、一九九五年) を参照。
(5) B.Anderson, Imagined Communities, Verso, 1991 (revised edition), pp.9-10.　訳語は、第一版の邦訳『想像の共同体』(白石隆・白石さや訳、リブロポート、一九八七年) にしたがった。
(6) E. Renan, Qu' est-ce qu' une nation?, 1887.　鵜飼哲訳「国民とは何か?」『批評空間』九号、一九九三年、四〇頁。
(7) Frantz Fanon, Peau Noire, Masques Blancs, Seuil, 1952.　海老坂武・加藤晴久訳『黒い皮膚・白い仮面』みすず書房、一九七〇年、一四二頁。
(8) F・ファノン『黒い皮膚・白い仮面』(前掲) 二二頁。
(9) Homi K. Bhabha, The Location of Culture, Routledge, 1994.　特に Chap. 2, 4, 9 を参照。
(10) 崎山政毅の「今なお植民地主義は暴虐なる亡霊としてうろついているのだ」という現状認識は、本稿も共有している。崎山政毅「暴力の重ね書きを再読する——『地に呪われたる者』のファノンの新たな可能性に向けて」『現代思想』二三巻六号、一九九五年、一〇四頁。

（11）Bhabha, op. cit., p.41.　訳文は、田中聡志訳「ファノンを想起すること」『imago』三巻七号より引用。

（12）F. Fanon, Les Demmes de la Terre, Maspero, 1961.　鈴木道彦・浦野衣子訳『地に呪われたる者』みすず書房、一九六九年、二五頁。

（13）継続するファノンの叙述、とりわけ『地に呪われたる者』における暴力論の今日的意義については、崎山、前掲論文、冨山、前掲書の第Ⅵ章、並びに鵜飼哲・冨山一郎・崎山政毅「沈黙を語ることに向けて――「語り」の戦略配置」『aala』（日本アジア・アフリカ作家会議、一九九四年四月）を参照。とりわけ暴力を単純化せず、継続する解放闘争の中で揺らぎ定義され続けるものとして、ファノンの暴力論を考察した崎山の論考は、重要である。

（14）Henry Louis Gates, Jr., "Critical Fanonism", Critical Inquiry 17, 1991.

（15）Ibid., p. 462.

（16）同様の批判は Robert Young もしている。Robert Young, White Mythologiesr, Routledge, 1990, p.210.

（17）Gates, op.cit., p.470.

（18）文学理論や精神分析学へのファノンの解消を批判するゲイツの議論自身が、理論的すぎるというゴードンの主張は、さしあたり正鵠を射ている。何よりも問題なのは、ゲイツが一般理論の消滅を、多様な記述という一般論に解消しているように見える点である。Lewis R. Gordon, Fanon and the Crisis of European Man, Routledge, 1995, p.102.　ゲイツに対する批判としては他にも、Cedric Robinson,"The Appropriation of Frantz Fanon"（Race & Class 35, No.1, 1993.）がある。

（19）前述したゴードン以外に、以下の書物が代表的なものである。Peter Geismar, Fanon, Grove Press, 1969. Renate Zahar, Frantz Fanon, Monthly Review Press, 1970. David Caute, Frantz Fanon, Viking Press, 1970. Jack Woddis, New theories of revolution, International Publishers, 1972. Irene Gendzier, Frantz Fanon, Pantheon, 1973. Richard C. Onwuanibe, Frantz Fanon, Warren H. Green, Inc., 1983. Hussein Abdilahi Bulhan, Frantz Fanon and the Psychology of Oppression, Plenum. Press,

1985. L. Adnele Jinadu, Fanon, Routledge and KPI, 1986. Lou Turner and Jhon Alan, Frantz Fanon, Soweto & American Black Thought, A News and Letters Publication, 1986.

（20）J. Michael Dash, "Introduction", Edouard Glissant, Caribbean Discourse, 1989, University Press of Virginia, 1989, PP.xix-xv.

（21）Paul Gilroy, The Black Atlantic, Harvard University Press, 1993, pp.221-223.

（22）Edouard Glissant, Le discours antillais, Seuil, 1981. translated by J. Michael Dash, Caribbean Discourse, University Press of Virginia, 1989.

（23）Glissant, Caribbean Discourse, pp.18-22.

（24）Ibid., p.25.

（25）Ibid., pp.25-26.

（26）Ibid., p.248.

（27）Gilroy, op. cit., pp.75-76.

（28）たとえばギルロイは、次のようにいう。「我々はたとえば、ハーバーマスによって採用されている近代合理性の定義が、まったくの反あるいは前言説である自由で美学的な動因をしめだしてはいないかどうかを問わなければならない」（Ibid., p.71.）。

（29）Ibid., p.76.

（30）Glissant, op. cit., p.26.

（31）Silvia Wynter, "Beyond the Word of Man: Glissant and the New Discourse of the Antilles", World Literature Today, vol.63 no.4, 1989, p.639.

（32）Elias Canetti, Masse et puissance, Gallimard, 1960.　岩田行一訳『群衆と権力』法政大学出版局、一九七五年。

（33）Glissant, op. cit., pp.63-64.

(34) Ibid., pp.65-66.
(35) M. Foucault, Language, Counter-memory, Practice, Cornell University Press, 1977, p.146.
(36) Ibid., p.148.
(37) Glissant, op. cit., p.65.
(38) Foucault, op. cit., pp.148-149.
(39) Glissant, op. cit., pp.66-67.
(40) ファノン『地に呪われたる者』二三―二四頁。
(41) ファノン『黒い皮膚・白い仮面』七七頁。ゴードンは、この箇所にファノンの存在論の拒否と実存主義の入り組んだ関係をみる。Gordon, op. cit., p.10.
(42) 同上、八一頁。
(43) 同上、九二―九三頁。
(44) 同上、九六頁。
(45) 同上、一三六頁。
(46) この章の注において、ファノンは黒人の自殺の問題に言及し、「ニグロは自殺しない」という「定説」がもつ問題性を考察しようとしている。この論点は、ファノンの暴力論に受け継がれることになるのである。また黒人の自殺に関して、ギルロイも追いつめられた奴隷の「集団自決」をとりあげ、死を受け入れることが植民地支配に持つ意味に言及している。この死の問題は本稿四章で扱う。先取りしていえばそれは、決意の問題ではない。Gilroy, op. cit., p.222.
(47) ファノン『地に呪われたる者』一四三頁。訳文は一部訳し変えてある。
(48) 同上、一四三頁。

（49）Michael Taussing, The Nervous System, Routledge, 1992, p.51.　引用部分は、Hernán Vidal, Dar la vida por la vida: La Agrupacíon Chilena de Familiares de Detenidos y Desaparecidos, Minneapolis: Institute for the Study of Ideologies and Literature, 1982, P.132.

（50）Ibid., p.27.

（51）Michael Taussing, Shamanizm, Colonialism, and the Wild Man, University of Chicago Press, 1987, pp.370-392.　タウシグはここで、「記憶の生産と再生産の歴史的諸様式」（historical modes of memory production and reproduction）という表現をつかっている。そこには記憶の生産様式における、記述する者と記述される者の闘争関係が含意されている。

（52）ファノン『地に呪われたる者』三六—三七頁。

（53）Bulhan, op. cit., p.121.

（54）マーカスは、この死への恐怖を分水嶺として作動しだすダイナミズムのなかで、レイプを議論しようとしている。ただマーカスの論考には、反撃の必要性を決意主義的に主張する傾向がある。Sharon Marcus, "Fighting Bodies, Fighting Words: A Theory and Politics of Rape Prevention", Judith Butler and Joan W. Scott（eds.）, Feminists Theorize the Political, Routledge, 1992.

（55）ファノンとブルハンに共通して看取される、死への恐れを問題にするときにみられる決意主義は、やはり暴力を前にした思考の緊縮であろう。

（56）Bulhan, op. cit., pp.121.　ここで、やや唐突ではあるが、一九七五年六月二五日、当時の皇太子の沖縄訪問に抗議して嘉手納基地ゲート前において焼身自殺を遂げた船本洲治の思想を、想起する必要がある。船本はいう。「「狂気」とは現状打破への暴力性であり、「発狂」とは現状打破への暴力行動である。現状秩序の下で、敗北した「狂気」は精神病院か刑務所のいずれかに隔離される」。船本洲治遺稿集『黙って野たれ死ぬな』れんが書房新社、一九八五年、三八頁。

（57）ファノン『地に呪われたる者』一五五―一五六頁。
（58）Gordon, op. cit., p.81.
（59）ファノン『地に呪われたる者』一九三頁。
（60）この反復は、ペントタールの静脈注射をうけ尋問された人間の陥る「言語常同症」において、最も明確に表現されている。同上、一六四―一六五頁。
（61）同上、一六三頁。
（62）Gilles Deleuze & Félix Guattari L'ANTI-ŒDIPE: Capitalisme et schizophrénie, Minuit, 1972.　市倉宏祐訳『アンチ・オイディプス』河出書房新社、一九八六年、一二二頁。
（63）ファノン『地に呪われたる者』一四五頁。
（64）Frantz Fanon, La Sociologie d'une Révolution, Maspero, 1959.　宮ケ谷徳三・花輪莞爾・海老坂武訳『革命の社会学』みすず書房、一九六九年、五頁。
（65）崎山、前掲論文。
（66）またこうしたファノンの基本的な考えは、アルジェリア人の「怠惰」、「犯罪衝動」を個人の資質として分析した精神医学におけるいわゆる「アルジェリア学派」に対するファノンの批判からも、明らかである。ファノン『地に呪われたる者』一七〇―一八〇頁。その他、ブルハンも参照。Bulhan, op. cit., pp.219-225.
（67）Octave Mannoni, Psychologie de la colonisation, Seuil, 1950, translated by Pamela Powesland, Prospero and Caliban: the psychology of colonization, Methuen, 1956.
（68）Octave Mannoni, Prospero and Caliban: the psychology of colonization, P.86.
（69）ファノン『黒い皮膚・白い仮面』七二―七三頁。
（70）同上、六九頁。

（71）かかる問題に関して、冨山一郎「熱帯科学と植民地主義」（酒井直樹他編『ナショナリティの脱構築』柏書房、一九九六年）を参照。

（72）F. Fanon, Pour la Révolution Africaine, Maspero, 1964.　北山晴一訳『アフリカ革命に向けて』みすず書房、一九六九年、三七頁。

（73）ファノン『黒い皮膚・白い仮面』七一頁。

（74）Mannoni, op. cit., p.65.

（75）ファノン『黒い皮膚・白い仮面』七三頁。

（76）Frantz Fanon & Asselah, “Le Phénomène de l’agitation en milieu psychiatrique. Considérations générales-signification psychopathologique”, Maroc Médical,1957.

（77）Ibid., p.24. Bulhan, op. cit., p.241.

（78）Bulhan, op. cit., pp.241-242.

（79）F. Fanon & L. Levy, “A propos d’un cas de spasme de torsion”. La Tunisie Médicale, 36（9）, 1958. F. Fanon & L. Levy, “Premiers essais de méprobamate injectable dans les états hypocondriaque”, La Tunisie Médicale 37（10）, 1959. F. Fanon & C. Geromini, “L’Hospitalisation de jour en psychiatrie, valeur et limites I”, “Introduction générale ; II. Considérations doctrinales（Prat II with C. Geromini）”, La Tunisie Médicale 37（10）.

（80）Fanon & Geromini, “L’Hospitalisation de jour en psychiatrie, valeur et limites I”, pp.719-721. Bulhan, op. cit., p.248.

（81）ファノン『アフリカ革命に向けて』一一頁。

（82）Fanon & Geromini, op. cit., p.715. Bulhan, op. cit., p.247.

（83）Michael Taussing, The Nervous System, p.104.

〔付記〕本稿作成に当たり、遠藤克彦氏、崎山政毅氏、並びに古久保さくら氏から多くのコメントをいただいた。ありがとうございました。

あとがき

大学院生のころ、沖縄本部半島にある集落で、農家経済にかかわる悉皆調査をおこなったことがある。土地所有の変遷や米や甘蔗の作付面積などを、質問票をもって、一軒ごとに事細かく聞き歩いた。せまい意味での経済史研究をおこなっていた、いまから三〇年以上前の話である。

伺ったある老夫婦の家には、自分達の父や母、親族や兄弟姉妹、子供や孫、曾孫などの写真が、そこかしこに掲げられていた。その写真の者たちは、既に家にはいない。そして写真を前にして、二人の口からは、その者たちが住んでいた、あるいは住んでいる、大阪、ハワイ、ブラジルの経験が次から次へと語り出されていった。出されたコーヒーは、ブラジル産だった。薫り高いコーヒーを飲みながら私は、時々相槌を打ち、ただ聴き入っていた。農家経済調査は中断し、豊かな語りが場を支配していった。

本書を書きながら、この三〇年前の老夫婦との静かな語らいが、コーヒーの香りとともに蘇ってきたのである。それは確かに、老夫婦自身の経験であった。と同時に、その地を離れた者たちの経験でもあった。両者は分かちがたく絡まり合い、それを無理に個々の一人ひとりに振り分けようとする試みは、すぐさま挫折した。経験とは関係であり、しかも同時に、想起という想像上の関係でもあったのである。そして、次第に誰の話を聞いているのかわからなくなる中で、記憶を辿ることは、自分以外の他者と出会い直すことなのだという思いを、強くしていった。

あるいはこういってもよい。語り出される言葉たちが担うのは、「私とは『どのような人々であろうか?』」(長崎浩)という問いであり、想起される自己の経験の中には、既に他者との関係が内在している。想起は内在する他者と出会い直すことなのだ。それはあえていえば、隠れていた他者が自己を侵食し、自己をかたどるこれまでの時空間が融解していく事態なのではないか。また聞き手であった私も、この想起に伴う融解に参加していたのではないか。本書を書きながら、経験と想起、あるいは言葉という問題が、改めて浮かび上がってきたのである。

まちがいなく傑作である上野英信の『眉屋私記』は、山入端萬栄の手記『わが移民記』と彼の妹ツル女のひとり語り、さらにはツル女から語り出される複数の経験を手繰り続ける上野も加えた、共同作業による作品である。そこでの経験は、沖縄、大阪、メキシコ、キューバ、テキサスなど各地に広がった人々の生が織りなす曼荼羅のようであり、同時にツル女がその身に引き受けた複数の経験と、足を運び続けた上野の経験が、交錯し融合してく中で生まれた作品であるに違いない。本書を執筆しながら、三〇年前のコーヒーの香りとともに、何度もこの上野の『眉屋私記』が、導きの糸のように登場した。

上野の作品とは違い本書『流着の思想』は、いわゆる聞き語り、あるいはよくいわれる記録文学という記述ではない。だが私は、上野が描いた世界の広がりを、なんとしても浮かび上がらせたかった。そして上野のような言葉の在処を確保し、世界を流着において書き続けるには、どうしても理論とよばれる領域の言葉が、私には必要だったのである。理論とはそういうものである。理論と実証などといった区分など、できることではない。

＊

理論的にであれ具体的にであれ、世界を流着において記述するということで現勢化したかったのは、本書に登場する言葉を借りれば、経験としての根源的な敵対性である。究極的な意味で居場所を持たない魂から発せられる声は、まずは荒ぶる怒りであったり、恨みであったり、あるいは混乱した言葉であったりするだろう。また往々にして、民族や土着、あるいは村といった宿命的な響きを持つ言葉において担われてもいるだろう。あるいは石牟礼道子に倣って、死霊や生霊の言葉といってもよい。

さらにいえば、本書で繰り返し述べたようにこの根源的な敵対性が、何を聞き取るべき言葉とし、何を遺棄してもいい言葉とみなすのかという「予めの排除」（バトラー）にかかわる秩序自体への問いとしてある以上、それは間違いなく狂気にかかわることである。そこから発せられる言葉は、往々にして、まずは病状として翻訳されているのだ。本書を書きあげて、ながい間かかえ続けてきたこの病というテーマのとば口に、ようやく立つことができたように思う。

一九七二年を挟んですぐさま次の沖縄闘争を語るのではなく、次第に正気を失っていった者たちがいる。その中の一人は、東京の病院に隔離されたのち、数年前に沖縄に帰還した。彼は那覇空港で、「長い旅だった」と呟いたという。彼は流着したのだ。そこでは旅が帯びる離脱は、病状として翻訳されている。だが、別の言葉が必要だ。

また既存の世界からの決定的な離脱は、日常の戦場化においては、疵瑕としてもたらされる。戦場からの離脱の痕跡としての疵瑕。この離脱の契機を、戦場が日常化した世界において確保するということ。その時流着は、戦場の記憶と重なっていくだろう。戦場からの離脱の痕跡を抱え込む者たちは、継続する戦争状態の中で、旅を続けるのだ。それは戦争状態を拒絶し続ける構えでもあるだろう。

そして戦場の記憶もまた、病の領域をもつ。やはり、別の言葉が必要だ。それは、医者と患者の関係に制度化されてしまった精神疾患をめぐる関係と言葉の在処の問題でもあるだろう。この問いが、私の前に今、課題としてある。まずは「沖縄戦トラウマ」という用語を反復するのではなく、それが示す領域から、この医学用語への違和とともに考え始めたい。

＊

前著の『暴力の予感』から一〇年以上たった。この一〇年を振り返る時、自らの日常のかなりの部分を占めてきた大学なる場への、アンビバレントな思いがせり上がってくる。それは端的にいって、ある種の壊滅的な状況であり、その状況を構成している「醜い顔」（冨山一郎「醜い顔」『インパクション』一六九号、二〇〇九年）である。その顔の持ち主は、自分（だけ）が正しいということを声高に叫ぶことが習性と化した教員たちであり、学生が自由に思考することを密かに怖れながら、そんなことでは一人前になれないとうすら笑いを浮かべ、高圧的に語る者たちである。ただ勝ち組を焦る、屈折したエリート意識がそこにはある。リベラルで左翼面をしたがる者たちも含め、今この「醜い顔」が、大学に広がっている。だが他方で院生をはじめとする若い者たちは、既にこうした教員たちの押し隠された不安や、話の薄っぺらさに気がついている。気が付きながら、付き合っているのだ。

もちろんそれは、国立大学の法人化、あるいは大学をめぐる合併・吸収・閉鎖といったネオリベ的状況といえなくもなく、また同時にネオリベという安易な解釈ではなく、学知と資本の関係を今どのように問題化すべきなのかという重大なテーマでもある。しかしこうした大学論の前に、やはり、この「醜い顔」から問いを始めなければならない。なぜなら今必要なのは、正しい大学論ではなく、「醜い顔」が蔓延する空間において、いかに知をめぐる言葉の在処を問い、その言葉が担う関係を確保し、場を創造するのかということなのだから。とりわけ二〇一一年の三月一一日以降、そう思う。

あるいは、「沖縄問題」や沖縄にかかわる論議においても同様な危機感が、私にはある。様々な情動をやたら「論」に仕立て上げ、自らと切り離したうえで、内輪の論壇に閉じたペラい鳥瞰図を描きたがる風潮は、一体いつから始まったのだろうか。この風潮の中で、なされるべき議論がなされないまま、放置され遺棄されていったという思いが、私にはある。「独立」、「イニシアティブ」、「県外移設」、どれも後ろに「論」をつけて論壇的に処理すべき事柄ではない。底が透けて見えるような批判をする前に、これらの言葉に抜きがたく絡まっている経験という領域に対して、自らの言葉の在処を探ることから始めなければならないのだ。本書を書きあげて、これらの言葉から「論」を削除し、論じたつもりになっていた人々を議論の場にもどしていく作業を、行わなければならないと、今感じている。

「ゆんたく会」「すだの会」「ポチの会」「三人会」「一〇時の会」……。「論」を構成する論壇や大げさな学術シンポより、こうした名称で継続される複数の議論の場こそ、私にとって大切だ。また議論を確保する空間が、それ自体いかに重要な運動なのかということも、韓国ソウルで展開中の研究機械「スユ＋ノモ」

との継続的な対話の中で確認してきた。そしてなによりもまず、議論を取り戻さなくてはならないと思いだしたのも、一〇年近く前のことだ。編集委員を務める『インパクション』で私が行った二つの特集、「接続せよ！研究機械」（一五三号、二〇〇六年）、「大学はだれのものか？」（一七三号、二〇一〇年）も、この点にかかわる。

がんらい知や知的営みは、私的所有や個人の業績（量）において意味づけられることではなく、また私的所有物としての知を前提にした社会のニーズや社会的影響、あるいは所有者（知識人）による正しい知識の供給（啓蒙）ということでもなく、知それ自体が他者との関係性や集団性にかかわる行為遂行的な営みなのではないか。また遂行的であり続けるには、知るという行為に身体感覚が帯電することを、まずは認めることが大切なのではないか。そして、その認めあう場という点にこそ、大学という場所の出発点があるのではないか。それは、私的所有や業績量において序列化された知とは真逆のことなのだ。

また大学は、職場や会社でもなければ研究所でもなく、学生や院生からみれば明らかに流動系であり、それは人々が行き来する路上にも似ている。しかも制度としてそれはあり、いわば制度化された流動系なのだ。重要なのは、知の集団性を、ニーズや影響において語るのではなく、またサークルや研究会でもなく、路上自体において維持するということではないだろうか。またそこで生成する集団性は、制度としての路上を必ずや批判的にとらえることになるに違いない。知るという行為において、路上を認めあう場にするということは、根源的な制度批判を生み出すだろう。

こうしたことを念頭に、一〇年前から大学内のカリキュラムと接合させながら、場を作ろうとしてきた。流動系を維持し、それを制度批判に結び付けるには、場が制度化されたカリキュラムでもあるということが重要な論点になると考えたからだ。火曜日の午後、エンドレスで行う火曜会と名付けられたその集まりは、ただ議論のためのみにある。学生や院生だけではなく、様々な背景を持った人たちが集まるこの会では、説明不要の前提において予め議論の外に放置されていた事柄を、丁寧に言葉にすることから始まる。確かに時間がかかるのだが、やはり時間はかけるべきなのだ。一昨年前に私が同志社大学にうつり、拠点が京都になってからも、この集まりは継続され横断的に拡大している。嬉しいことに、これから長い付き合いになる新しい人々とも出会った。曜日は水曜日になったのだが、火曜会である。みなさま、これからもよろしく。

*

本書は私がインパクト出版会から刊行する初めての著作である。ながらく『インパクション』の編集委員を務めながら、同出版会からの単著はこれが初めてだ。深田卓さん、ありがとうございました。これからもよろしくお願いします。最後に、先ほど述べた火曜会で共に議論をしてきた柿田肇さんが、二〇一三年六月二三日に他界された。彼とワインを飲みながら議論すべきこと、相談すべきことは、多々ある。悔しさをグイッと飲み込み、本書を彼方にささげます。読んでください。

二〇一三年八月一九日、暑い夏の朝

冨山一郎

追記

本書の各章に関連する文章のリストを記しておく。参照されたい。補章以外は、基本的には大幅にリライトしており、原形をとどめていないものもある。また補章に関しては、手を入れず、そのまま掲載した。

序章「基地と振興の中で抵抗運動を再考するために」『インパクション』第一六三号、二〇〇八年。
「歴史経験、あるいは希望について」冨山一郎・森宣雄編『現代沖縄の歴史経験』青弓社、二〇一〇年。
「巻き込まれるということ」（ハングル）『R』第四号、〈スユ＋ノモ〉R（ソウル）、二〇一二年。

一章「戒厳令について——関東大震災を想起するということ——」（ハングル）『日本批評』第七号、ソウル大学日本研究所、二〇一二年。

二章「自由と救済から何を感知するのか」『法社会学』第六〇号、法社会学会、二〇〇四年。
「コンフリクトと横断性」『コンフリクトの人文学』第四号、大阪大学出版会、二〇一二年。

三章「序」『戦場の記憶』（ハングル）移山出版（ソウル）、二〇〇二年。
「国境」小森陽一・千野香織・酒井直樹・成田龍一・島薗進・吉見俊哉編『近代日本の文化史四 感性の近代』岩波書店、二〇〇二年。
「南島人とは誰のことか」竹沢泰子編『人種概念の普遍性を問う』人文書院、二〇〇五年
「伊波普猷『南島史考』をどう読めばいいのか」『奄美郷土研究会報』第四二号、奄美郷土研究会、二〇一一年。

四章　「世界市場に夢想される帝国」豊見山和行編『日本の時代史18琉球・沖縄史の世界』吉川弘文館、二〇〇三年。
“The Okinawan Proletariat”（Congrés Marx International Vでの報告 於パリX大学）二〇〇七年八月。
「再び奴隷になる――沖縄人プロレタリアートとはだれのことか」秋田茂・桃木至朗編『歴史学のフロンティア』大阪大学出版会、二〇〇八年。
「人の移動と帝国の不安――沖縄をめぐる危機の文化について」『翰林日本学』第二一号、翰林大学校日本学研究所、二〇一二年。

終章　「〈基地の島〉における民族の問題」（ハングル）『間（SAI）』第一〇号、International Association of Korean Literary and Cultural Studies、二〇一一年。
「民族主義とルンペンプロレタリアート」冨山一郎・田沼幸子編『コンフリクトから問う』大阪大学出版会、二〇一二年。
“Rethinking Okinawan History:From the Perspective of Colonialism”（コーネル大学での講演）二〇一二年一二月。

補章　「対抗と遡行――フランツ・ファノンの叙述をめぐって――」『思想』八六六号 一九九六年。

冨山一郎（とみやまいちろう）
同志社大学グローバル・スタディーズ研究科教員
著書
『近代日本社会と「沖縄人」』日本経済評論社、1990年
『戦場の記憶』日本経済評論社、1995年、（ハングル訳、移山出版〈ソウル〉、2002年）
『暴力の予感』岩波書店、2002年、（ハングル訳、グリンビー出版〈ソウル〉、2009年）
『増補 戦場の記憶』日本経済評論社、2006年
編著
『記憶が語りはじめる』東京大学出版会、2006年
『ポスト・ユートピアの人類学』共編・石塚道子、田沼幸子と、人文書院、2008年
『現代沖縄の歴史経験』森宣雄と共編、青弓社、2010年
『コンフリクトから問う』田沼幸子と共編、大阪大学出版会、2011年など

流着の思想
「沖縄問題」の系譜学

2013年10月30日　第1刷発行
著　者　冨　山　一　郎
発行人　深　田　　卓
装幀者　宗　利　淳　一
発　行　インパクト出版会
〒113-0033　東京都文京区本郷2-5-11　服部ビル2F
Tel 03-3818-7576　Fax 03-3818-8676
E-mail：impact@jca.apc.org
http:www.jca.apc.org/~impact/
郵便振替　00110-9-83148

モリモト印刷